普通高等职业教育“十三五”规划教材
高职高专法律系列教材

法理学教程

（第三版）

主　编　张百杰
副主编　李吉宁　丁萍
参　编　（以姓氏笔画为序）
马嫦云　史亚杰　陈迪　徐晓光　韩能

中国人民大学出版社
·北京·

图书在版编目（CIP）数据

法理学教程/张百杰主编．—3版．—北京：中国人民大学出版社，2019.5
高职高专法律系列教材
ISBN 978-7-300-26905-4

Ⅰ.①法… Ⅱ.①张… Ⅲ.①法理学-高等职业教育-教材 Ⅳ.①D90

中国版本图书馆CIP数据核字（2019）第074048号

普通高等职业教育“十三五”规划教材
高职高专法律系列教材
法理学教程（第三版）
主　编　张百杰
副主编　李吉宁　丁　萍
参　编　马嫦云　史亚杰　陈　迪　徐晓光　韩　能
Falixue Jiaocheng

出版发行	中国人民大学出版社		
社　　址	北京中关村大街31号	**邮政编码**	100080
电　　话	010－62511242（总编室）		010－62511770（质管部）
	010－82501766（邮购部）		010－62514148（门市部）
	010－62515195（发行公司）		010－62515275（盗版举报）
网　　址	http://www.crup.com.cn		
	http://www.ttrnet.com(人大教研网)		
经　　销	新华书店		
印　　刷	北京昌联印刷有限公司	**版　　次**	2011年8月第1版
规　　格	185 mm×260 mm　16开本		2019年5月第3版
印　　张	14	**印　　次**	2019年5月第1次印刷
字　　数	336 000	**定　　价**	32.00元

前　言

与普通高等法律教育相比，高职高专法律教育在培养目标上更注重培养具有一定动手能力、能够从事辅助和基层法律服务工作的实用型人才，在教学内容上更侧重于对实用技能的学习和训练，涉及的理论知识也要考虑实践性，在教学方法上更注重示范性、实践性、可操作性。

“法理学”是高职高专法律类专业的核心主干课程，是一门为初学者提供系统、全面的关于什么是法和法律的概括性知识的学科，属理论法学范畴。如何在法理学教学中侧重对实践技能的学习与训练，是高职高专法学教学改革的重点与难点所在。我们认为，法学的基本问题无外乎什么是权利义务、如何保障权利义务实现的问题。无论是时间维度还是空间维度，法律最终以调整人们的行为规范作为其存在的必需性、合法性。法律通过权利义务规范人们的行为，实现对社会关系的调整。立法是按照一定程序对调整人们行为的权利义务进行设定，司法、执法、守法、法律责任、法律制裁、法律监督是权利义务的实现过程。通过立法、司法、执法、守法、法律责任、法律监督、法律程序，最终实现建立法治国家的目标。为此，我们认为以权利义务为教材主线的编写思路，将使法理学的学习更有针对性，使讲授者与学习者能紧紧抓住权利义务这一主线，更好地掌握法学基本知识和基础理论，为部门法的学习打下坚实的基础。

本书于2011年首次出版。本次修订是在2014年修订版的基础上进行的。在内容上，结合法治建设的总要求，对相关内容进行了完善与补充；在体例上，每章开头有“本章导读”和“学习目的”，章末有“思考题”“讨论与互动”“推荐书目”，文中穿插“参考案例”“小链接”“情景模拟”“讨论”“微语录”。本书所选的“参考案例”“小链接”等都是由司法实践中的典型案例、生活中的经验事实或法律名家名言改编而成，注重实用性、趣味性、可操作性、完整性。通过上述内容，使学生不仅可以对所学知识与技能有更深的了解，而且可以开阔视野与思维，提高独立思考的能力，培养其形成法律思维方式。

本书旨在对高职高专法律类专业的法理学教学产生良好影响，并为其他法律课程的教学改革提供一些可以借鉴的教学经验。

本书可作为高职高专法律类专业的通用教材，也可供其他专业学生和社会读者阅读。

本书由张百杰任主编，李吉宁、丁萍任副主编，张百杰负责统稿、修改、定稿、校对。各章撰稿分工具体如下：

张百杰教授：第二章、第七章、第八章、第十七章。李吉宁副教授：绪论、第一章、

第三章、第四章、第五章、第六章、第十章。陈迪副教授：第九章、第十一章、第十四章。徐晓光副教授：第十二章。史亚杰副教授：第十三章。韩能副教授：第十五章。丁萍副教授：第十六章。马嫦云副教授：第十八章。

本书的成稿得益于中国人民大学出版社的支持、辽宁公安司法管理干部学院专业与教材建设研究室的协调与帮助、辽宁公安司法管理干部学院法律类专业学生在教学互动中给予的启迪以及书中所有引用、参考的资料给予的资源与支援。

由于编者水平有限，错漏之处在所难免，敬请广大读者批评指正。

张百杰

2019 年 2 月

目　录

绪　论

【本章导读】

本章对法学的概念、体系和法理学的基本内容作了纲领性的介绍，主要阐述了法理学的概念、研究对象、研究方法、理论体系、学科地位和作用。

法学的研究对象是人类社会存在的法律。由于人们对法律存在的认识不同，因此对法学研究对象的认识和研究方法也不同。我国当代法学沿着新民主主义革命的历史轨迹，形成了一条把马克思主义普遍原理与中国革命和社会主义建设具体条件相结合的法学道路，解放思想，实事求是，运用历史唯物主义原理，与时俱进，回答、解决社会主义建设中，尤其是当代社会主义市场经济建设中出现的新问题，形成了以马克思列宁主义、毛泽东思想、邓小平理论、“三个代表”重要思想、科学发展观和习近平新时代中国特色社会主义思想等一系列理论为指导的中国特色社会主义法学理论。

【学习目的】

了解法学的研究对象和学习法理学的意义；掌握法理学的研究对象和研究方法。

第一节　法学概述

参考案例

苏格拉底宁死不越狱

苏格拉底是古希腊著名的哲学家、思想家。在古希腊先哲中，聪慧、睿智、豁达、伟大者大有人在，苏格拉底却善辩而不为人师，创新而不立文字，生得平凡、死得从容，显示了其独特的个性。在遵守法律方面，苏格拉底堪称千古楷模。

苏格拉底经常对当时雅典的劣质民主发表猛烈的批评意见，因此在 70 岁那年，他被指控犯下了两项罪：第一，恶毒攻击雅典的民主传统，犯了叛国罪；第二，有害思想误导青年，犯了煽动罪。于是，当局者从雅典 10 个部落中推选出 501 个无知无识的人组成公民大会，对苏格拉底进行审判。尽管苏格拉底在法庭辩论中将指控方驳斥得哑口无言，但是法庭还是以281票同意、220票反对，以过半数的多数票判决苏格拉底死刑。按照当时雅典法律的规定，苏格拉底至少有一个月的缓刑期。在等待行刑的这段时间里，苏格拉底的许多学生和朋友来看望他，大家都认为当时的雅典法律荒谬不公，据此判处苏格拉底死刑更是有悖天理，遵守这样的法律简直是迂腐透顶。他的学生兼好友克里同更是愤愤不平。在临刑的前一夜，来探监的克里同告诉苏格拉底，朋友们决定帮助他越狱，而且一切均已安排妥当。可是，曾在法庭上痛斥雅典制度不良的苏格拉底断然拒绝了克里同等人的帮助。他虽然与克里同一样认为当时雅典的法律有很多荒诞可笑之处，但他却不赞同朋友们提出的不公正的法律就可以不遵守的观点。第二天傍晚，苏格拉底以哲人般的安详饮下了狱卒递过来的毒酒。

资料来源：百度百科．苏格拉底．[2017-07-21]．https：//baike.baidu.com/item/%E8%8B%8F%E6%A0%BC%E6%8B%89%E5%BA%95/12690？fr=Aladdin.

问题：苏格拉底为什么宁愿付出生命的代价也不愿违反法律？

提示：“苏格拉底之死”是法理学教学中的经典案例之一。通过这个案例，我们要思考的不仅仅是苏格拉底对信仰的忠诚，更重要的是法理学为什么要研究这个案例，进而引出法学的研究对象、法、法律、法治、法治的基础等法理学基本问题。

一、法学的研究对象

法学作为一门科学，是以法律现象及其规律为研究对象的社会科学，是人们关于法律这一人类社会历史现象的理论化的认识。一方面，法学要把法律从人类社会历史关系中抽象出来构成法学的研究对象，包括由法律的空间维度和时间维度构成的法律外延和由法律的本质、发展变化规律、调整对象、调整机制、方式手段构成的法律内涵；另一方面，法律是与社会政治、经济、道德、历史文化相联系而产生发展的，法学还要研究法律与上述诸社会因素的关系，从普遍联系中揭示法律的客观性和发展变化的规律。

二、法学体系

法学体系是通过对法学研究对象分科而形成的法学研究范围。法学分科是根据一定的标准对法学研究对象所作的分类。在法学的产生和发展过程中，不同时期、不同学派所采用的分科标准不同，从而形成学科不同的法学体系。一国的法律体系是该国的社会历史发展的产物，同时又受国外法学发展的影响，随着社会的发展和进步，法学体系也将不断地发展和变化。

我国当前对法学体系的分科主要有“六分法”和“九分法”两种观点。孙国华主编的《法理学教程》把法学体系划分为理论法学、法律史学、国内部门法学、外国法学、国际法学、法学与其他学科的边缘性技术学科六大门类。[①] 葛洪义主编的《法理学》把法学体系划分为理论法学、法律史学、国内应用法学、外国法学和比较法学、国际法学、法学的

① 孙国华．法理学教程［M］．北京：中国人民大学出版社，1994：11-12.

交叉学科六大门类。[①] 沈宗灵等撰写的《法理学》把法学体系划分为国内法学、国际法学、法律史学、比较法学和外国法学、立法学、法律解释学、法律社会学、理论法学和法学的边缘学科九大门类。[②]

我们认为，法律、法学是人类社会历史发展的产物，对法学体系的分类应具有高度的概括性和明晰的层次性。所谓高度的概括性，是指法学体系应全面地囊括法学的研究对象；所谓明晰的层次性，是指法学的分科要注意层次和等级，不能将位阶高的法学学科与位阶低的法学学科并列起来或混为一谈。就概括性而言，法学的研究对象既要客观地估量目前已经形成的学科现状，又要科学地预测未来将会出现的新的学科前景。为此，在我国法学体系的分科上，我们倾向于葛洪义提出的“六分法”。

（1）理论法学。它是研究法的基本原理、概念、思想和规律的学科类别，包括：法理学、西方法律思想史、中国法律思想史、比较法总论等。

（2）法律史学。它是研究中外历史上的法律制度的学科类别，包括：中国法制史、外国法制史。

（3）国内应用法学。它是研究一个国家各个法律部门、法律的制定与实施过程的学科类别，包括：宪法学、行政法学、刑法学、民法学、经济法学、立法学等。

（4）外国法学和比较法学。它是对外国法律或不同国家法律进行比较研究所形成的学科类别，包括：外国法学概论、比较法学等。

（5）国际法学。它是对涉及国与国之间关系的各种法律进行研究而形成的学科类别，包括：国际公法学、国际私法学、国际经济法学等。

（6）法学的交叉学科（边缘法学）。它是将法学与有关的自然科学或社会科学结合起来进行研究而形成的学科类别，包括：法医学、刑事侦查学、司法鉴定学、犯罪心理学、证据学、法律统计学、法律精神病学等。

第二节　法理学概述

【微语录】

我把法理学看作寻求法律的智慧，或者寻求对法的明智理解的学问。从广义上说，法理学可以被界定为法律的智慧，或者对“法律事业”的性质和语境的理解。[③]

——［英］韦恩·莫里森

一、法理学的研究对象

我国法学界一般认为，法理学主要研究“法和法学的一般原理、基本的法律原则、基本概念和制度以及这些法律制度运行的机制”[④]。“它所研究的是法的一般理论，特别是我

① 葛洪义．法理学［M］．北京：中国政法大学出版社，2002：4.

② 沈宗灵，等．法理学［M］．北京：北京大学出版社，2000：4.

③ 韦恩·莫里森．法理学——从古希腊到后现代［M］．李桂林，等译．武汉：武汉大学出版社，2003：2.

④ 葛洪义．法理学（修订版）［M］．北京：中国政法大学出版社，2002：6-7.

国社会主义法的基本理论……特别是有关我国社会主义法的产生、本质、特征、作用、形式、发展以及法的制定和实施等基本概念、原理和知识。”① 它“是把法律上层建筑作为整体来研究其产生、本质、发展规律、在社会生活中的作用、法的创制、法的实施等一般性理论问题的”②。

无论是国内学者还是西方学者都把寻求建立对法律科学认识的理论体系作为法理学的研究目标，尽管方法不同导致法理学的研究对象存在差异，但法理学者都把关于法的普遍性问题、法律的一般原理和规律作为法理学探求、论证、分析、阐述的对象。法理学一是要确定构建对法律科学认识的方法和语境；二是要揭示法律产生、发展、变化的规律；三是要明晰法律的本质、价值、功能和作用，回答法律是什么；四是抽象、概括法律的运行机制及法律的结构和形式；五是证明、阐述法律的核心问题——法律权利义务；六是最终形成由法理学对法律现象科学认识的理论体系。

二、法理学的概念

法理学的研究对象为定义法理学的概念提供了路径。法理学是通过探求、分析、论证、阐述关于法的普遍性、一般性范畴及原理、规律，构建对法律现象科学认识的理论学科。

1832 年，英国法学家约翰·奥斯丁出版了《法理学范围之限定》，其中使用“一般法理学”（General Jurisprudence）一语，指称“实在法哲学”（Philosophy of Positive Law），以区别于当时的政治哲学、道德哲学。这种“分析法学”意义上的“法理学”后来为英美法系接受，成为通行的概念。但在学者们的著作中，此概念有时与法哲学互用，有时并不完全等于“法哲学”。

在大陆法系国家，“法理学”一词并不流行，法学家们更愿意使用“法哲学”（Rechtsphilosophie）指称“法之哲学”（Philosophie des Rechts）或“法学之哲学”（Philosophie der Rechtswissenschaften）。德语“Jurisprudenz”与英语“法理学”词形相同，但有时特指“法解释学”，两者含义存在差别。19 世纪后期，受实证主义影响，在德国出现了“一般法学”（Allgemeine Rechtslehre），后又改称“法的理论”（Rechtstheorie），就其研究的对象和所运用的方法来看，则更接近英美的法理学（尤其是分析法学）。③ “法理学”与“法哲学”用法上的偏好，反映了英美法系与大陆法系两大法系及其学术传统的差异。

中国出现法理学这门学科，是清末以来西方法理学传播到中国的结果。在中国，最早使用“法理学”一词的是梁启超的《法理学发达史论》一书。新中国成立以来，我国法理学概念经历了新中国成立初期、“文化大革命”到改革开放的变化发展历程。新中国成立初期，我国法理学课程仿照苏联模式，称之为“国家和法的理论”，并使用苏联二十世纪四五十年代出版的教材。“文化大革命”期间，以“无产阶级专政”代替法律，法理学随着“砸烂公检法”一起消失。改革开放后，党中央作出了加强社会主义民主和法制建设的重大决策，法学发展进入了一个蓬勃发展的阶段。1981 年，北京大学编著的《法学基础理论》教材出版，以“法学基础理论”代替了“国家和法的理论”。20 世纪 90 年代初，

① 沈宗灵，等．法理学［M］．北京：北京大学出版社，2000：17.

② 孙国华．法理学教程［M］．北京：中国人民大学出版社，1994：13.

③ 舒国滢．战后德国法哲学的发展路向［J］．比较法研究，1995（4）.

"法学基础理论"逐渐改为现在的"法理学"。

第三节 法理学的研究方法和体系

一、法理学的研究方法

科学研究能否达到预期的目的，依赖于其研究方法是否合理恰当。方法是指人们在解决问题时运用的技术性手段。法理学的研究方法是人们在探求、分析、论证法律、法律现象及其规律时应当遵循的原则、程序和技巧。孙国华教授在《法理学教程》中把这些原则、程序和技巧按层次划分为哲学的方法、一般科学的方法、专门科学的方法、法学专有的方法；孙笑侠教授把这些原则、程序和技巧按层次划分为根本方法、基本方法和具体方法。根本方法是所有学科研究都要使用的方法；基本方法是某一门或某一类学科研究所使用的方法；具体方法是在具体的法学研究中所应用的研究方法。

（一）根本方法

唯物辩证法是关于人们观察、分析和处理问题的一般方法的理论，也是科学认识论的基本前提，是认识世界和改造世界的根本方法，是马克思主义法学研究的总的方法论。

（二）基本方法

1. 价值分析方法

价值分析方法注重对法律的价值，如正义、自由、平等、效率进行研究，即"法律应当是什么"。尽管现行法律已对某一问题加以规定，但是我们还要研究它是否符合人和社会的需要和理想。

参考案例

安提戈涅是古希腊悲剧中的人物，她的哥哥因反抗城邦的统治者被处以死刑，按当时的城邦法令，反叛者除了要被处以死刑之外，还不准家属将其尸入殓，要曝尸荒野。安提戈涅违抗了城邦法令，用土埋葬了她的哥哥，她因此遭到国王的审判，国王要将她处死。在处死前，国王问她为什么要违反城邦法令，安提戈涅说："我是遵守了法令的，我遵守的法令是你现行城邦法令之上的法令，这种法令是永恒存在的。"

资料来源：刘星．西窗法雨［M］．北京：法律出版社，2003.

问题：请用价值分析的方法评价安提歌尼的行为。

提示：从法理学价值分析的视角来看，在这部悲剧中，安提戈涅显然受到两种并列的义务和法律的约束。埋葬哥哥，她违背了国家法令，而不去埋葬哥哥，选择活着，则蔑视天堂最神圣的法律。安提戈涅之所以违法，是因为国家法令在根本上违反了人性，即人的生存、发展与完善。后世之人同情甚至讴歌安提戈涅，反映了人们对良法之治、善法之治的追求与向往。

2. 规范分析方法

规范分析方法注重对法律的概念、形式、效力和渊源进行研究，即"法律是什么"。

这种方法仅限于对法律规则本身的内容进行解释，很少涉及甚至不去考虑法律以外的因素对法律的影响，它以国家制定的实在法为对象，运用逻辑和语义分析方法明晰法律的概念、揭示概念间的关系、概括法律的结构。

3. 社会实证方法

社会实证方法注重研究法律的效用，即"法律实际上是什么"。这种方法基于事实分析，把法律放入社会领域进行实证研究，描述法律现象、检测法律现象、评价法律现象、预测法律现象。

上述三种方法是西方三大法学的主流研究方法。自然法学派注重对法律的价值判断，并以绝对价值为法律的发展开辟道路，试图建立、实现具有终极意义的法律；分析法学派在方法论上拒绝法律的价值，关注法律的静态逻辑，概括出法律的形式结构，试图建立像古典物理学一样的法律科学；社会法学派让法律从分析法学派那里回归到社会领域，关注的是当下法律的效用，认为法律的效用受制于社会经济、政治、历史文化等各方面，法律应根据历史文化和社会的发展需要不断地进行调整，最大程度地发挥法律的效用。

（三）具体方法

1. 社会调查法

社会调查法是指通过社会调查对立法、执法、司法、守法、法律监督等法律运行机制进行实证研究的法学方法。社会调查法主要包括三个部分的内容：第一，是什么，即弄清问题所在。第二，为什么，即寻找问题原因。第三，怎么办，即寻找解决问题的方法。社会调查法为研究人员提供第一手材料和数据，揭露现实社会法律或法律现象存在的问题，暴露矛盾，通过不断解决各种法律问题来促进社会的发展，并为有关部门制定、修改、废止法律法规提供事实依据。

2. 经济分析法

经济分析法是指运用经济学原理、范畴和方法分析法律问题的法学方法。第二次世界大战后，由于资本主义市场经济的进一步发展，产生了"经济法"这一新的部门法，推动了法律与经济、法学与经济学的结合。美国学者波斯纳编著的《法律的经济分析》运用经济分析法对法律或法律行为的成本与效益进行了分析，如立法成本与立法效益、司法过程的成本与效益等，成功地把法律的研究范围扩展到新的领域。

3. 历史考察法

历史考察法是指把法律现象同一定的历史条件联系起来予以考察的法学方法。通过对法律或法律现象作历史的考察，可以研究法律制度是怎样产生和发展的，现状如何，一定社会的政治、经济、文化等条件对法律制度产生的影响如何。

4. 比较分析法

比较分析法是指对不同国家、地区、民族和法系的法律或同一国家的不同时期的法律加以比较研究的法学方法。这种方法可以是本国法与外国法的比较，也可以是不同地区、民族、法系之间法律的比较，还可以是一个国家不同历史时期的法律的比较或国家之内不同地区之间的法律的比较。法的比较既可以是宏观的比较，也可以是微观的比较，如对具体的法律制度、原则、概念所作的比较研究。

5. 语义分析法

语义分析法是指分析法律语言的要素、结构，考察词语、概念的语源和语境，从而确认和选择法律概念的语义的法学方法。这种方法有助于人们准确地理解和运用法律语言。通过语义分析法，可以克服定义方法的武断、保守等局限性，不但使法律用语准确无误，前后一致，而且使立法、司法、执法以及其他的法律事务不会出现混乱。语义分析法不是万能的，它只是法学任务中的一个方面，并不能对法律的价值进行语义分析。

依据认识的逻辑关系，可以将上述方法划分为理论方法和实践方法。理论方法是思维自身的逻辑方法，包括思维方法、思维工具和思维手段。思维方法即哲学的方法论，通过确定认识要素的基本关系，选择认识事物的逻辑路径。思维工具即思维认识事物的逻辑方法，包括形式逻辑和辩证逻辑。思维手段是使用思维工具形成理论认识的逻辑方法，包括分析和综合。实践方法是主观的理论方法见之于客观的方法，包括上述的基本方法和具体方法。

二、法理学的体系

法理学的体系即法理学的研究范围。不同的学者对法理学的体系有着不同的理解。法理学有相对稳定的体系和范围，法律的核心问题是围绕调整人的行为形成的权利、义务而产生的。从古至今，法律有千千万，任何一部法律都是针对人们的行为设定权利、义务。研究法律的问题有万万千，归结起来无非是回答：为什么给人的行为设定权利与义务？谁来设定权利与义务？怎样设定权利与义务？如何实现权利与义务？所以，法理学要把法律的核心问题——权利与义务作为法理学研究、构建法理学体系的起点和归宿，通过构建以权利、义务为核心的法理学体系，回答上述问题。

本书认为，我国当代法理学体系由绪论、法律的基本理论和法律的运行三部分构成。绪论阐述法学、法理学的研究对象、范围、方法。法律的基本理论包括：法律的定义；法律的演进；法律的本质、作用和价值；我国当代法律的性质、特征和作用；法律与其他社会现象的关系；法律的要素；权利与义务；法律关系；法律行为；法律的体系结构。法律的运行包括：立法；司法；执法；守法；违法；法律监督；法律程序；法治。法律的基本理论在明确法律定义的基础上，分析、阐述法律的外延和内涵；揭示法律发展变化的规律；着重分析、阐述我国当代法律的性质、特征和作用；分析、阐述权利和义务的辩证统一关系；论证权利和义务是法律的核心，为构建我国当代法理学体系提供哲学的、社会学的、政治学的和伦理学的依据。法律的运行分析、阐述围绕权利和义务而形成的法律运行机制，包括权利和义务的设定和实施。法治是对前文内容的综合，在此基础上建立一个自由、平等，民主、正义，文明、进步的现代法治社会。

第四节　法理学的学科地位

法理学的学科地位是指法理学与整个法学的关系。在整个法学体系中，法理学居于非常特殊的地位：一方面，法理学是法学体系中的一门分支学科，研究的是法的一般原则、概念、制度、发展变化规律，它总是站在法学学科发展的最前沿来跟踪、吸纳人文科学、社会科学和自然科学的成就；① 另一方面，法理学是对本国的法律、外国的法律、现在的

① 葛洪义．法理学［M］．2版．北京：中国人民大学出版社，2007：8.

法律、过去的法律以及部门法进行研究、分析综合、抽象概括的结果，其内容具有基础性、一般性、根本性和普遍性，对部门法的发展提供理论指导与理论支撑，在整个法学体系中具有基础理论的意义。

一、法学的一般理论

法理学以“一般法”即整体法律现象为研究对象。

所谓“一般法”，一方面，它是指法的整个领域或者整个法律现实，即包括宪法、行政法、民法、经济法、刑法、诉讼法、国际法等在内的整个法律领域，以及现行法从制定到实施的全部过程。法理学要概括各个部门法及其运行的共同规律、共同特征、共同范畴，为部门法学提供指南，为法制建设提供理论服务。法理学应当以各个部门法和部门法学为基础，是对各个部门法的总体研究和对各个部门法学研究成果的高度概括。如果仅仅从一些或个别部门法和部门法学中找例子为自己的观点作注解，或是对部门法学的某些理论的简单升格，法理学的结论就难免带有局限性，不可能在部门法学中贯彻到底，也谈不上对部门法学有指导意义。另一方面，“一般法”是指古今中外的一切法。法理学应是对古今中外一切类型的法律制度及其各个发展阶段的情况的综合研究，它的结论应能解释法的一切现象。如果仅以一国或某些国家或某一种历史类型的国家为对象，它的结论就不可避免地带有时代的局限性或民族的褊狭性，不可能是“放之四海而皆准”的真理。我们的法理学要立足中国，放眼世界，通观历史，从横向和纵向全面地考察法律现象，要吸收比较法学和法史学的研究成果，尽可能地了解和批判地借鉴国外法学的研究成果。

正因为法理学研究的是“一般法”，所以，它也被法学家们称为“法的一般理论”。

作为一门学科，法理学以古今中外一切法为研究对象，如同任何国家的法理学都是以本国的现行法律为主要研究对象一样，我国的法理学也以研究自己的法律问题和法制建设为主，即以我国社会主义初级阶段的法制建设和现行法律为主，其起点、重心和归宿都必须是建设有中国特色的社会主义法制。

二、法学的基础理论

法理学的对象是“一般法”，但其内容不是“一般法”的全部，而是包含在“一般法”中的普遍问题和根本问题。法理学属于法学知识体系的最高层次，担负着探讨法的普遍原理或最高原理，为各个部门法学和法史学提供理论根据和思想指导的任务。它以其对法的概念、法的理论和法的理念的系统阐述，帮助人们正确理解法的性质、作用、内在和外在的变化因素。它所处理的主要是法律的一般思想，而不是法律的具体知识。法理学的论题是法学和法律实践中带有根本性性质的问题。例如：法是什么？法是怎样产生、发展的？法有什么作用和价值？法是如何运行和操作的？法是如何受制于其他社会现象又如何影响其他社会现象的？这些问题的解决是法学各科解决其具体问题的前提，也是解决法律实践问题的前提。在解决这些问题的过程中，法理学还要概括和阐述法学的基本范畴，如法、权利、义务、法律规则、法律原则、法律行为、法律关系、法律责任、法律文化、法律价值、法治等。这些范畴横贯所有法的部门，是各部门法学共同适用的。从法理学的这些论题可以明显看出，“法理学”是法学的基础理论或法学体系的基础。

三、法学的方法论

除作为法的一般理论和法学的基础理论之外，法理学还是法学的方法论。所谓方法论，是指关于方法的理论和学说。法学的历史反复表明，用于研究工作的方法是否正确和有效，对科学研究至关重要。研究方法在很大程度上影响着主体的认知兴趣、课题设计、资料的识别与取舍、逻辑推理的方法以及评价的标准，以致决定着人们能否完成或顺利地完成其研究任务。在一定意义上，科学的方法是把主体与客体联系起来的桥梁。在没有科学的方法就没有科学的认识这种意义上，可以说方法是科学的生命。在法学领域，马克思主义法学能够在众多的法学流派中独树一帜，表现出明显的理论优势，正是得力于其研究方法的科学性。法学的历史表明，法学领域的变革或革命往往是由其研究方法的更新或革命引起的。一种新的法学理论或学说的兴起，都是从研究方法的突破开始的，至少与方法的更新分不开，方法本身就成为法理学的研究对象。改革开放以来，我国法理学越来越重视对法学方法的研究，正在建立科学的方法论体系。在这个过程中，法理学研究强调以下方面：特别注重研究如何把马克思主义认识世界的一般方法即哲学方法论具体化为认识法律现象的具体方法；注重总结我国法学工作者在法学研究中积累起来的有效的方法，并通过理性化的升华，使之成为普遍有效的认识方法；注重移植其他学科（包括人文科学、社会科学和自然科学在内）的方法；注重批判地借鉴国外法学研究中的科学方法。

【思考题】

1. 试述法学体系的内容和结构。
2. 简述法学的概念。
3. 法理学的研究对象是什么？
4. 怎样理解法理学的学科地位？

【讨论与互动】

养狗是每个人的自由，人们通过养狗来实现看家护院、寄托情感和获得快乐的目的。可是，养狗也可能伤及别人、污染环境。狗与人类社会发生着各种各样的关系，面对这些关系，法学的任务是什么？法理学又能解决什么？

【推荐书目】

理查德·A. 波斯纳．法理学问题［M］．苏力，译．北京：中国政法大学出版社，2002.

第一编

法律的基本理论

第一章　法律的定义

【本章导读】

人们对事物的认识先解决的是“是什么”的问题，然后再思考“为什么”的问题。本章内容就是解决法律“是什么”的问题。对“法律是什么”，古往今来，人们从不同的视角相继给予不同的回答，这些回答都是人类智慧的结晶。后人对这些回答如何判定、选择和发展，最终取决于具体的社会历史条件。在古代，人们主要以“神性”定义法律；在近代，人们通常以“人性”定义法律；在现代，西方资产阶级法学主要从法律的正义性、工具性和规范性定义法律。马克思主义法学运用历史唯物主义的方法，从法与经济、政治的关系方面揭示法律的阶级本质，给出法律的概念，是社会主义法学认识法律概念的理论依据。

【学习目的】

了解人类社会各个时代对法律定义的认识；掌握马克思主义法学对法律的定义。

第一节　法律的词义

“法”为汉语中的会意字，金文体“灋”、楷书古体“灋”，当今的“法”字为楷书通行体。金文体“灋”，右边为“廌（zhì）”，是古代神话中的一种怪兽，头上有角，见人相斗，主动地触无理者；左上部为“去”，左下部为“水”。楷书古体“灋”的意思是：“灋，刑也。平之如水从水；廌，所以触不直者去之，从去。”① 其基本结构有三：一是廌，为执法者；二是“从水”，为公平；三是“从去”，为惩罚，引申为制止、调整、规范。“法”可以解释为执法者依据公平惩罚不公平行为的规范。

据《尔雅·释诂》记载：“典、彝、法、则、刑、范、矩、庸、恒、律、戛、职、秩，

① 许慎．说文解字［M］．北京：中华书局，1963.

常也。”管子曰：“律者，所以定分止争也。”《唐律疏议·名例》：“律之与法，文虽有殊，其义一也。”《说文解字》：“律，均布也。”段玉裁《说文解字注》：“律者，所以范天下之不一而归于一，故曰均布也。”“均布”乃调音之工具，以“律”比“均布”以说明“律”有规范、统一人的行为的作用。

在我国古代，“法”与“律”一般被分开使用，且以“刑”代“法”。夏有《禹刑》、商有《汤刑》、周有《吕刑》。魏相李悝定《法经》六篇，改“刑”为“法”。秦商鞅变法，改“法”为“律”，后萧何作《九章律》。此后，除宋称“刑统”，元称“通制”外，我国封建王朝的法典统称为“律”，有秦律、汉律、魏律，直至清律。在清末以后，“法”与“律”被广泛连用。

在印度，“法”源自宗教。“Dharma”为梵文的“法”，意思有“支持”“事物的秩序”“神旨”“法律”“规则”“风俗”等。阿拉伯语中的“法”（沙利亚），原意为“通向水源之路”，泛指“行为”“道路”。从水对沙漠民族的重要性方面分析，“法”有正确、正当之意。

在西方语言中，古罗马时期的法为“ius”，意思为“得到国家权威支配的正确的东西”，指权利、正义。中世纪的法为“lex”，意思为“规则、公正的选择”，主要指制定法。11世纪时，“ius”又被大量使用，以区别“lex”，指法和权利的总和。在英语中，“law”表示法律，“the law”表示广义的法律，“a law”表示狭义的法律。欧洲大陆其他国家的语言也是如此，如德语中的“recht”对应英语中的“the law”，“gesetz”对应英语中的“a law”。广义的法律有正义之意，狭义的法律有规律、规则之意。

在现代汉语中，“法律”一词有广义和狭义两种用法。广义的“法律”是指法律的整体。就我国现在的法律而论，既包括宪法、全国人大及其常委会制定的法律、国务院制定的行政法规，也包括某些地方国家机关制定的地方性法规和国家认可的政策、判例和习惯等。狭义的“法律”是指拥有立法权的国家机关依照立法程序制定的规范性法律文件。在我国仅指全国人大制定的基本法律和全国人大常委会制定的除基本法律以外的其他法律。

第二节　法律的古代定义

在古代，无论是东方还是西方，统治阶级大都以“神”“天”“上帝”说明、定义法律，宣称法律是神的意志，是通过神在人间的代表（一般是国王、君主）发现并制定的统治人类社会的规范。

在古代中国，儒家思想一统天下，伦理化宗法等级关系是法律的依据，“礼乐不兴，则刑罚不中；刑罚不中，则民无所错手足”①。西汉董仲舒把孔、孟的宗法礼教发展为“三纲五常”，并以“天意”“天道”把“三纲五常”神圣化、绝对化、永恒化，提出“君权神授”“法自君出”。“天子受命于天，天下受命于天子。”②“王者承天意以从事。”③ 君

① 孔丘．论语［M］．长沙：岳麓书社，2000.

② 董仲舒．春秋繁露［M］．叶平，注译．郑州：中州古籍出版社，2010.

③ 班固．汉书［M］．颜师古，注．北京：中华书局，1962.

主、皇帝因知“天意”而为“圣人”，为统治者。表达皇帝思想的言论是体现天意的“名”，是判定是非的标准，具有法律效力的规范。“欲审曲直，莫如引绳；欲审是非，莫如引名。名之审于是非也，犹绳之审于曲直也。”① 源于“天道”的宗法礼教，通过皇帝的意志成为统治社会的法律。宗法礼教因“天道”而成为法律的正义的根据，成为历代王朝法律的重要内容。

在古巴比伦、阿拉伯和印度，无不以“神”解释人间社会的法律。《汉穆拉比法典》在序言和结语中认为汉穆拉比为神命的国王，“受命于伟大之神明”制定了“公正的法律”。以《古兰经》为基础的伊斯兰法，认为“真主”是自然界、人类社会的创造者和主宰者，并创造了治理人类社会的法律。《摩奴法典》宣称“梵天”创造了自然界、人类社会和法律，产生了永恒的地方法、种姓法、家族法和行会法。

在古代西方，同样以“神”“上帝”为归宿，为法律提供正义的合法性依据。柏拉图在《法律篇》中指出：“在家庭和国家两个方面都要服从我们内心中那种永恒的素质，它就是理性的命令，我们称之为法律。”② 理性根源于冥冥之中的“理念”，“理念”是具有能动性的客观精神，是宇宙、自然和人类社会的根源，也是法律的根源。“理念”由哲学家、圣人的理性所感悟、认识，并制定为法律。亚里士多德认为：“法律恰恰正是免除一切情欲影响的神祇和理智的体现。”③ 古罗马法学家西塞罗认为，上帝是宇宙万物的创造者，世界的立法者，“法律是上帝的一贯的意志，上帝的理性依靠强制和约束来指挥一切事物”④。欧洲中世纪的神学思想家更是以宗教神学解释、定义法律，无论是教父学派的奥古斯丁还是经院学派的托马斯·阿奎那，无不如此，在此不再赘述。

古代社会解释、定义法律的要素是：神、天、上帝；正义；国王、君主、皇帝；法律规则。神、天、上帝是法律的根源，正义的符号；国王、君主、皇帝是天与地、神与人的媒介，是神、天、上帝的代表，是正义的化身与实践者，是毋庸置疑的立法和执法的主体。

第三节　法律的近代定义

13世纪以后，欧洲大陆在人文领域先后掀起了文艺复兴运动、宗教改革运动和启蒙运动；在科学领域，新航路的开辟推动了天文学、数学、物理学、生物学的发展，人类社会从古代跨入近代。人文主义的运动和近代自然科学的形成有两个方面的意义：一方面，为人认识宇宙、自然和人自身提供了新的方法，以人的理性取代了上帝的意志，以人对经验的实证分析取代了宗教启示和信仰；另一方面，人的能力、尊严、地位被重新认识，人取代上帝成为自己的主人、世界的主宰。在法学领域，产生了以维护人的尊严、权利和幸

① 董仲舒．春秋繁露［M］．叶平，注译．郑州：中州古籍出版社，2010.

② 法学教材编辑部《西方法律思想史》编写组．西方法律思想史资料选编［M］．北京：北京大学出版社，1983：23.

③ 亚里士多德．政治学［M］．吴寿彭，译．北京：商务印书馆，1981：148.

④ 法学教材编辑部《西方法律思想史》编写组．西方法律思想史资料选编［M］．北京：北京大学出版社，1983：76.

福为目的的古典自然法学派，其代表人物有荷兰的格劳秀斯，英国的霍布斯、洛克，法国的孟德斯鸠、卢梭，德国的普芬道夫，意大利的贝卡里亚，美国的杰弗逊、潘恩。古典自然法学派坚信生命、自由、平等和财产是人与生俱来的“天赋权利”，是自然法的应有之义，是国家和法律的依据和目的。洛克指出，平等权是因为“同种同等的人们毫无差别地生来就享有自然的一切同样的有利条件，能运用相同的身心能力，就应该人人平等，不存在从属或受制关系”①。生命权是与生俱来的不可剥夺的自然权利，所有人的生命都是自然赋予的，不存在把任何人的生命置于别人的绝对权力之下任其剥夺。自由权是指除受自然法约束之外不受其他约束的权力。财产是人生存的基本条件，“每个人拥有自己的财产”是天经地义、神圣不可侵犯的权利。为了保障、实现“天赋权利”，促使人们订立“社会契约”，建立政府，进入政治社会，政府制定并运用法律保障人们的自由、平等和生命、财产的权利。孟德斯鸠在《论法的精神》中进一步分析了法律与政体的关系，指出只有民主共和政体制定的法律才能有效保障、实现人的自然法中的“天赋权利”。在民主共和政体中，人民是主权者本身，是国家最高权力的主体，“只有人民可以制定法律”②。卢梭在《社会契约论》中明确提出了“人民主权”的理论，认为国家主权应该属于人民，而且永远属于人民；主权是不可转让、不可代表、不可分割的，主权是绝对的、神圣的、不可侵犯的、至高无上的权力；主权是“公意”的运用，法律是“公意”的宣告，是主权者为全体人民做出规定的，“因为法律只不过是我们自己意志的记录”③。

到了近代，人类对法律的认识又前进了一大步，人类理性的觉醒和自然科学的发展把法律从宗教神学的桎梏中解放出来，以人为核心、为目的的自然法取代了上帝的统治地位，成为人类社会法律的根源、合法性的依据和正义的符号。法律不再是上帝的使者的任意行为、不再是天使对人类的恩赐，而是人民自己利益的诉求和保障。

古典自然法学派的理论在法学和法律史上具有里程碑的意义，它以真诚的态度和科学的方法清晰地揭示了法律的依据和目的是人的权利、人的尊严、人的理性，揭示了正义不再是上帝的意志，而是人的自由、平等和幸福，为现代法学的发展奠定了基础、指明了方向。在古典自然法的影响下，美国1776年通过了《独立宣言》、1787年颁布了《美利坚合众国宪法》；法国1789年颁布了《人权宣言》、1804年颁布了《法国民法典》；德国1896年颁布了《德国民法典》。

19世纪以后，古典自然法学派逐渐式微，代之而起的是以德国萨维尼为首的历史法学派、以德国古典唯心主义为核心的哲理法学派和以英国约翰·奥斯丁为首的分析法学派。

第四节　法律的现代定义

19世纪末以来，由于垄断资本的出现和社会矛盾的激化，出现了“法律社会化”的

① 洛克．政府论：下篇［M］．叶启芳，瞿菊农，译．北京：商务印书馆，1982：14.
② 孟德斯鸠．论法的精神：上册［M］．张雁深，译．北京：商务印书馆，1959：11.
③ 卢梭．社会契约论［M］．何兆武，译．北京：商务印书馆，1962：47.

思潮，提出法律不应以维护个人自由、权利为基础，而应以维护“社会利益”为基础。基于社会发展的客观需要，19 世纪以前的以个人为核心的法律精神开始转向社会化的法律精神，导致劳工立法、社会福利法、反垄断法和经济法等社会立法的出现。在此背景下，19 世纪末以后，从上述西方三大法学流派中又繁衍出更多的流派，主要有实证主义法学，狭义的包括约翰·奥斯丁的分析法学和克尔森的纯粹法学，广义上还包括社会学法学，又称为社会实证主义法学。社会学法学的分支有：以法国狄骥为代表的社会连带主义法学、以美国弗兰克和卢埃林为代表的现实主义法学、以瑞典海耶斯特勒姆为代表的斯堪的纳维亚法学、欧洲的自由法学派、以德国黑克为首的利益法学派和以俄国彼特拉日斯基为代表的心理法学派等。此外，还有由德国法学家耶林创立的新功利主义法学、柯勒创立的新黑格尔主义法学、施塔姆勒创立的新康德主义法学组成的社会哲理法学派和复兴自然法学派。

当代西方法学流派众多，使人眼花缭乱，无所适从。从哲学方法上，可以把这些法学流派划分为两大阵营：一方是以人的认识能力为依据，通过逻辑推理阐述法的理论，构建法律体系，形成形而上学的阵营——哲理法学派和自然法学派；另一方是依据人的理性，通过对经验对象的逻辑分析阐述法的理论，构建法律体系，形成实证分析主义的阵营——实证主义法学派。两大阵营以不同的理论方法阐述、论证人类社会的法律。

20 世纪中叶以后，哲理法学派已趋于衰弱，哈特的新分析法学派和富勒、德沃金、罗尔斯的新自然法学派日渐盛行。哈特在《法律的概念》中指出：法律是由主要规则和次要规则构成的规则。法理科学的核心是两类规则的结合。主要规则是设定人们的义务，要求人们做或不做某些行为；次要规则是制定、认可并保障主要规则实现的权力规则。对于次要规则来说，首先，它以权威的方式确定体系中的有效规则，是评定其他规则有效的标准；其次，它是修改主要规则所依据的条件；最后，它通过执法和司法程序保障主要规则实现。① 哈特认为法律是由国家依据权利规则给人们的行为设定义务和保障义务实现的规则。哈特并没有像他的前辈奥斯丁那样完全抛弃对法律的语境分析，清除对法律的任何价值判断。分析法学派的信条是“法律的存在是一回事，它的优缺点是另一回事”②。“一个国家的法律并不是一种理想而是某种实际上存在的东西……它并不是应当是这样的东西，而是实际上是这样的东西。”③ 主张区分“应然的法律”与“实然的法律”，分析法学派的对象是“实然的法律”。哈特坚决反对以古典自然法学派的普遍正义作为法律依据来决定法律的内容、评价法律的效力。古典自然法研究的是“应然的法律”，其错误在于混淆了“应然”与“实然”、理想与现实的区别。“实然法”并不否认法律应有的正义，只不过正义是法律自身具有的属性而非外在于法律的属性。“实然法”的正义包括形式正义和实质正义。形式正义是指“正义的最简单的形式（即法律适用中的正义）不过在于认真对待这样一种概念：适用于大量不同人的是不受偏见、利害关系和反复无常所歪曲的同一原则。这种公正性就是英美法学家所讲的‘自然正义’原则谋求保障的程序标准。因此，虽然最可憎的法律也可能正当地得到适用”。习惯上，正义“常常被格式化为‘同样情况同样对

① 哈特．法律的概念［M］．张文显，译．北京：中国大百科全书出版社，1996：81－100.

② 韦恩·莫里森．法理学——从古希腊到后现代［M］．李桂林，译．武汉：武汉大学出版社，2003：237.

③ 约翰·C. 格雷．法律的性质与渊源［M］．马驰，译．北京：中国政法大学出版社，2012.

待’（Treat like cases alike）……‘不同情况不同对待’（Treat different cases differently）”①。关于实质正义，哈特并没有像形式正义那样得出一个明确的结果，但对实质正义作了事实描述：在人类社会中“几乎不存在有利于或促进所有人的福利的社会变迁或法律，唯有规定最基本需要的法律……在大多数情况下，法律为一个居民阶层提供了利益，却剥夺了其他居民选择的利益”②。利益的归属是实质正义的内容，是衡量“善法”与“恶法”的道德标准，“实然法”依据普遍的正义判断是“恶法”，于是出现了“具有第一性规则和第二性规则这种特殊结构的国内法律制度，虽然轻视这些正义原则，却能长期持存”③。“恶法”能够长期存在下去的原因，或者说所有的法律都是“恶法”的原因是法律永远不可能实现普遍的正义。法律只是维护、实现“法律所属的那一群体的利益”④，对这一群体而言，法律永远是“善法”，这才是法律存在下去的真实的道德原因。哈特的法律至此投入了“正义的怀抱”，这不仅是实证分析的结果，而且是法律自身的逻辑结果和法律得以存在的客观要求。

美国哲学家罗尔斯和法学家德沃金是 20 世纪 70 年代出现的新自然法学派的主要代表，新自然法学派理论的核心观点是：法律应以道德、正义为基础。

罗尔斯在《公平原理》一书中指出：正义为法律的制定和法律的适用所遵循的程序以及法律与裁决本身提供了独立的标准。“正义论”是罗尔斯法律思想的核心。依据古典自然法学派的人权理论，正义的第一条原则是：“每个人都应享有与其他人一样的、最广泛的、全部的、平等的基本自由。”基本自由是指“一般而言的政治自由……以及言论、集会自由，信仰的权利和思想自由，个人拥有财产的自由以及不受肆意逮捕、拘押的自由”。正义的第二条原则是：“社会和经济的不平等，都被用来：（1）与公平补偿原则一道，最大限度地为处于社会中最不利境地的人们谋福利。（2）作为公职人员的权利。而担任公职的机会，对一切人来说都是平等的。”第二条原则“使社会和经济政策将其宗旨规定为最大限度地改善在公平机会面前处于最不利地位的人们的处境”⑤。罗尔斯的正义论结构格式化了以自由为基础的平等的社会结构，第一条原则优于第二条原则，第二条原则是实现第一条原则的保障。不平等只有对处境最差的人有利时才算合理。如果一项政策的实施会使穷人处于更悲惨的境地，那么，无论实施这项政策有何种目的，都会受到第二条原则的反对。不公平“只不过在没有为一切人谋福利这一点上才叫作不平等”⑥。法律是对理性的人所发出的强制命令，目的在于规范人们的行为，实现以自由为目的的平等的社会结构。不应将法律视为争权夺利的工具，而应视为实现正义的人类理性的体现。

第二次世界大战以后，社会学法学派突出强调法的社会作用、社会利益、社会调和基础上的“法的社会化”；在方法上强调综合分析各门学科、阐述法律现象。庞德把社会学法学派的理论归纳为八条纲领，主要内容是：强调对法律作用的实际分析，而不是抽象概括；法是可以通过人的理性改变的社会制度；强调法所要达到的社会目的，而不是法律制裁；法律是实现社会公正的指针。⑦

---

① 哈特．法律的概念［M］．张文显，译．北京：中国大百科全书出版社，1996：201－202.

②③④ 哈特．法律的概念［M］．张文显，译．北京：中国大百科全书出版社，1996：164.

⑤⑥ JOHN RAWLS. The Theory of Justice［M］. Oxford University，1992：302.

⑦ 罗斯科·庞德．法理学（第一卷）［M］．封丽霞，译．北京：中国政法大学出版社，2004：358.

第二次世界大战以后，西方法学领域形成了社会法学、分析实证主义法学、自然法学三足鼎立的局面。从认识对象上看，三者分别从事实、形式、价值三个方面分析、阐述法律的理论；从认识方法上看，三者在理性推理和实证分析之间非此即彼，因而每一方都不能达到对法律全面、深刻的认识。面对法学存在的问题，美国的J. 霍尔和E. 博登海默、德国的E. 费希纳提出建立“统一法理学”，以实现对法律全面、深刻的认识。

第五节 马克思主义法学对法律的定义

马克思主义法学与马克思主义的哲学、政治经济学和科学社会主义联系在一起，在批判资本主义社会过程中产生和发展起来。

马克思主义法学的对象不是法律的某一方面，而是法律的整个历史过程；研究方法是历史唯物主义；研究的结果是建立无产阶级的国家，最终消灭国家和法律。

马克思主义法学认为，法律是随着国家的出现而同时产生的，国家是社会发展到一定阶段出现了私有制和阶级，在阶级矛盾不可调和的基础上，统治阶级为了维护自己的利益，压迫被统治阶级反抗斗争建立的。“国家是社会在一定发展阶段上的产物；国家是承认：这个社会陷入了不可解决的自我矛盾，分裂为不可调和的对立面而又无力摆脱这些对立面。”① 恩格斯在阐明国家最终形成的标志时写道：“从前人们对于氏族制度的机关的那种自由的、自愿的尊敬，即使他们能够获得，也不能使他们满足了；他们作为同社会相异化的力量的代表，必须用特别的法律来取得尊敬，凭借这种法律，他们享有了特殊神圣和不可侵犯的地位。”②

法律是什么？在《德意志意识形态》一文中，马克思、恩格斯完整地提出了历史唯物主义的基本原理，指出经济基础是国家和法律的现实基础，在现实的经济关系中占统治地位的阶级除了必须以国家的形式组织自己的力量外，他们还必须给予他们自己的由这些特定关系所决定的意志以国家意志即法律的一般表现形式。③

马克思、恩格斯对法律的基本观点是：(1) 法律和国家一道是阶级斗争的产物，阶级斗争是法律和国家产生的前提条件。(2) 法律是以国家意志形式体现的统治阶级意志，尽管“法典越是不把一个阶级的统治鲜明地、不加缓和地、不加歪曲地表现出来”④；法律所体现的意志内容是由社会物质生活条件决定的。(3) 社会基本矛盾运动是法律历史过程的原因，形成奴隶制法律、封建制法律、资本主义法律和社会主义法律。(4) 法律的历史结局是伴随着阶级和国家被无产阶级革命消灭而消亡。

按照马克思主义法学观点，法律的根源既不是上帝的意志，也不是人类的理性，而是社会的经济基础，由社会经济基础和政治关系决定的统治阶级的国家意志就是法律，就是正义。正义不在法律之外，而在基于社会经济、政治关系的法律中，法律与自身的正义和道德的价值诉求永远是统一的。法律在历史的辩证法中永远是正义的。纵观人类社会的法

① 马克思，恩格斯．马克思恩格斯选集：第4卷［M］．3版．北京：人民出版社，2012：676.
② 同①188页．
③ 张文显．马克思主义法理学［M］．北京：高等教育出版社，2003：136.
④ 马克思，恩格斯．马克思恩格斯选集：第4卷［M］．3版．北京：人民出版社，2012：611.

律，马克思主义法学指出：法律是由国家制定和认可的，由国家强制力保证实施的，体现统治阶级意志的，维系国家经济、政治关系和社会秩序的行为规范。

【思考题】

1. 马克思主义法学定义法律的依据和方法是什么？
2. 古代人定义法律的特点是什么？
3. 近代资产阶级法学定义法律与古代人定义法律有什么区别？

【讨论与互动】

在现代西方法学众多的法律定义中，你认为哪种法律定义更有道理？说说你的理由。

【推荐书目】

1. 德意志意识形态．马克思恩格斯选集：第 1 卷［M］．3 版．北京：人民出版社，2012.

2. 恩格斯致康拉德·施密特．马克思恩格斯文集：第 10 卷［M］．1 版．北京：人民出版社，2009.

3. 共产党宣言．马克思恩格斯文集：第 2 卷［M］．1 版．北京：人民出版社，2009.

4. 韦德·莫里森．法理学——从古希腊到后现代［M］．李桂林，等译．武汉：武汉大学出版社，2003.

第二章　法律的演进

【本章导读】

本章为读者展开了法律的历史画卷，在这幅画卷中，有各种社会形态的法律。通过对法律大千世界的游览，在感性上为人们提供了一个完整的法律图像，并在此基础上，依据马克思主义法学的观点，阐述了法律的历史过程和发展变化的规律。法律是人类社会发展到一定阶段的产物，即随着生产力的发展、生产方式的变化，人类社会出现了私有制，在私有制关系基础上形成两大对立的阶级，阶级斗争的结果产生了国家和法律。法律产生以后，在社会基本矛盾的决定下经过奴隶社会、封建社会、资本主义社会和社会主义社会四种历史类型，最终会和国家一道，随着私有制、阶级、剥削和压迫被无产阶级彻底消灭而结束其历史使命。

【学习目的】

了解法律的历史过程；掌握法律发展、变化的规律。

第一节　法律的起源

【小链接】

《摩奴法典》第 99 条规定：婆罗门一出生便为天下之尊；他是万物之主，旨在保护法库（即法）。第 100 条规定：世界上的任何东西都是婆罗门的财产；由于地位优越和出身高贵，婆罗门的确有资格享有一切。

《古兰经》规定：天地的国土是他（真主）的。

1791 年法国《人权宣言》第 17 条规定：财产是神圣不可侵犯的权利，除非当合法认定的公共需要所显然必需时，且在公平而预先赔偿的条件下，任何人的财产不得受到剥夺。

《中华人民共和国宪法》（以下简称《宪法》）第 6 条规定：中华人民共和国的社会主

义经济制度的基础是生产资料的社会主义公有制，即全民所有制和劳动群众集体所有制。第 12 条规定：社会主义的公共财产神圣不可侵犯。第 13 条规定：公民的合法的私有财产不受侵犯。

财产权利是古往今来法律所保护的重要内容，在不同的社会、不同的历史条件下，法律保护的财产内容是不同的。

一、原始社会的社会规范

国家和法是人类社会发展到一定历史阶段的产物。在此以前，人类曾经历了漫长的数百万年没有国家和法的原始社会。

（一）原始社会的一般概况

原始社会是人类历史上第一个独立的社会形态。原始社会可以分为两个时期，即原始人群和氏族公社时期。原始社会的生产力水平极端低下，生产工具十分简陋。在这种生产力状态下，单个人根本无法生存下去，只有依靠集体的力量，共同劳动，互相帮助，才能谋求生存和发展，于是形成了生产资料的原始公有制。在此基础上，人们之间是一种平等的合作关系，对当时极其贫乏的劳动产品，实行平均分配，共同消费，因而没有剩余、没有私有制、没有阶级，也没有国家和法。在原始社会里没有国家和法，并不是说当时社会没有组织、没有秩序，与当时经济基础相适应，它有自己独特的社会组织和社会规范。

（二）原始社会规范的特点

（1）原始社会规范体现着全体氏族成员的共同利益和意志，没有阶级性。这是由原始公有制经济关系和以血缘关系为基础的社会关系的本质所决定的。

（2）原始社会规范的实施，是依靠氏族首领的威信、传统力量的束缚来维持的，是由人们自觉遵守的，没有国家强制性。

（3）原始社会规范是适应人类早期社会生活的需要，通过人们长期共同劳动和实践，以世代相传的自发方式产生和发展起来的，不是自觉创制的，具有自发性的特点。

二、法律产生的根源

（一）社会分工、商品交换和私有制是法律产生的经济根源

（1）生产力的不断发展，导致剩余产品的出现，为私有制的产生和占有他人的劳动提供了必要的物质条件。

（2）劳动生产率的日益提高，促进了劳动方式的改变，对私有制的经济关系的最后确定产生了具有决定意义的影响。

（3）生产力的发展推动了社会分工的形成，原始社会后期和末期出现的三次社会大分工，使私有制的产生有可能变为现实，最后形成奴隶制。

（二）阶级和阶级斗争是法律产生的社会根源

法律是适应调整阶级关系的需要而产生的，随着私有制、阶级和奴隶制的确立，彻底改变了原始社会关系的性质，使其逐渐渗透了阶级的内容，阶级的分裂造成了利益上的尖锐对立，在奴隶主和奴隶之间产生了巨大的阶级冲突，奴隶主阶级为维护自己的利益和统治地位，迫切需要新的行为规则来镇压奴隶的反抗，巩固自己的统治地位。于是，奴隶主

阶级通过他们手中掌握的国家政权，以国家暴力机器为后盾，制定了一系列符合奴隶主阶级利益的行为规则，或者把社会上一些对自己有利的习惯加以认可，迫使社会成员共同遵守。这种经过国家制定和认可，并由国家强制力保证实施的行为规则就是法律。

（三）不同价值观念的冲突是法律产生的文化根源

法律的产生既是社会内部分化出阶级、阶层及其矛盾斗争对抗的结果，也有社会外部国家民族之间相互征服、统治的原因，还有管理社会的客观要求。此外，随着社会经济的发展，人的独立意识不断成长，不同价值观念的冲突也促进了法律的产生。

三、法律产生的一般过程

（一）经历了从个别调整到一般调整的过程

法律并非一开始就形成了比较概括的、能够统一调整各类社会关系的法律规范，而是在出现了某种具体案件后针对具体人、具体情况，进行个别性调整。后来随着案件的不断增多和司法活动的加强，逐渐从各种具体法律关系中，根据不同性质和特点，针对某一类人、某一类情况制定出一般性规则，要求人们普遍遵守。这样，就从个别调整过渡到一般调整。

（二）经历了从习惯调整到习惯法调整，再到成文法调整的过程

原始社会末期，随着私有制的确定、阶级的形成，原始社会的习惯规范不再适应调整社会关系的需要。这时，新的社会结构刚刚建立，国家机构还不完善，决定了统治阶级只能把现存的原始习惯赋予其法律效力，这样就产生了习惯法。后来，随着社会经济及文化的不断发展，社会关系日趋复杂多样，加之国家机器的逐渐完备，以及立法活动的发展，出现了比较完善的成文法典。

（三）从诸规范合体到独立

在最早的国家形态中，原始社会意识形态的影响大量存在，社会关系的发展还不充分，以及人们认识的局限性，最初的法律规范往往同宗教规范和道德规范没有明确界限。只是在以后长期的历史发展中，随着社会经济、政治和文化的进步，法才最终与宗教和道德相分离。即使如此，直到现在法仍然不同程度地受到宗教和道德的影响。

四、法律与原始社会规范的区别

（一）产生的方式不同

法是国家依靠一定程序制定和认可的，具有自觉创制的特点；原始社会规范是原始人在长期共同劳动、共同生活过程中自然形成的，具有自发性的特点。

（二）反映的意志不同

法是统治阶级意志的反映，具有鲜明的阶级性；原始社会规范反映全体氏族成员的共同利益和意志，不具有阶级性。

（三）依存的经济基础不同

法产生于私有制的经济基础之上，并为其服务；原始社会规范产生于原始公有制的经济基础之上，并为其服务。

（四）强制的手段不同

法是以暴力为基础的国家强制力来保证实施的；原始社会规范是靠社会舆论、传统的力量和氏族首领的威信来保障实施的。

（五）适用的范围不同

法以一定的地域（国家）为适用范围；原始社会规范只适用于有血缘关系的氏族全体成员。

第二节　法律的历史类型

**【微语录】**

> 法包含着一个民族经历多少世纪发展的故事，因而不能将它仅仅当作好像一本数学教科书里的定理、公式来研究。为了知道法是什么，我们必须了解它的过去以及未来趋势。
>
> ——［美］霍姆斯

法律的历史类型是马克思主义法学依据经济基础和阶级本质对人类社会产生的全部法律所做的历史分类，凡是建立在同一经济基础之上，反映同一阶级意志的法律，就属于同一历史类型的法律。法律的历史类型与阶级社会的历史形态相统一，在人类社会发展中法律的历史类型依次呈现为奴隶社会的法律、封建社会的法律、资本主义社会的法律和社会主义社会的法律。

一、奴隶社会的法律

奴隶社会的法律是人类历史上最早出现的第一个剥削阶级类型的法律，奴隶主阶级通过奴隶制国家把自己的意志转化为法律。奴隶制法确认和保护奴隶主阶级对生产资料和奴隶非人性占有的私有制，是奴隶社会上层建筑的重要组成部分，是奴隶主阶级统治国家、压迫奴隶的工具。

一方面，奴隶制法规定奴隶主阶级与奴隶阶级之间的不平等地位。在两河流域发现的迄今为止人类历史上最早的一部成文法典《乌尔纳姆法典》把社会划分为自由民和奴隶两个等级，严格保护奴隶主对奴隶的私有权，奴隶可以由主人随意买卖，可以作为财产赔偿给受害者；奴隶必须安分守己，对主人毕恭毕敬，唯命是从，否则会受到主人的严惩。该法典规定："倘主人的女奴把自己与其主人相比，对她（或他）出言不逊，必须严惩。"①《汉穆拉比法典》也将居民划分为自由民和奴隶两个等级，奴隶是主人的财产，可由主人随意处置。无论是东方还是西方，在奴隶社会的法律中，奴隶是财产，不是作为人的关系被调整，而是作为物的关系被调整，奴隶不是社会的人，不是生活在人的关系中，而是处在物的关系中。

另一方面，奴隶制法宣称君权神授，以神权论证君权统治的合法性、绝对性和神圣性。国王代表神统治人间社会，集立法、司法、行政大权于一身，是国家的最高统治者。在书写《汉穆拉比法典》的石柱上，雕刻着汉穆拉比王从端坐的天神手中接过法律的场

---

① 朱承恩．《乌尔纳姆法典》和乌尔第三王朝早期社会［J］．历史研究，1984（5）.

景，写道："安努与恩利尔为人类福祉计，命令我，荣耀而畏神的君主，汉穆拉比，发扬正义于世，灭除不法邪恶之人，使强不凌弱，使我犹如沙马什，照临黔首，光耀大地。"①接着连用25个"我……"的排比句，规定汉穆拉比是道德的楷模、民众的福祉、慈爱的英雄、正义的法官、诸神的祭祀、众王的领袖、贤明的君主、国家一切权力的主宰。

中国古代的法律传统是"礼不下庶人，刑不上大夫"，法是针对百姓的，君主的地位不是由法律规定的，而是由宗法礼制规定的。《左传·昭公七年》记载："天有十日，人有十等，下所以事上，上所以共神也。故王臣公，公臣大夫，大夫臣士，士臣皂，皂臣舆，舆臣隶，隶臣僚，僚臣仆，仆臣台。马有圉，牛有牧，以待百事。"《左传·桓公二年》记载："天子建国，诸侯立家，卿置侧室，大夫有贰宗，士有隶子弟，庶人、工、商各有分亲，皆有等衰。是以民服事其上而下无觊觎。"

印度的《摩奴法典》通过种姓制度规定奴隶主与奴隶的关系。"为保存完整的创造，无上光荣的神，对从口、臂、腿、足所创造的人类规定了不同的职司。他命婆罗门学习和传授吠陀，执行祭祀，主持他人的献祭，并授以布施之权。它将保护人民、行布施、祭祀、诵读圣典、摒绝娱乐，规定为刹帝利的义务。照料家畜、布施、祭祀、学习经典、经商放贷、耕田，为给予吠陀的职司。但无上尊上对首陀罗只规定了一种本务，即服役于上述种姓而不忽视其功绩。"②

欧洲奴隶社会的罗马法，依据身份权把"自然人"划分为自由民和奴隶两大部分。自由民是拥有身份权的人，是法律上的主体，奴隶没有身份权，是法律上的客体——财产，任凭主人役使、买卖和处罚。在人身方面，主人对奴隶有生杀之权。在婚姻方面，奴隶无婚姻权，奴隶间的结合仅为事实上的同居关系，对子女不产生家长权和继承权的关系。在财产方面，奴隶无财产权，奴隶本身就是财产。在诉讼方面，奴隶不得为诉讼行为，若奴隶受人殴打或受重大侮辱时，奴隶无权诉讼，应由其主人以财产被侵害而起诉；奴隶侵害他人权利，由其主人应诉，或赔偿，或把奴隶交由受害人处理。在宗教方面，奴隶可随主人参加祭祀。奴隶不得穿戴自由民的衣帽，也不能用自己的姓名，一般在"奴隶"前冠以主人的姓名。此外，罗马统治者没有忘记用宗教论证等级制度的合理性和神权的绝对性，给统治者披上宗教的外衣。基督教思想家奥古斯丁在《上帝之城》中告诫人们：服从上帝，服从法律，服从命令，服从统治，就能得到秩序与和平，实现和谐社会。奴隶是上帝给他们的惩罚，奴隶要"愉快地善意地服从主人"，以此获得主人的恩释，否则他们将永远被奴役。③

在奴隶社会的法律中，统治阶级由以君主为代表的自由民组成，法律调整的是自由民之间经济、政治和社会等方面的关系，奴隶不是法律调整的主体。

奴隶制法的特征是：在内容上，诸法合体，以刑罚为主，主要维护自由民之间不平等的财产关系和权利关系；在结构上，以神权论证王权，以神法为王法提供依据；在调整手段上，刑罚手段极其野蛮和残酷，保留了大量原始社会规范的痕迹。

---

① 法学教材编辑部《外国法制史》编写组．外国法制史资料选编上册［M］．北京：北京大学出版社，1982：18.

② 蒋忠新．摩奴法论［M］．北京：中国社会科学出版社，2007.

③ 奥古斯丁．上帝之城：驳异教徒［M］．王晓朝，译．上海：上海三联书店，2009.

二、封建社会的法律

封建社会的经济基础是地主官僚阶级以帝王的名义占有以土地为主的生产资料的国家私有制，农民通过土地依附于地主官僚阶级，依附于国家的统治。在封建社会经济基础上产生的地主官僚与农民的阶级关系和君臣、主仆自上而下的等级依附关系是封建社会的基本关系。封建社会的法律，就是维护地主官僚阶级对农民阶级的剥削和压迫，维护社会等级制度，维护以封建帝王为核心的官僚特权集团对社会的专制统治。

封建社会的法继续强化君主在社会等级中的最高统治地位。在东方的封建社会中，君主集权专制实现了神权与君权的完美统一。在印度和阿拉伯国家，形成了以宗教为基础的封建社会的法律体系，人们之间的关系是通过宗教神学来规范的。如伊斯兰教法体系由《古兰经》、《圣训》、类推、法学家的一致意见构成。《古兰经》规定："一切权势全是真主的。"由真主的"使者"行使他的权力，穆罕默德因此拥有一切权力，穆罕默德的接班人哈里发理所当然是"权力无限的统治者"①。在印度，依据宗教经典而形成的"法论"就是国家的法律，《摩奴法典》中规定的"种姓制度"为历朝历代的君主专制提供了法律依据。种姓越高，享有的经济、政治和社会的特权就越多。印度最后一个封建王朝莫卧儿帝国继承了德里苏丹的土地制度，君主对全国的土地享有最高的权力，可自由封赏臣下，也可以随时没收臣下的土地，形成以土地为基础的依附关系。在政治上，君主集军、政、司法大权于一身，实行专制统治。

中国封建社会的法律在宗法礼制的基础上，建立了以皇帝为核心的庞大的官僚体系。秦统一六国后，召集群臣商议更改君主的名号，建立帝制。秦王认为君主名号应把三皇五帝的功德都包括进去，遂下令定君主名号为"皇帝"。从此，"皇帝"一词成为中国封建君主的专有名号，皇帝是国家的最高统治者，集经济、政治、军事及立法、司法、行政、监察大权于一身，"天下之事无小大皆决于上"②。在皇帝之下设"三公九卿"，皆受命办事，因而"主有专己之威，臣无百年之柄"③。

如果说建立官僚体系的宗法礼制主要是针对统治阶级的，那么，基于中国"礼不下庶人，刑不上大夫"的法律传统，中国封建社会的法律还有一类主要是针对"百姓"的"刑法"。刑法以残酷的刑罚维护统治者的礼制，维护社会的宗法规范，维护封建社会的财产关系。在定罪方面，一般都把违反封建"三纲五常"的"十恶"定为不赦之罪，"十恶"维护的核心是"皇权"；在量刑方面对皇亲国戚、贵族、官僚网开一面，实行"八议""请""减""赎"等减免制度。

在欧洲中世纪，与东方不同，君权与教权处在二元的博弈之中，形成世俗法与教会法两种法律体系。无论哪种法律体系，都把社会划分为自上而下的依附关系。世俗法建立的是封建等级制，在法兰西王国，按占有土地的数量和政治势力的大小，封建主被分为不同的等级，各等级之间形成封君与陪臣的关系。最高等级的封建主是拥有大片领地的公爵、伯爵等贵族，形成第一等级，法兰西国王是宗主，是最大的封建主。在第一等级之下，是

---

① 昂里·马塞．伊斯兰教简史［M］．王怀德，周祯祥，译．北京：商务印书馆，1978.

② 司马迁．史记［M］．北京：中华书局，1959.

③ 范晔．后汉书·班彪列传［M］．北京：中华书局，2000.

由公爵、伯爵册封的男爵、从伯爵、子爵等构成第二等级。第三等级是由前两个等级册封的贵族，他们是国家武装的组成人员，被称为骑士阶层。教会法建立的是教阶等级制度。教会仿照罗马帝国和封建等级制度，把教会组织分为由教皇、大主教、主教、神父组成的大教职和由修士、修女组成的小教职。教皇拥有大片领地，属于封建等级制度中的第一等级，集教会最高立法权、行政权、司法权于一身，是天主教的最高统治者。

封建社会的法通过建立自上而下的等级结构，突出强调君主权力的神圣性、绝对性，君权是神权、国家权力和社会权力的三位一体，通过自上而下的权力体系，维护封建社会的经济关系。

三、资本主义社会的法律

资本主义社会的经济基础是生产资料的个人私有制，以此为基础形成资产阶级和无产阶级。资产阶级的天性是追求资本利润的最大化，马克思在《资本论》中揭示了资本利润最大化的秘密，指出资产阶级与无产阶级对立的根源，论证了资本主义必然灭亡的历史规律。马克思在《共产党宣言》中阐述了资本主义法的本质是资产阶级意志的体现，法律、道德、宗教在他看来全都是资产阶级偏见，隐藏在这些偏见后面的全都是资产阶级利益。资本主义法鼓吹的自由、平等和人权，其核心内容是维护资本主义私有制，资本主义私有制是整个资本主义社会的根基。

资本主义进入垄断时期以后，逐渐认识到把个人权利绝对化的危害，尤其是凯恩斯革命，在资本主义世界掀起了建立福利国家、鼓吹公民社会权利的热潮，法律精神由以个人权利为本位转向以社会权利为本位，社会立法受到了普遍的重视和长足的发展。国家也由私人财产权的“守夜人”转变为对财产自由的积极干预者。然而，这些变化并没有改变资产阶级的天性和资本主义社会的本性，维护、巩固资本主义私有制是资本主义法律永恒的主题。

（一）维护资本主义私有制

这是资本主义法律制度的核心。这一点，无论是在自由资本主义时期还是在垄断资本主义时期，始终都是这样。私有财产神圣不可侵犯是所有资本主义宪法的一项基本原则，按照这一原则，人们对自己的财产具有占有、使用和处分的绝对权利，任何人非经所有人许可不得干涉其行使，法律保护私有财产不受他人侵犯，国家政府不得任意侵犯、剥夺他人的财产。为了切实保证财产权的自由行使，早期资本主义法都有契约自由规定，反对国家和法律直接干预经济生活，鼓励自由竞争。资本主义经济进入垄断时期后，国家加大了对经济生活的干预，私有财产神圣不可侵犯及契约自由原则受到一定的限制。

（二）维护资本主义代议制政府

这是资产阶级进行政治统治的基本方式和主要形式。代议制是指由公民通过选举产生的代表组成立法机关（议会）。资产阶级政治统治的作用主要体现在通过法律手段保证代议制政府的有效运行，具体体现在以下三项制度：（1）政党制。资产阶级一般都是通过执政党执掌政权的。（2）普选制。在资本主义国家，政府的组成及重要决策由议会决定，而议会一般是享有选举权的公民依法选举产生的，有些国家的元首甚至也直接由选民选举产生。（3）分权制。在实践中，绝大多数的资本主义国家都实行分权制，即立法权、司法权、行政权三权分立并相互制衡。

（三）维护资产阶级人权

这是资本主义的政治和法律原则。人权是指作为人而享有或应该享有的权利。人权作为一个问题、一个口号、一项政治与法律原则，是资产阶级首先提出来的。资本主义法对人权的保障具有重要的历史和现实意义，它不仅废除了封建的人身依附、等级特权、专制独裁，为人民团结起来反抗压迫、抵制专制、改善生活境况提供了条件，而且也为世界范围内争取与保障人权的斗争提供了经验和教训。但是，资本主义法对人权的保障是与资产阶级统治联系在一起的，是资本主义生产方式的产物，所保障的只能是资产阶级所需要的人权。

资本主义法的特征：（1）建立、维护经济自由的法律制度，即确认、维护私有财产神圣不可侵犯和契约自由。（2）建立、维护政治自由的法律制度，即建立资本主义国家的宪政体制和法律制度。

四、社会主义社会的法律

按照马克思主义的历史观，社会主义是建立在高度发达的资本主义社会之后的、向共产主义社会过渡的社会发展阶段，它不是一个独立的社会形态，而是共产主义社会的初级阶段。

在社会主义社会，无产阶级通过革命斗争推翻资产阶级的统治，消灭资本主义社会，掌握国家政权，建立以社会主义公有制为基础的社会主义国家和法律。无产阶级在社会主义阶段的历史任务是：在经济上，共产党人可以把自己的理论概括为一句话：消灭私有制，把资本变为公共的、属于社会全体成员的财产。在政治上，无产阶级用暴力推翻资产阶级而建立自己的统治，摧毁至今保护和保障私有财产的一切。无产阶级不仅要在内容上消灭一切人剥削人、人压迫人的制度，而且要在形式上消灭人剥削人、人压迫人的制度，直至消灭无产阶级自己和社会主义国家、法律本身。这就是无产阶级的意志，就是社会主义国家法律的内容。

（一）社会主义法产生的一般规律

1. 无产阶级夺取政权是社会主义法产生的基本前提

一个阶级把自己的意志上升为国家意志，关键在于掌握国家政权，否则就不可能制定出反映自己意志的法律，实现自己的利益要求。无产阶级要建立体现自己意志的法律，必须先夺取政权。

2. 摧毁旧法体系是社会主义法产生的必然要求

无产阶级夺取政权后，必须彻底摧毁旧法体系，否则，社会主义法就无从产生。旧法体系建立在以私有制为核心的经济基础和社会关系之上，新法则建立在以公有制为核心的经济基础和社会关系之上，二者在本质上是根本对立的。

3. 批判地继承旧法是社会主义法产生的必要条件

唯物辩证法认为，任何新事物对旧事物的否定，都不是全盘抛弃，而是辩证地“扬弃”，即在本质上否定的同时，又要吸收旧事物中的合理因素作为新事物继续发展的必要条件。社会主义法取代旧法，同样也要遵循事物发展的辩证规律，从整体上否定旧法，同时又要批判地继承旧法中的一切合理因素，否则，社会主义法就失去了产生和发展的

基础。

（二）社会主义法的基本特征

1. 阶级性和人民性的统一

法的本质是阶级意志的体现。在社会主义社会，法的本质是工人阶级意志的体现，而工人阶级的意志和广大人民的意志发展方向是一致的，社会主义法真正实现了阶级性和人民性的统一。

2. 社会性和民主性的统一

社会主义国家的一切权力属于人民，是真正的人民主权社会，法律规定人民享有管理国家的一切权利，并赋予人民以广泛的权力和自由，人民充分发挥推动社会进步的作用，执行管理公共服务的职能，社会主义法体现了社会性和民主性的统一。

3. 科学性和公正性的统一

在社会主义社会，法从根本上是符合社会客观规律的，是科学的，权利和义务的公正分配保证公正的实现，是真正的科学性和公正性的统一。

第三节 法律产生、发展及变化的规律

无论是马克思主义法学的历史类型，还是历史和进化法学派的"从身份到契约"的法，都认识到法律有一个从低级到高级、从简单到复杂的发展进化过程。所不同的是，马克思主义法学认为法律是人类社会中的社会历史范畴，历史和进化法学派则认为法律是伴随人类的自然历史范畴；法律的历史类型揭示了法律在人类社会中产生、发展、灭亡的规律，而"从身份到契约"的法揭示的是法律从低级、简单向高级、复杂发展变化的规律。两者揭示法律发展变化规律所选择的理论方法不一样，进而形成了法律迥然的历史命运。

马克思主义法学运用社会基本矛盾原理揭示法律的历史过程及规律。社会基本矛盾是马克思主义理论推动社会发展变化的动力结构。社会基本矛盾是指生产力与生产关系、经济基础与上层建筑之间的矛盾。它存在于一切社会中，并贯穿于每一社会发展过程的始终，决定着社会发展的性质、结构和面貌，决定着社会的运动、变化和发展。生产力的发展变化决定着生产关系的发展变化，生产关系的发展变化决定着上层建筑的发展变化，法律是上层建筑的组成部分，最终随着由生产力决定的生产关系的发展变化而发展变化。

在马克思主义法学中，私有制、阶级和阶级斗争、国家是法律产生、发展、灭亡的原因和条件，这些原因和条件是社会基本矛盾运动的结果。从法律产生方面来看，生产力的发展引起生产方式的改变，在经济关系中出现了私有制、阶级、阶级斗争，导致国家和法律的产生。从法律的发展方面来看，生产力的发展，生产方式的改变，在经济关系中产生了新的阶级，新的阶级之间的斗争代替了旧的阶级之间的斗争，导致国家政权的更替，从而实现法的历史类型的更替。从法律的消亡方面来看，生产力的发展，生产方式的改变，在经济关系中产生了无产阶级。无产阶级是现代社会中最先进、最有发展前途的阶级，是现代社会中最革命的阶级。在资本主义社会中，无产阶级除了出卖劳动力供资本家剥削外，就不能生存和发展。无产阶级不推翻资本主义剥削制度，不消灭一切阶级和阶级差别，不解放全社会，就不能最后解放自己。消灭私有、消灭阶级剥削和压迫、消灭国家必

然成为无产阶级的历史使命。随着无产阶级历史使命的完成，法律随着国家一起消亡。

【思考题】

1. 马克思主义法学关于法律产生的条件是什么？
2. 马克思主义法学对法律历史过程认识的理论原理是什么？

【推荐书目】

家庭、私有制和国家的起源．马克思恩格斯选集：第 4 卷［M］.3 版．北京：人民出版社，2012.

第三章　法律的本质、作用和价值

【本章导读】

法律的本质是指法律的内容所体现的是谁的理想、意愿、主张和要求等。这些理想、意愿、主张和要求，可统称为意志，“法律的本质”因此被视为“统治阶级意志的体现”。本章主要从法律的本质这一法理学的核心概念着手，系统、完整地阐述法律的本质、作用及价值。

【学习目的】

正确理解和掌握法律的本质与法的特征；掌握法的作用的概念与分类，并认识法的局限性；掌握法律的价值的概念。

第一节　法律的本质概述

参考案例

断头台上的国王

在英国内战爆发前，查理一世已经统治英国17年，由于他与议会的矛盾，激起了议会的反叛，国王的军队被议会派军队打败。1647年，国王被迫将权力交给议会，他被议会指控犯有“制造战争反人民”的罪行，被判处斩首。用来行刑的断头台安置在白厅宴会厅的外面，有一块很少用到而且很低的垫头毡，这是故意用来侮辱国王尊严而设计的。

1649年1月30日，国王查理一世被牢牢地固定在一根金色的竹藤上，从圣·詹姆斯宫殿来到敲着哀鼓的地方。寒风中的旗子“啪啪”作响，国王穿着一件紧身上衣，外罩一件蓝色丝质汗衫和一件御寒的大斗篷。他带着四块手表，要在临死前将它们分给他最亲近的支持者。

两个刽子手进入刑场，他们因为害怕遭到保皇派的报复而伪装起来，一身黑衣，戴着面罩和假胡须，穿着能改变形体的厚厚的外衣。国王面对他们时，请求他们，待他作出伸展双臂的示意手势时，再给他致命一击。在刽子手和一名主教的帮助下，国王朝垫头毡躺下。作为一个虔诚的教徒，他开始祷告。刽子手已经准备好了，催促着国王："等着手势呢！等着手势呢！"片刻后，国王伸出他的手臂示意可以砍头了。随着"噔"的一声，国王身首分离。

问题：判决查理一世死刑对法律意味着什么？

提示：从法律的本质上看，查理一世被处死，不仅意味着王朝交替，更意味着法律是掌握国家政权的统治阶级意志的体现。

法律的本质属性是标识法律自身存在的内在规定性，是不与其他社会规范共享的法律自身独有的标识性属性，一般被称为法律的本质。法律的非本质属性是指法律与其他社会规范共享的差别性属性，一般被称为法律的特征。法的本质是法的内部联系，反映法的深层次内容，是法区别于其他一切事物的根本属性。人们只有通过科学的抽象思维，上升为理论才能把握法的本质。

一、法律的本质

认识法律本质属性的不同的理论方法，形成了对法律本质属性不同的认识。人们经常从哲学、伦理学、社会学的角度揭示法律的本质属性，形成了一种解释法律本质属性的基本模式，即"根源模式"，就是通过分析法律的根源，揭示法律的本质属性。把法律的本质属性归结为意志和理性（主观的或客观的），或公平、正义，或经济关系，或在社会中自然形成的被人们普遍认同的习惯规则。"根源模式"所揭示的法律的本质属性有待进一步分析、研究。

按照马克思主义法学的观点，法律由国家制定或认可，国家通过法律规定人们的权利和义务，调整人们的行为，并以国家强制力保障权利义务的实现。法律与国家相随、相伴，国家是法律的标准和尺度。无论何种规范，只有通过国家制定或认可，并由国家强制力保证实施才能成为法律规范。国家制定或认可法律规范的依据是掌握国家政权的统治者的意志和利益，其内容必然受到社会物质生活条件的制约。马克思法学以阶级性揭示法律的本质。

（一）国家意志性

法有国家意志性，即法是国家意志的体现。从现象上看，法是来源于国家的一种特殊的行为规范，是由国家制定或认可的。统治阶级通过国家把自己的意志、要求写进法律，并由国家强制力保证实施。

国家意志的表现形式取决于国家政体的类型。在集权专制的体制下，国家意志通过独裁者的个人意志表现出来，主要有圣旨、敕令、语录等。在寡头专制体制下，国家意志通过集体意志表现出来，主要有决议、文件、纪要等。在共和宪政体制下，国家意志通过全体人民的意志表现出来，通过代表会议制定的法律是主要的表现形式。

法与国家政权密切相连，没有国家政权作依托，法就无从产生，无法实施。

（二）阶级意志性

法有阶级意志性，法是统治阶级意志的体现。意志是指人们为了达到某种目的而产生的心理状态和心理过程，是一种精神活动。国家作为一种抽象的政治组织，是没有生命力

的，也就不可能有自己的意志。所谓国家意志，实际上只能是统治阶级的意志。统治阶级凭借自己在经济上和政治上的统治地位，把本阶级的意志上升为国家意志。法所体现的统治阶级的意志，是统治阶级内部各个成员的意志相互作用而产生的“合力意志”，这种“合力意志”最后成为社会的共同意志。

（三）物质制约性

1. 含义——法的内容由社会的物质生活条件所决定

法具有物质制约性，即法所体现的内容由社会的物质生活条件所决定。社会的物质生活条件主要是指与人类生存相关的地理环境、人口和物质资料的生产方式。社会物质生活条件培植了人们的法律需要，同时又决定着法的内容。

2. 经济基础——具有决定意义的是生产方式，尤其是同生产力的发展阶段相适应的生产关系

在物质生活条件的诸因素中，其中有具有决定意义的生产方式，尤其是同生产力的发展阶段相适应的生产关系，即社会经济基础，是决定社会的面貌、性质和发展方向的主要因素，也是决定法律的本质内容和发展方向的主要因素。一定的法律受地理环境、人口等因素的影响，但主要受社会生产方式的影响，它总是与一定的社会生产方式相适应而产生、存在和发展。

3. 客观性——法不是以意志为基础而是以社会为基础的，是一个不以人的意志为转移的客观过程

法的创制离不开立法者的主观意志，法的国家意志性和阶级意志性，表明法反映人的主观意志，具有主观性。但是这种意志最终受社会经济条件的制约，找到了社会物质生活条件这一决定性力量，就把法的主观性和客观性结合了起来，并且使法的客观性成为法的主观性的基础。法的客观性要求立法者在制定法律时必须从客观经济条件出发，而不能违反它。

二、法律的特征

如果说法律的本质是法律规范区别于其他社会规范的一级标志，那么，法律的特征就是法律规范区别于其他社会规范的二级标志。

法律规范有其自身的特定结构，从宏观上看，法律规范由国家制定或认可（产生）；通过规定权利和义务调整人们的行为（调整对象、方式）；在法律界定的范围内普遍有效（调整范围）；由国家强制力保证实施（调整手段）。道德是社会对经济关系、政治关系和历史文化自觉形成的社会意识，它通过人们的思想、情感、心理调整人们的行为。宗教是对人格的异化而形成的对世界虚幻的意识，它通过信仰和崇拜调整人的行为。法律只能形成于国家的制定或认可，道德和宗教可形成于多种渠道和方式；法律设定明确的权利、义务，直接调整人们的行为，规定法律规范的后果，并由国家强制力保证实施；道德规范大多是原则性的规定，针对人们的思想、情感和心理，没有对应的规范后果，主要靠舆论和人们的自觉遵守来实现；宗教规范虽具有一些明确的权利和义务及对应的规范后果，但不具有国家的强制性，宗教是人格异化的道德规范，是对人的灵魂和精神的愚弄、专制，宗教规范主要靠信仰和崇拜来实现；法律规范一般适用于一国之内，具有主权性，道德和宗教规范可以适用于不同的国家乃至整个世界。

（一）国家创制性

从产生方式上看，法律与其他社会规范的区别在于它有国家创制性，即法律是由国家制定、认可的。制定和认可是国家创制法律的两条途径。所谓制定，是指拥有立法权的国家机关按照一定的程序制定出新的法律规范。通过这种方式产生的法律称为制定法或成文法。所谓认可，是指拥有立法权的国家机关赋予社会上已经存在的某种行为规范以法律效力，承认它是国家法律的一种形式。通过这种方式产生的法律称为认可法或不成文法。

（二）特殊规范性

从内部结构上看，法律与其他社会规范的区别在于它有特殊规范性。这种特殊规范性表现在它以规定人们的权利和义务作为核心内容。立法者通过设定权利和义务的方式来给人们的行为确定统一的标准。法律规范有着独特的、严密的逻辑结构，通过这种逻辑结构来保证权利的享有和义务的履行，从而建立起一定社会所需要的法律秩序。

（三）普遍适用性

从适用范围上看，法律与其他社会规范的区别在于它有普遍适用性。法律是以国家名义制定并颁布实施的，它代表国家的意志，是一种带有普遍性的社会规范。法有普遍适用性是将法作为一个整体而言的，并不意味着一部特定的法律在一国的所有领域对所有人都生效。

（四）国家强制性

从实施方式上看，法律与其他社会规范的区别在于它有国家强制性。即法律是由国家强制力来保证实施的。在所有的社会规范中，只有法律是靠国家强制力来保证实施的。国家强制力是一种强大的暴力性力量，是任何个人和组织都无法抗拒的。法律以强制力作为后盾，就使法律的运行有了可靠的保障。

第二节　法律的作用

法律的作用是指通过人们对法律的遵守和国家机关执行、适用法律的活动实现符合统治者意志要求的社会秩序。法律规范主体的行为表现出法律的规范作用，作用的结果就是法律的社会作用，即形成一定的社会秩序。法律通过规范作用实现社会作用，规范作用指向人的行为，社会作用指向由人的行为形成的社会关系或社会秩序。

一、法律的规范作用

法律的规范作用是指法律为人们的行为提供模式、方向，使人们的行为符合法律规定的标准。一般认为，法律的规范作用包括指引作用、评价作用、预测作用、教育作用和强制作用。

（一）指引作用

指引作用是指法律通过设定权利、义务为人们的行为提供模式、标准，人们根据法律提供的标准决定自己的行为。针对权利主体，指引作用主要分为确定性指引和选择性指引。确定性指引是指法律通过规定可能行为的不良后果，命令人们必须“为”或“不为”一定行为，即通过设定义务指引人们的行为。选择性指引是指在法律规定的范围内，人们可以根据自己的意志决定自己的行为，即通过设定权利指引人们的行为。

参考案例

张某承租宋某一套住房，租期两年，每半年结算一次租金，两人订有书面合同，各执一份。后因宋某要去国外继承一笔遗产并定居国外，遂将该住房卖给刘某，并办理了交易手续，但未能及时通知张某。刘某买了此房后便去外地出差。半年之后，刘某以房主身份向张某收取房租，遭张某拒绝。刘某向当地法院提起诉讼。法院依据《中华人民共和国合同法》（以下简称《合同法》）第80条的规定“债权人转让权利的，应当通知债务人。未经通知，该转让对债务人不发生效力”，判决刘某败诉。

问题：法院为什么判决刘某败诉？

提示：在上述事例中，法院之所以判刘某败诉，是因为《合同法》第80条的规定对人们的行为的指引是一种确定性的指引，宋某或刘某在进行房屋交易后必须按照《合同法》的规定通知张某，否则，要承担一定的法律后果。

（二）评价作用

评价作用是人们依据法律对某一特定行为是否合法的主观判断。根据评价结果是否具有法律效力，评价作用分为国家评价和社会评价。国家评价是指专门的国家机关对人们的行为所做的具有法律效力的评价。如法院对违法、犯罪行为所做的判决、裁定。社会评价是指不具有法律效力的评价，一般表现为社会舆论、个人的看法等。

（三）预测作用

预测作用是指人们根据法律规定预测自己行为的合法性及结果。如果说评价作用针对的是过去的行为和正在实施的行为，那么，预测作用针对的就是将来实施的行为，即预测将要实施的行为是否合法及其法律后果，以规避违法行为，实现积极的法律后果。

（四）教育作用

教育作用是指通过执法和司法活动、法律教育、法律宣传等方式提高人们的法律意识，并把法律内化为人们评价是非善恶、公平正义的道德规范。

（五）强制作用

强制作用是通过国家强制力使人们的行为符合法律规定的要求。实施强制作用的主体是特定的国家机关；手段是权力强制；内容是保护法律权利义务的实现及法律义务的履行；目的是实现权利义务对人们行为的规范，形成符合统治者要求的社会秩序。强制作用分为司法强制和行政强制。司法强制针对的是违法、犯罪行为，让违法、犯罪人承担法律责任，接受法律制裁。行政强制针对的是具体行政行为，一般情况下，行政相对人无权拒绝行政主体依法和依职权实施的行为；行政相对人如拒不执行执法者的行政命令或行政处罚措施，行政主体有权依法强制其履行或依法申请人民法院强制执行。

二、法律的社会作用

法律的社会作用是通过规范作用使人们的行为规范于法律的权利义务之中，形成符合法律要求的社会关系，即符合统治者意志和利益的国家秩序和社会秩序。

社会是国家的基础，国家存在于社会之中，国家是社会的历史形式，是维系社会的纽带。没有社会基础国家无以存在，没有国家纽带社会无以维系。国家与社会是辩证统一的关系，国家属于统治者，社会属于全体社会成员。一方面，法律要规定国家的经济、政治制度，明确国家权力的归属及其行使方式，建立以政权关系为核心的国家秩序，直接维护统治者的利益。另一方面，法律要建立以社会公共关系为基础的社会秩序。社会公共关系主要包括物质资料生产、经营、交换、消费的经济关系；人与自然的环境关系；提高全体社会成员生活水平的社会福利关系；扶助弱势群体的社会保障关系；预防处理交通、生产、生活安全事故以及自然灾害等公共安全关系和公共基础设施的生产和管理。

（一）调整、维护国家权力的政治作用

法律首先要调整社会各阶级、阶层对国家政权的关系，明确国家政权的归属和行使方式，即国体和政体。按照马克思主义政治和法学理论，国体规定统治阶级掌握国家政权，对被统治阶级实行专政，政体规定对统治阶级自己或实行专制或实行民主宪政。

（二）调整、维护国家经济关系的作用

法律规定了国家的经济制度，即国家的经济制度是公有制、国有制还是私有制。经济制度决定了社会各阶级、阶层对生产资料所有权的关系，最终决定了掌握生产资料所有权的阶级在政治上的统治地位。法律还规定了国家的经济体制。经济体制是关于经济资源的配置方式，即国家的经济体制是分配体制还是交换体制。体制是由制度决定的，公有制决定分配体制，个人私有制决定交换体制，公有、私有或官僚所有制并存决定混合体制。

（三）调整、维护公民人身和财产关系的作用

在交换体制中，要求法律保障交换主体的人身和财产独立、自由，规定交换的关系是平等、自愿、等价、有偿，把交换体制存在和发展的条件法律化，实现交换体制在资源配置中的作用。

（四）保障公民基本生存条件和福利的社会作用

人的一生面临着来自自然和社会产生的生存风险，例如生老病死、失业等，针对这些风险，形成了国家对公民的社会义务：第一，国家有使国民免于生活在贫困中的义务，通过社会立法，保障国民的基本生存条件；第二，随着社会法的发展，国家有义务增进全体国民的福利，使全体国民的生活水平随着社会的发展不断提高。

（五）保障、促进社会公共事业的作用

法律具有推动科学技术进步、保护环境、控制人口、保障基础设施建设、维护公共安全等公共事业方面的作用。

三、法律的局限性

参考案例

1964 年，英国法院审理了一个令人非常头疼的刑事案件——“阿德勒诉乔治案”。案情具体如下：一天，一名叫乔治的小伙子闲得无聊，溜达到附近的皇家空军机场看飞行员的日常训练。他避开警卫的视线，爬过机场边的铁丝网和障碍物，坐在飞机场的跑道上看飞机的起飞和降落。一架飞机本打算降落，飞行员突然发现跑道上的乔治，不得不将飞机再次飞向天空。警察闻讯赶来，将乔治带走，并以《官方机密条例》将乔治诉至皇家刑事法院。开庭审理时，面对检控官的指控，乔治无言以对，

甘愿受罚。但是乔治的辩护律师提醒主审法官帕克说乔治并没有违反《官方机密条例》。该条例第3条规定："不得在禁区附近妨碍皇家军队成员的行动……"律师辩解说："我的当事人乔治的行为虽然妨碍了皇家军队成员的行动，但不是在'禁区附近'而是在'禁区里'。条例规定的是'在……附近'，没有规定'在……里'，依据这条规定处罚当事人是不对的，违反了罪刑法定的原则。"这下可让帕克法官为难了。

资料来源：刘星．西窗法雨［M］．北京：法律出版社，2003.

问题：根据这个棘手的案件分析法律的优点与缺点。

提示：因为《官方机密条例》的规定不严谨，才会让这个案件如此棘手。本案充分说明法律并不是万能的，法律规范稳定性和确定性的优点恰恰是法律的"软肋"，法律规范表述得越明确，它适应形势变化的能力就越差，当遇到特殊情况时，法律就束手无策了。

（一）法律只能规范人的行为，不能调整人的思想

法律对社会关系的调整是通过人的行为这个中介而进行的外部调整。只有人的思想外化为行为后法律才可能作出评价。如果强行调整，法律就会沦为恣意妄为、滥施淫威的恶法。法律调不调整人的思想是区分法律先进与落后的重要标志。

（二）法律是调整社会关系的重要手段，但不是唯一手段

尽管法律是调整社会关系的重要手段，但不是唯一手段，不能每件事都用法律去调整。"国家用以调整社会关系的手段，除法律外，还有经济、政治、行政、思想、道德、文化、教育、习惯、传统、舆论等。在有的社会，宗教也是一个重要手段。党纪、政纪、道德规范，企事业单位和其他社会团体的规章、守则以及各城市中的文明公约、农村中的乡规民约，各行各业的职业公约等都是社会规范。在以国家名义规定社会生活的基本准则时应主要体现为法律，或仅体现为法律，如《中华人民共和国刑法》（以下简称《刑法》）、《中华人民共和国民法总则》（以下简称《民法总则》）等。在这里，对社会生活的调整，法律具有主导地位。大部分社会关系要由法律和其他手段并行调整。有些社会关系的调整，法律只能起辅助作用，主要应依靠其他手段。况且有的问题不能应用法律，也就是说，法律不是解决这类问题的有效手段，如人们思想、信仰或私生活方面的问题。"①

（三）法律具有稳定性、保守性和滞后性，不能完全满足社会发展变化的情况

一方面，为了便于人们执行和遵守，在一个相对较长的时间内，法律要保持稳定，绝对不能朝令夕改；另一方面，社会是发展的，以不变的法律调整变化的社会，在现实中，法律的规定并不总是很完善、明确，有时法律有漏洞，甚至会出现不能适应现实社会需要的情况。正如萨维尼所指出的："法律自制定公布之时起，即逐渐与时代脱节。"法律的稳定性、保守性和滞后性总是与社会生活的多变性、具体性、实践性相矛盾，且这种矛盾不可能绝对避免与消除。

（四）法律的实施需要相应的精神条件和文化氛围

正如伯尔曼所说："法律必须被信仰，否则它将形同虚设。"只有民众头脑中有这种信

① 沈宗灵．法理学［M］．3版．北京：北京大学出版社，2009：85.

仰，法才能落到实处，否则，法的施行效果可想而知。“徒法不能自行”，法律的实施效果还要依赖适用法律的人的素质。法律规则是抽象的，法律的使用必须经过法官这个中介，我们现实生活中所感受到的法律往往不是立法者立的那个法，而是法官们加工创造后的法。执法者的素质在法律的实施中起关键的作用。好的法官会使法律得到准确实施，取得预期的立法效果，而素质不高的法官则使法律的实施变得呆板，甚至损害法律的权威。

法律只是社会规范中的一种，法律不是万能的，法律的作用是有限的，法律的优势不是凭空产生的，法律只有在适合的土壤和环境中才能发挥其应有的作用。法治的构建不是一蹴而就的，营造法治的气氛和环境需要几代人、十几代人甚至几十代人的努力，法律的实施需要民众付出代价。我们必须充分意识到这些局限，以平常心对待法律，客观地看待法律的不能，在法律的运行中采取措施补救，力求把负面影响降到最低。

第三节　法律的价值概述

一、法律价值的含义

价值是相对于主体的对象满足主体需要的属性。能满足主体需要的对象是有价值的，反之就没有价值。根据对象满足主体需要的程度、范围、品质，价值有好坏、大小、高低层次之分。价值的外延结构由主体——人和满足主体需要的对象构成。对象是相对于主体需要的一切存在，价值是对象满足人需要的属性。法律是能满足人需要的社会存在，法律的价值就是满足人类社会生活需要的属性。

生存和发展，或者“活着”和“更好地活着”是人类的需要。人类需要由个人需要和社会需要构成，个人需要和社会需要是辩证统一的。一方面，个人需要的满足与实现同社会需要的满足与实现处在相互否定、反对、限制、分化之中；另一方面，正是因为两者相互否定、反对，两者才相互依赖，各自以对方的存在和发展为自己存在和发展的条件，双方相互包含、转化、直接统一。法律的价值就是建立在个人需要与社会需要的辩证统一关系的基础之上的，法律既要满足个人需要，也要满足社会需要，不能非此即彼。个人需要是社会需要的基础、目的；社会需要是个人需要实现的条件，是社会化的个人需要。一言以蔽之，人的需要的本质是社会化的需要，人的存在和发展只有在社会中才能实现。法律的价值是通过满足社会需要去实现个人需要。至此，我们获得了法律价值生成和判断法律价值的依据——人的生存和发展、个人需要与社会需要之间的辩证关系，形成了法律价值的内涵结构：一是法律的社会价值，即秩序、正义；二是法的人权价值，即自由、平等。无论是秩序、正义还是自由、平等，都是人类生存和发展的客观要求和条件，因而成为法律价值的内容。

按照马克思主义法学的观点，法律属于社会历史范畴，法律的价值存在于法律的历史过程之中，只有在法律的历史范畴内，对法律价值的阐述才具有效力。

二、法律的价值

法律的价值是多种多样的。法律的价值与人的客观需要和利益相关联，人的需要和利益是多维度、多层次的，因此，法律的价值也有所不同，其中既有法所要体现的基本价值或一般价值，也有法的特殊价值（如阶级价值）；有个人价值、集体（社会）价值，也有国家价值、人类价值；有物质价值，也有精神价值；有应然价值，也有实然价值等。总之，根据不同的标准，对法的价值可以进行不同的划分。法的价值包括对个人的价值（如自由、平等、人权等）和对社会的价值（如秩序、和平、安全、民主等）。

（一）法的人权价值——自由与平等

1. 自由

参考案例

2005 年 4 月，由于日本在历史等一系列问题上的错误态度，以及不断采取伤害中华民族感情的错误行为，在我国一些地方相继发生部分群众和学生自发举行的涉日游行示威活动。在游行中，广大群众和学生是理智的，但也有极少数社会闲杂人员借机进行打砸公私财物、扰乱社会秩序等违法行为。

资料来源：新华网．公安部就京沪等地发生涉日游行示威活动表态．(2005－04－21)．[2017－07－21]．http://news.sina.com.cn/c/2005－04－21/17385714946s.shtml.

问题：自由是无限制的吗?

提示：在上述事例中，广大群众和学生通过游行示威的方式表达爱国热情，是法律规定的自由。但公民在行使这种法定权利时必须在合理的限度之内。在游行中，有人借机打砸公私财物、扰乱社会秩序的行为超出了合理的限度，因而必须加以限制。

当人们用科学的方法去观察地球上的每一个人时，就会发现衣、食、住、行是每一个人与生俱来的需要，这些需要的满足是人得以生存的条件。于是，人为了满足自己的需要去寻找食物、盖房子、缝制衣服、组织社会、制定规则。自由是生命的力量或能力，是人的本性，是人们满足自身需要的生命活动。人因为自由而存在，社会因为自由而发展、进步、文明。每个人与生俱来的生存需要都是相同的，因而应平等地受到尊重、得到满足，这就是公平。

古典自然法学派把“自由”和“平等”奉为自然法的“天赋人权”，并将其作为国家的基础、法律的根源，法律的价值就是实现、保护自由和平等。古典自然法学派的代表人物之一洛克认为，人们订立契约、建立国家，目的是保护人民的生命、自由和财产。国家机关制定法律不是废除或限制自由，而是保护和扩大自由。“这是因为在一切能够接受法律支配的人类的状态中，哪里没有法律，哪里就没有自由。这是因为自由意味着不受他人的束缚和强暴，而哪里没有法律，哪里就不能有这种自由。”法律是实现自由的保证。洛克的思想为 1688 年资产阶级革命提供了理论依据。《权利法案》和《王位继承法》将国王及其仆从毫不含糊地置于法律之下。不仅如此，洛克的思想还为 1776 年美国的《独立宣言》和 1789 年法国的《人权宣言》奠定了理论基础。美国《独立宣言》向全世界宣告：人生而平等，被赋予确定的、不可转让的权利，包括生命权、自由权和追求幸福的权利。为了保障这些权利，才在人们中间成立政府。这些权利是建立政府、制定法律的依据。

自由是公民重要的法律权利，更是人权的重要内容。自由与公共权力相比较，都具有先在性的意义，是权利得以存在的非常重要的正当性理由。各国宪法、法律都对公民的自由权予以切实地确认与保障。我国公民更是在政治、社会和家庭生活等领域享有广泛的自由。由于行文等诸多方面的原因，法律不可能通过列举的方式一一确认公民应该享有的各种自由，而是根据情势的需要，对有些暂时无法行使的自由加以限制，这样，在法治国家中，人们在涉及公民自由的问题上就普遍坚持了法未禁止即自由的原则。

应当明确的是，我们生活在一个人与人组成的社会之中，每个人在享有自己的自由时，都会与他人的自由发生交叉甚至冲突。为了避免冲突或矛盾的发生，法律就在事前对自由的界限作出规定，以确保自由只在一定的范围内行使。这正像波斯纳概括密尔的表述："你的权利止于我的鼻尖。"

法律对自由的限制，严格说来，就是法律为人们行使自由权确定技术上和程序上的活动方式和活动界限。它像自由的法律保障一样，反映国家、社会对个人自由的认识和基本态度。法律上对自由所采取的限制标准大致有以下三点：(1) 促进自由权利人的利益，禁止其利用自由进行自我伤害。例如，法律禁止自杀、赌博、决斗，强令摩托车手在行车时戴安全帽等。(2) 禁止在行使自由时侵犯他人的相同自由和其他权利。(3) 自由的行使必须体现个人利益与社会（集体）利益、国家利益的统一，应当有利于或至少无害于社会、集体和国家。

2. 平等

参考案例

安徽芜湖青年张某于2003年6月报名参加了安徽省国家公务员考试。经过笔试和面试，成绩均排在报考者中的第一名，在进入规定的体检程序中，张某被诊断感染了乙肝病毒，但他既不是"小三阳"也不是"大三阳"，只是一名普通的感染者。有关专家明确表示，张某基本不具备传染性，在社会生活角色上应该视为健康人。9月25日，芜湖市人事局以口头方式宣布，张某由于不符合公务员身体健康标准而不被录取。据张某称，当时他希望对方出具一份不予录用的书面答复，或复印两次医院体检的化验单，但均遭到了拒绝，无奈之下，张某将一纸诉状递到法院，状告人事部门歧视乙肝患者。

资料来源：中国新闻网．中国乙肝歧视第一案今宣判，不支持原告录用请求．(2004-04-02)．[2017-07-21]．http://news.sohu.com/2004/04/02/32/news219713299.shtml.

问题：芜湖市人事局的做法是否侵犯了张某的合法权利？如果是，侵犯了张某何种权利？

提示：这是国内首例因"乙肝歧视"引发的行政诉讼官司。按照国内现行《病毒性肝炎防治方案（试行）》的规定，乙肝病毒携带者除了不能献血或从事直接接触入口食品和保育工作外，并不能视为现症肝炎病人处理。张某只是一名普通的感染者，并且现行劳动人事法规和规章对此也没有作出明确的规定。"乙肝歧视"所涉及的法律权利实际上是携带有乙肝病毒和没有携带乙肝病毒的公民报考公务员的平等竞争的权利。应该说，正是由于乙肝传播常识的缺乏和法规的弹性规定，让乙肝患者遭遇了不公平待遇。

自由是人自身客观存在的本质属性，平等是对自由人存在的道德要求，即对自由的尊重和保障，是对自由的社会化整合。平等的法律价值就在于法律赋予自由人相同的法律人格以及由此决定的交往方式。平等的法律人格是独立，每一个自由人在法律上都是独立的，包括人身独立、财产独立、思想独立。独立决定了人们之间的交往自愿、协商，从而达到自由。从理论上讲，平等是法的价值目标和制约因素，法是实现平等的必要条件和可行手段。具体分述如下：

（1）平等是法的价值目标和制约因素。从立法上看，平等是鉴别立法的进步与落后、区分民主的立法与专制的立法的显著标志；从执法上看，平等是促进执法活动公正无私、提高执法质量的必要因素；从守法上看，平等是人们自觉遵守法律，反对特权的力量来源。

（2）法是实现平等的必要条件和可行手段。平等的实现是一个复杂的过程。这个过程实质上就是平等的观念、理想和要求以平等的原则和平等的社会制度为中介转化为事实平等的过程。然而，法律上的平等只是一种可能的平等、形式上的平等，也是一种有限的平等。法律上的平等仅仅是一种法律规定上的平等，要转化为事实上的平等，还需要一个过程。比如，一国宪法虽然规定了法律面前人人平等的原则，但并不表明在事实上实现了人人平等，需要通过立法、执法、司法等法律途径实现平等。法律并不是实现平等最终的、具有决定意义的途径，尤其是完全的平等（消灭阶级的平等）的实现，仅靠法律的规定和实施是远远不够的。

（二）法的社会价值——秩序与正义（公平）

1. 秩序

就人类社会而言，秩序是人与人之间形成的稳定的关系结构，分为自在的秩序和自为的秩序。自发形成的传统习惯、风俗为自在的秩序，被对象化的道德、宗教、法律为自为的秩序。秩序的结构包括人与人之间的关系和维系关系的机制，秩序的价值是实现一定的个人利益、国家利益和社会利益。法律是通过国家设定权利义务、规范人们的行为，形成人们之间的符合立法者要求的相互关系，并由国家保证实施。

一方面，法律通过建立、维护国家秩序，确认、维护统治者在社会经济、政治关系中的统治地位。法律是由国家制定和认可的，体现统治者意志、维护统治者利益的行为规范。任何时代的法律不仅要明确国家权力的归属，还要论证国家权力归属的根源，为国家权力的归属提供合法性的依据，目的是建立统治者对社会的统治关系。在政治上，法律规定国家政权属于统治者，并把国家政权神圣化、道德化、美化、绝对化，为统治阶级对社会的统治提供合法性；在经济上，法律通过建立经济制度，规范、保护统治者在社会经济关系中的统治地位。国家秩序的价值在于法律维护社会中统治者的利益。

另一方面，法律建立、维护社会秩序。如前所述，国家与社会是对立统一的关系，国家是社会的历史形式，是维系社会的纽带；社会是国家的基础，是国家赖以存在的条件。建立、维护社会秩序，是社会存在和发展的客观要求，也是国家和法律自身逻辑的必然结果。只有在和谐有序的社会秩序中，国家的政权统治才能长治久安，由此形成国家对社会的责任，即通过法律建立、维护和谐有序的社会秩序。

法律所要建立、维护的社会秩序包括：关于物质资料的生产、流通、分配、消费关系的经济秩序；关于医疗卫生、教育、休闲、娱乐等社会福利和水利、交通、通信等公共基础设施建设方面社会关系的社会秩序；关于针对社会弱势群体社会保障关系方面的社会秩序；关于预防、应对自然灾害、突发事件等社会公共安全关系方面的社会秩序。社会秩序的价值在于法律维护、实现社会整体利益。

2. 正义（公平）

参考案例

1999年8月30日，沈阳市人民政府发布《沈阳市行人与机动车道路交通事故处理办法》，同年9月10日施行。其中第8条规定：行人通过有人行信号控制或没有人行信号控制，但有路口交通信号控制的人行横道时，须遵守信号的规定，因行人违反信号规定与机动车发生交通事故，机动车方无违章行为的，行人负全部责任。第9条规定：在设有交通隔离设施和施画人行横道线的路段上，行人因跨越隔离设施或不走人行横道，与机动车发生交通事故而机动车无违章行为的，行人负全部责任。第11条规定：行人走路须在人行道内行走，没有人行道的须靠路边行走。行人在机动车道内行走，与机动车发生交通事故，机动车方无违章行为的，行人负全部责任。第12条规定：在封闭式机动车专用道或专供机动车通行的立交桥、高架桥、平台桥等道路上，行人与机动车发生交通事故，机动车方无违章行为的，行人负全部责任。第13条规定：行人在机动车道内有招停出租车、逗留等妨碍机动车通行的行为，发生交通事故，机动车方无违章行为的，行人负全部责任。这些规定被新闻媒体概括为“行人违章撞了也白撞”。

问题：“行人违章撞了也白撞”的规定与法律所要彰显的正义价值是否相一致？

提示：这是一个老问题，随着新的《中华人民共和国道路交通安全法》的实施，该规定已寿终正寝。但我们通过这个案例要讨论的是效率与公平的冲突与协调问题。“行人违章撞了也白撞”立法的初衷是通过加重行人的责任，降低行人的违章率，进而提高道路交通的效率。但是从公平角度来看，相对于机动车来讲，行人处于当然的弱势地位。当效率与公平发生冲突时，新的道路交通安全法无疑选择的是公平。

古往今来，人们对公平或正义的标准仁者见仁，智者见智，所有关于公平或正义的思想主要是围绕社会利益的分配、自由和平等的发展与实现而形成的，从而形成了分配的正义、自由的正义和平等的正义。无论是分配还是自由、平等，公平正义的终极意义是对人的尊重和关怀。分配在历史形态上依据的是人的能力，在理论形态上依据的是自由，在道德形态上依据的是平等。人的能力决定了他占有社会资源的多少，这是由人的自由本性决定的，但在道德上不一定是正义的，道德是人的社会性要求，当他压迫、剥夺别人自由和能力的时候，他就不道德、不正义了。

正义的法律价值就在于，基于平等基础上的分配和自由才是有效的，它不是对特定人的尊重和关怀，它是对普遍人的尊重和关怀。它不仅是自由人的义务，更是国家和社会的义务。

迄今为止，人类社会的平等只存在于横向关系中，不同条件类型的群体之间是不平等的。正义在历史的发展过程中逐步清除了种族、信仰、宗教、性别、出身以及财富、权力、品德、能力、地位给平等设置的篱笆，仅以人的生命存在作为平等的唯一条件，而生命的本性是自由，平等就是对所有人自由的同等尊重和保护。

自由使一部分人的自由被另一部分人的自由剥夺。平等一般并不反对自由对社会的分化，以及由此形成的社会差别，平等所反对的是一部分人的自由剥夺另一部分人的自由，使一部分人失去自由的条件，并陷入无法自由的境地。因此，社会、国家和法律一方面要限制一部分人的自由剥夺另一部分人的自由，另一方面为失去自由条件的人提供或恢复自由的条件，如提供国民教育、医疗卫生保障、就业机会、最低生活保障、最低工资制、普遍的选举权等，这就是当代西方自由宪政国家的法律所诉求的平等价值。社会主义国家的法律所诉求的平等是以公有制为基础的经济关系的平等和掌握政权阶级的政治关系的平等。

【思考题】

1. 如何理解法律的本质？
2. 法律的特征是什么？
3. 如何理解公平或正义？
4. 如何理解法律的社会作用？

【讨论与互动】

歌剧《白毛女》以旧社会为背景，讲述了杨白劳和喜儿父女两代人的悲惨遭遇。故事的情节是，卖豆腐为生的杨白劳借了财主黄世仁的钱，因家境贫寒，无法偿还，只得外出躲债。大年三十回到家里，本以为这笔债务今年就躲过去了，想过一个安稳年。没想到大年三十的晚上，黄世仁还是派了管家穆仁智上门讨债。杨白劳无法偿还，被迫同意以其女儿喜儿抵债，喜儿被强行带走。杨白劳走投无路，喝卤水自尽。喜儿在黄家受尽欺辱，逃进深山，头发变白，成为白毛女，等待报仇的一天，并终于迎来“太阳底下把冤申”的那一天。透过杨白劳与黄世仁债务纠纷的表象，请讨论债权、债务法律关系的本质。

【推荐书目】

1. 共产党宣言．马克思恩格斯选集：第1卷［M］．3版．北京：人民出版社，2012.

2. 家庭、私有制和国家的起源．马克思恩格斯选集：第4卷［M］．3版．北京：人民出版社，2012.

第四章　我国当代法律的性质、特征和作用

【本章导读】

我国当代法律是改革开放以来建立和发展起来的具有中国特色的社会主义法律。一方面，我国当代法律的本质、特征和作用决定于我国社会主义初级阶段的历史要求，即党在社会主义初级阶段的基本路线。我国是工人阶级和广大劳动人民在中国共产党的领导下，经过浴血奋战推翻压在中国人民头上的三座大山建立的社会主义国家，中国近代革命的历史和其依据的马克思列宁主义决定了我国社会主义国家的性质；决定了工人阶级和广大劳动人民在国家政权中的领导地位；决定了我国法律只能是工人阶级和广大劳动人民意志的体现，以消灭剥削、压迫工人阶级和广大劳动人民的阶级和社会关系为目的，为工人阶级和广大劳动人民谋幸福。另一方面，我国当代法律要从经济制度和体制、政治制度和体制以及指导思想等方面反映、实现社会主义初级阶段以经济建设为中心的历史要求，围绕中心任务推进经济、政治制度及其体制的改革，并把改革的成果法律化。通过学习、了解我国当代法律的本质、特征和作用，以法律的视角深刻认识我国社会主义初级阶段的经济、政治关系，自觉地、有效地发挥法律在建立社会主义市场经济和推动社会进步中的巨大力量。

【学习目的】

全面、深刻地掌握我国当代法律的性质、特征和作用。

第一节　我国当代法律的性质

【小链接】

改革开放以来，我国分别在 1988 年、1993 年、1999 年、2004 年、2018 年对现行 1982 年宪法进行了五次修改。修宪既按照严格程序，又反映人民意志。从历史上看，每次修宪，我们必经三道程序，一道是党内程序，一道是人大程序，一道是人民参与程序。

2018 年第五次修宪的过程如下：

2017 年 9 月 29 日，习近平总书记主持召开中央政治局会议，决定启动宪法修改工作，对宪法适时作出必要修改，并决定成立宪法修改小组，在中共中央政治局常委会领导下开展工作。

2017 年 11 月 13 日，党中央发出征求对修改宪法部分内容意见的通知。各地区各部门各方面共提交书面报告 118 份。受党中央委托，中央统战部召开党外人士座谈会，听取各民主党派中央、全国工商联负责人和无党派人士代表的意见和建议。经过梳理，各地区各部门各方面共提出修改意见 2 639 条。宪法修改小组在充分发扬民主、广泛征求意见的基础上，经反复修改形成了中央修宪建议草案稿。

中央政治局常委会会议、中央政治局会议分别审议了中央修宪建议草案稿。

2017 年 12 月 12 日，根据党中央决定，中央办公厅发出通知，就中央修宪建议草案稿下发党内一定范围征求意见。各地区各部门各方面反馈书面报告 118 份，共提出修改意见 230 条。党中央还以适当方式征求了党内部分老同志的意见。

12 月 15 日，习近平总书记主持召开党外人士座谈会，当面听取各民主党派中央、全国工商联负责人和无党派人士代表的意见和建议。党外人士提交了书面发言稿 10 份。

2018 年 1 月 2 日至 3 日，根据党中央安排，时任全国人大委员长张德江同志主持召开 4 场座谈会，分别听取中央和国家机关有关部门党委（党组）负责同志、智库和专家学者、各省区市人大常委会党组负责同志对中央修宪建议草案稿的意见和建议。与会同志提交书面材料 52 份。

在此基础上，宪法修改小组对中央修宪建议草案稿作出进一步修改完善。中央政治局常委会会议和中央政治局会议再次审议了修改后的中央修宪建议草案稿。

2018 年 1 月 18 日至 19 日，中国共产党第十九届中央委员会第二次全体会议审议并通过了《中共中央关于修改宪法部分内容的建议》。

1 月 26 日，中共中央向全国人大常委会提出《中国共产党中央委员会关于修改宪法部分内容的建议》。

1 月 29 日至 30 日，十二届全国人大常委会召开第三十二次会议，决定将宪法修正案（草案）提请十三届全国人大一次会议审议。

2018 年 3 月 11 日下午，十三届全国人大第一次会议以无记名投票方式表决通过了《中华人民共和国宪法修正案》。

对我国当代法律性质的有效识别应从历史根源、法律文本、权力体制、理论原则和治国方略五个方面进行分析。

一、历史根源

我国当代法律是在新民主主义革命的基础上建立和发展起来的。我国的新民主主义革命是在中国共产党的领导下，把无产阶级和广大劳动人民从帝国主义、封建主义和官僚资本主义的剥削和压迫中解放出来的革命。这就历史地决定了新民主主义革命是无产阶级领导的、人民大众的、反对帝国主义、封建主义和官僚资本主义的革命，革命的前途不是资本主义道路，而是在新民主主义共和国的基础上建立社会主义共和国。

毛泽东在《新民主主义论》和中共七届二中全会上的报告中反复指出，新民主主义革命的前途是建立社会主义。中国的社会主义就是彻底消灭剥削阶级、剥削制度，建立社会主义公有制，推翻封建主义、官僚资本主义的统治，建立工人阶级和其同盟者农民的国家政权，实现人民当家做主。

二、法律文本

对我国当代社会主义法律本质的认识，需要进一步对我国当代法律文本进行解读。

1976 年 9 月 9 日，毛泽东主席逝世，此后，中国社会政治、经济关系发生了重大变化，无产阶级“文化大革命”结束，在政治上形成了以邓小平为核心的第二代领导集体，在经济上实行改革开放。

1978 年 12 月，党的十一届三中全会抛弃了“以阶级斗争为纲”，决定把党和国家的工作重心转移到经济建设上来。从此，中国走上了以经济建设为中心的“改革开放”的道路。

以发展经济为中心的改革开放是以经济体制改革为核心，目的是激发、调动社会生产力的积极性和创造性，解决社会主要矛盾，满足人们日益增长的物质和精神文化生活的需要。经济体制改革经历了 20 世纪 70 年代末的“放权让利”、十二届三中全会确立的“有计划的商品经济”、十三大提出的“计划和市场内在统一的体制”，直至十四大最后明确经济体制改革的目标“社会主义市场经济体制”。与经济体制改革相对应的是生产经营形式的改革，首先是扩大企业自主权；其次是企业承包、租赁制；再次是“砸铁饭碗”转换企业经营机制，建立现代企业制度；最后是现代公司制。

以市场经济体制为目标的改革最终必然指向对生产资料所有制关系的调整，在此基础上形成市场关系的主体，价值规律、竞争机制才能发挥配置资源的作用。对生产资料所有制关系的调整，形成了以社会公有制和私有制为基础的多种生产经营组织形式的市场主体，从财产性质上可分为社会主义公有制经济组织、私有制经济组织、公私合资经济组织；从经济组织形式上可分为有限责任公司、股份有限公司、承包经营、租赁经营、联合经营、合伙经营等经济组织形式。此外还有外商独资经济组织，中外合资、合作经济组织，同时出现了由市场定价的资本收入方式。

以商品生产为基础、以市场体制为目标的改革开放，使我国社会经济、政治关系发生了深刻的变化，要求上层建筑必须作出回应，建立符合中国市场经济建设的法律理论和法律体系。1982 年《宪法》就是在改革开放的背景下制定颁布的，并适应改革开放的深入发展不断修改，以保证我国当代法律在坚持无产阶级专政和社会主义公有制的前提下“与时俱进”，适应社会发展的要求。

1982 年《宪法》颁布实施以后，根据市场经济体制建设和发展的需要，我国对 1982 年《宪法》于 1988 年 4 月、1993 年 3 月、1999 年 3 月、2004 年 3 月、2018 年 4 月进行了五次修改。

我国当代法律，在坚持人民民主专政的国家政权和社会主义公有制的前提下，如实反映了以商品生产为基础、以市场经济建设为核心的改革开放所产生的社会经济关系和政治关系的要求。在经济关系方面，规定了国家对个体经济、私营经济等非公有制经济的肯

定、鼓励、发展和保护，并与公有制一起成为我国经济制度的重要组成部分；在政治关系方面，个体经济、私营经济等非公有制经济阶层在法律上获得了与工人阶级及其同盟者农民同样的政治身份，成为社会主义的建设者，在工人阶级的领导下，享有当家做主的权利。

三、权力体制

【微语录】

坚持人民主体地位。人民是依法治国的主体和力量源泉，人民代表大会制度是保证人民当家做主的根本政治制度。必须坚持法治为了人民、依靠人民、造福人民、保护人民，以保障人民根本权益为出发点和落脚点。

——十八届四中全会报告

中国共产党的领导地位，是由我国新民主主义革命的历史决定的。中国共产党是中国工人阶级的先锋队，是由接受、学习、信仰马克思列宁主义的职业革命家组织、建立和发展起来的政党。在中国文化和近代世界历史发展的背景下，中国共产党不仅代表着中国工人阶级的利益，而且代表着中国广大民众的利益和整个中华民族的利益，因此，中国共产党不仅是无产阶级的政党，还是中华民族的党、社会大众的党。

近代以来，从洋务运动、戊戌变法到辛亥革命，中华民族一直在寻求富国强兵之路，这些救国救民运动对中国社会的发展起到了一定的促进作用，然而，它们的历史地位决定了它们不能接受和掌握解决中国问题的理论和方法，找到革命的力量和道路，最后都以失败告终。中国共产党以其卓越的政治智慧，经过与党内“左”、右倾路线不断顽强的斗争，确立了正确的思想理论、革命目标、革命道路、革命依靠的力量、革命的方式方法、革命的策略方针，最终击退帝国主义的侵略，打败国民党反动派的进攻，取得新民主主义革命的胜利。

中国共产党的政治智慧集中体现在把马克思主义的普遍原理与中国革命的具体实际相结合形成的毛泽东思想。毛泽东思想坚持马克思主义的基本原理，实事求是，找到了新民主主义革命的主力军是中国的农民，明确了革命的领导力量是共产党领导下的无产阶级，革命的方式是武装斗争，革命的道路是农村包围城市，革命的策略方针是抓住主要矛盾，动员一切力量解决主要矛盾，革命的目标是取得新民主主义革命的胜利，建设社会主义国家，最终实现共产主义。

中国共产党的执政党地位是中国近代历史的选择，而历史的选择就是人民的选择、民族的选择、社会的选择，选择的理由是中国共产党始终把民族的独立，消灭对劳动人民的剥削、压迫和奴役，建立繁荣富强的社会主义国家作为自己的奋斗目标。“‘没有共产党，就没有新中国’，这是中国人民依据近代中国革命的历史经验得出的科学结论，是他们基于自己的切身体会所确认的伟大真理。”①

中国共产党的执政地位以及它与无产阶级、民族和社会的历史关系，决定了我国的国家机关是在党的思想路线、政治路线和组织路线的领导下组织建立起来的，我国当代法律

① 胡绳．中国共产党的七十年［M］．北京：中共党史出版社，1991：268.

就是对社会主义初级阶段党的思想路线、政治路线和组织路线的法律化，而思想路线、政治路线和组织路线的核心是解决社会主义初级阶段的主要矛盾——人民日益增长的美好生活需要和不平衡不充分的发展之间的矛盾。我国当代法律就是要体现党解决社会主要矛盾的要求，这一要求是阶级利益、民族利益和社会利益的统一。因此，我国当代法律是中国共产党领导下的工人阶级和广大劳动人民意志的体现，是中国共产党领导下的工人阶级和广大劳动人民的国家意志。邓小平“社会主义初级阶段的理论”、江泽民关于“三个代表”的重要思想和胡锦涛的“科学发展观”、习近平“新时代中国特色社会主义思想”是对我国社会历史发展规律的客观认识和科学的理论概括，充分体现了中国共产党的领导是我国当代法律的政治基础。

党的十八届四中全会强调指出：把党的领导彻底贯彻到依法治国的全过程和各方面，是我国社会主义法治建设的一条基本经验，只有在党的领导下依法治国，人民当家做主才能实现。

四、理论原则

中国社会主义建设是一个由若干发展阶段构成的历史过程，而每一个历史阶段都有其自身的特点和主要矛盾，中国共产党历来善于及时抓住每个阶段的主要矛盾，并调动一切力量解决主要矛盾，最终取得革命的胜利。理论原则要求，无论社会主义国家处在何种发展阶段，社会主义国家的法律都必须坚持马克思主义。

第一，坚持马克思主义的辩证唯物主义和历史唯物主义的世界观和方法论，实现马克思主义的普遍原理与中国社会主义建设具体的、历史的统一。只有坚持辩证唯物主义和历史唯物主义，才能把马克思主义的普遍原理与中国社会主义建设的具体实践相结合，正确区分社会发展的历史阶段，抓住社会发展阶段的特点和主要矛盾，有效地解决主要矛盾，避免“左倾”或右倾给社会主义建设造成的危害，建立符合当前历史条件的社会主义国家的法律。

第二，坚持马克思主义的党性原则。马克思、恩格斯在《共产党宣言》中指出，在无产阶级和资产阶级的斗争所经历的各个发展阶段上，共产党人始终代表整个运动的利益。在实践方面，共产党人是各国工人政党中最坚决的、始终起推动作用的部分；在理论方面，他们胜过其余无产阶级群众的地方在于他们了解无产阶级运动的条件、进程和一般结果。① 这是无论社会主义处在何种发展阶段都必须坚持中国共产党对国家、社会和法治建设领导的理论原则，共产党人没有任何同整个无产阶级的利益不同的利益。“共产党人的最近目的是……推翻资产阶级的统治，由无产阶级夺取政权。……共产党人可以把自己的理论概括为一句话：消灭私有制。”②“共产主义并不剥夺任何人占有社会产品的权力，它只剥夺利用这种占有去奴役他人劳动的权力。”③

马克思主义的党性原则明确指出了共产党人与无产阶级的关系，决定了共产党人对无产阶级革命运动的领导，对社会主义国家和社会的领导，对社会主义法治建设的领导。消

① 马克思恩格斯选集：第1卷［M］.3版.北京：人民出版社，2012：413.

② 同①414.

③ 同①416.

灭私有制，消灭对无产阶级和广大劳动人民的剥削、奴役和压迫，是马克思主义党性原则的核心。共产党人在社会主义发展的任何阶段都不能改变与无产阶级的关系，不能改变共产党人的奋斗目标。如果共产党人在革命胜利后就失去他们的革命性，翻转头来压迫被剥削的群众，放肆、骄傲、官僚化，以至动摇、腐化和堕落，[①] 那么，共产党人就丧失了马克思主义的党性原则，斩断了共产党人领导社会主义国家的历史依据，失去了共产党人执政地位的理论和道德基础，社会主义国家的法律就会陷入历史的悖论。

五、治国方略

为避免中国政权体制出现的权力过分集中、人治化倾向等问题，1993 年《中共中央关于建立社会主义市场经济体制若干问题的决定》发布，中央首次将法治建设作为主要问题提出，包括立法、执法、司法、法律监督等。1996 年《国民经济和社会发展“九五”计划和 2010 年远景目标纲要》中提出：“依法治国，建设社会主义法治国家。”党的十五大明确提出：“依法治国，建设社会主义法治国家”的基本方略。1999 年 3 月 15 日，第九届全国人民代表大会第二次会议通过的《〈中华人民共和国宪法〉修正案》在《宪法》第 5 条增加一款，明确规定：“中华人民共和国实行依法治国，建设社会主义法治国家。”这就以根本大法的形式把依法治国的治国方略上升为一项基本的法律原则。“法治”具有超越法律工具主义的深广内涵。党的十六大报告关于党的领导、人民当家做主和依法治国三者有机统一的理论创新、制度创新和实践发展，是对依法治国方略的新诠释。党的十七大报告从坚持和建设中国特色社会主义国家的战略高度和全局角度，提出了“全面落实依法治国方略，加快社会主义法治国家建设”。党的十八大报告把依法治国方略提到新高度，将“全面推进依法治国”确立为推进政治建设和政治体制改革的重要任务，对“加快建设社会主义法治国家”作了重要部署。党的十九大报告进一步把“全面依法治国”作为新时代坚持和发展中国特色社会主义的基本方略之一。

2013 年 1 月，习近平总书记在全国政法工作会议上首次提出了建设法治中国的宏伟目标。建设法治中国是自党的十五大确立依法治国基本方略以来，党中央提出的一个新的法治建设目标。2013 年 11 月，党的十八届三中全会通过的《中共中央关于全面深化改革若干重大问题的决定》中，明确将“推进法治中国建设”确立为我国新时期法治建设的新目标，把民主法治建设扩大到社会生活的方方面面。法治中国要求法治是中国整个国家运行的基础，是从事各项活动的基本准则，国家、政府和社会各项事务均在法治框架之下运行。法治中国建设的基本要求包括四个方面：科学立法、严格执法、公正司法、全民守法。法治中国建设的路径是：必须坚持依法治国、依法执政、依法行政共同推进，坚持法治国家、法治政府、法治社会一体建设。

“法治中国”建设开辟了中国政治改革、发展的新时代，具有深远的历史意义和理论、实践意义。其历史意义是，建立法治中国、实现人民当家做主是中国共产党过去、现在和未来追求和奋斗的目标；其理论意义是，它是“法治国家”“法治政府”“法治社会”一体建设的生动体现和时空上的最佳结合点，有利于推进依法治国方略的顺利实施；其实践意

① 刘少奇．论共产党员的修养［M］．2 版．北京：人民出版社，1962：6－7.

义是，将法治国家作为中华人民共和国主权管辖范围内所有领域的具体目标，具有更明确的指向性，有利于全面地、深入地推动中国的社会改革，全面实现小康社会，实现中华民族伟大复兴的中国梦。

第二节　我国当代法律的特征

我国当代法律除具有社会主义法律的一般特征外，还具有我国社会主义初级阶段由党的基本路线和社会主义市场经济建设决定的区别于“一化三改”完成以后的“以阶级斗争为纲”的社会主义法律的特征。

一、党在社会主义初级阶段的基本路线是我国当代法律的指导思想

“一化三改”完成以后，我国进入全面建设社会主义国家的新阶段。1957 年 9 月，毛泽东主席在党的八届三中全会上指出：“无产阶级和资产阶级的矛盾，社会主义道路和资本主义道路的矛盾，毫无疑问，这是当前我国社会的主要矛盾。”八届十一中全会以后，形成了“以阶级斗争为纲”的“党在整个社会主义时期的基本路线”。在以“阶级斗争为纲”的条件下，一方面，我国法律建设突出以阶级斗争为纲，强调无产阶级专政下的继续革命，防止、镇压资本主义复辟；另一方面，我国法制建设不断受到“政治运动”的冲击，以专政代替法律，直至“文化大革命”期间“砸烂公检法”，我国法律建设受到严重破坏。

1987 年 10 月，中国共产党第十三次全国代表大会确立了社会主义初级阶段的理论，正式提出党在社会主义初级阶段的基本路线是：“领导和团结全国各族人民，以经济建设为中心，坚持四项基本原则，坚持改革开放，自力更生，艰苦奋斗，为把我国建设成为富强、民主、文明的社会主义现代化国家而奋斗。”社会主义的任务很多，但根本一条就是发展生产力，体现社会主义优越性，为实现共产主义创造物质基础。在以生产力落后为主要特征的社会主义初级阶段，客观要求把发展生产力作为党和国家全部工作的中心，最终实现社会主义革命的目标。

社会主义初级阶段的根本任务是发展生产力。改革开放，建立发展社会主义市场经济体制，是中国共产党选择的一条发展经济、摆脱贫困、实现社会主义国家繁荣富强的道路。在党的社会主义初级阶段的基本路线指引下，我国当代法律，一方面，要以经济建设为中心，推动改革开放深入发展，维护、巩固改革开放的成果，建立符合社会主义市场经济要求的法律理论和法律体制，把社会主义市场经济建设法律化、制度化；另一方面，要保持我国当代法律的社会主义性质，必须坚持马克思主义的党性原则，维护、巩固中国共产党的执政地位，保证共产党对政治建设和经济建设的领导，对法治建设的领导使社会主义革命和建设的主体——工人阶级和广大劳动人民成为改革开放和经济发展的最大受益者。

二、我国当代法律具有更广泛的人民性

人民是具有历史性的政治概念，在不同的历史条件下，人民的内涵和外延是不同的。

1954 年 9 月第一届全国人民代表大会召开，有代表 1 226 人，其中民主人士所占比例最高，为 36.95%；机关工作人员比例排第二，为 21.04%；其他人员（少数民族、华侨）比例排第三，为 15.17%；工人比例排第四，为 10.2%；文教科技人员比例排第五，为 6.2%；军队代表比例排第六，为 5.79%；农民代表比例排第七，为 4.65%。① 大会通过的 1954 年《宪法》体现了由上述代表所反映的全体人民的利益。此时的人民，是以恢复经济建设为主要任务的统一战线。

1975 年 1 月，第四届全国人民代表大会召开，通过了 1975 年《宪法》。出席大会的代表有 2 864 人，由工人、农民、其他劳动人民、人民解放军、革命干部、革命知识分子、爱国人士、归国华侨代表组成。其中工农兵代表占 72%的绝对多数。人民的主体是工农兵，还包括爱国民主党派、爱国人士、爱国侨胞和港澳同胞。此时的人民，是以反对走资本主义道路为主要任务的统一战线。

十一届三中全会后，党和国家的工作中心转移到经济建设上来，经济建设成为社会主义初级阶段的主要任务，围绕中心任务，我国《宪法》对人民的范围作了调整。2004 年《宪法》第四次修正案关于人民的规定增加了“社会主义事业的建设者”，反映了统一战线中各阶级、阶层在社会主义市场经济建设过程中的作用、地位发生了变化。人民不再以阶级来定性、划分，而是以在经济建设中的作用、地位来定性、划分。党的十六大报告指出，在社会主义变革中出现的民营科技企业的创业人员和技术人员、受聘于外资企业的管理技术人员、个体户、私营企业主、中介组织的从业人员、自由职业人员等社会阶层，都是中国特色社会主义事业的建设者。这些人按照 1975 年、1978 年和 1982 年《宪法》规定属于小资产阶级和被人民民主专政的资产阶级，随着改革开放的深入和社会主义市场经济建设的发展，这些人转变为“社会主义事业的建设者”，政治身份和地位发生了变化，由被消灭的对象变为被保护、发展的对象，成为人民阵线的重要组成部分。

2018 年《宪法》第五次修正案关于人民的内容增加了“致力于中华民族伟大复兴的爱国者”。这一修订表明，实现中华民族伟大复兴的中国梦已经成为团结海内外中华儿女的最大公约数。实现中国梦，需要凝聚各方面的力量共同奋斗。只有把全体社会主义劳动者、社会主义事业的建设者、拥护社会主义的爱国者、拥护祖国统一和致力于中华民族伟大复兴的爱国者都团结起来、凝聚起来，实现中国梦才能获得强大、持久、广泛的力量支持。

第三节　我国当代法律的作用

一、经济作用

以经济建设为中心，是我国社会主义初级阶段的中心任务，改革开放，建立、发展社会主义市场经济体制，是中国共产党选择的发展经济的道路。我国市场经济建设和发展，不是自发的历史过程，而是由党中央自上而下推进的，其中法律是推进我国社会主义市场经济建设的重要手段。

---

① 刘智．数据选举［M］．北京：中国社会科学出版社，2001：340.

（一）法治化市场经济制度

资本主义市场经济体制是在市民社会基础上发展起来的。我国市场经济体制是在社会主义国家基础上建立的，社会主义国家的经济基础是公有制，因此，要建立符合公有制要求的社会主义市场经济制度。

1981 年，中国共产党通过的《关于建国以来党的若干历史问题的决议》指出，社会主义生产关系的变革和完善必须适应生产力的状况，有利于生产力的发展。国营经济和集体经济是我国的基本经济形式，一定范围劳动者个体经济是公有制经济的必要补充。党中央肯定了个体经济的存在和发展。1982 年《宪法》第 11 条以根本大法的形式规定，在法律规定范围内的城乡劳动者个体经济是社会主义公有制经济的补充。国家保护个体经济的合法的权利和利益。

十二届三中全会通过的、指导我国经济体制改革的纲领性文件《中共中央关于经济体制改革的决定》指出，我国要迅速发展各项生产建设事业，较快实现国家繁荣富强和人民富裕幸福，必须调动一切积极因素，在国家政策和计划的指导下，实行国家、集体、个人一起上的方针，坚持发展多种经济形式和多种经营方式，提出了比个体经济更进一步的“多种经济形式”，对此，1987 年 10 月召开的十三大明确指出，社会主义初级阶段的所有制结构应以公有制为主体；对于城乡合作经济、个体经济和私营经济，都要继续鼓励其发展。一年后的七届人大一次会议修改了《宪法》第 11 条，增加国家允许私营经济在法律规定的范围内存在和发展，私营经济是社会主义公有制的补充，国家保护私营经济的合法权益，对私营经济实行引导、监督和管理。从此，“私营经济”成为我国经济制度的组成部分。

以公有制为主体，与私有制经济并存的方针，在党的十四大上得到进一步确认和发展。十四大报告指出，社会主义市场经济体制是同社会主义基本经济制度结合在一起的。在所有制结构上，以公有制包括全民所有制和集体所有制经济为主体，个体经济、私营经济、外资经济为补充，多种经济成分长期共同发展，并把全民所有制经济改为国有经济，与其他所有制经济构成市场经济竞争的主体。1993 年，八届人大一次会议把《宪法》第 7 条修改为：国有经济，即社会主义全民所有制经济，是国民经济中的主导力量。《宪法》第 15 条修改为：国家实行社会主义的市场经济。

党的十五大依据建设社会主义市场经济的要求，改变了私营经济在经济制度中的补充地位，指出：公有制为主体、多种所有制经济共同发展，是我国社会主义初级阶段的一项基本经济制度……非公有制经济是我国市场经济的重要组成部分。对个体、私营等非公有制经济要继续鼓励、引导，使之健康发展。关于分配形式，在十三大、十四大的基础上，十五大明确指出，完善分配结构和分配方式，坚持按劳分配为主体、多种分配方式并存的制度，把按劳分配和按生产要素分配结合起来。两年后，九届人大二次会议在《宪法》第 6 条最后增加了：国家在社会主义初级阶段，坚持公有制为主体、多种所有制经济共同发展的基本经济制度，坚持按劳分配为主体、多种分配方式并存的基本经济制度。把第 11 条修改为：在法律规定范围内的个体经济、私营经济等非公有制经济，是社会主义市场经济的重要组成部分。国家保护个体经济、私营经济的合法的权利和利益；国家对个体经济、私营经济实行引导、监督和管理。

十六大提出两个“毫不动摇”，必须毫不动摇地巩固和发展公有制经济，必须毫不动摇地鼓励、支持和引导非公有制经济发展。

十七大提出了对不同的市场主体法律上的平等保护和经济上的平等竞争，这“两个平等”是所有制经济理论的又一次飞跃。

十八大提出经济体制改革的核心问题是处理好政府和市场的关系，特别强调各种所有制经济依法“平等使用生产要素、公平参与市场竞争、同等受到法律保护”的“三个平等”的公平竞争，这是中国特色社会主义经济理论的重大创新。

至此，私营经济、资本分配获得了与公有制经济和按劳分配平等的法律地位，从而完成并推进了市场经济制度法制化的基础工作。

（二）法治化市场经济体制

经济体制是人类进行经济活动获得物质财富的方式，市场经济体制是人们依据价值规律和竞争机制，通过商品生产和交换进行经济活动获得物质财富的方式。生产主体的市场化、生产要素的商品化是建立市场经济的必要条件。《中共中央关于建立社会主义市场经济体制若干问题的决定》指出，发挥市场机制在资源配置中的基础作用，必须培育和发展市场体系。当前要着重发展生产要素市场。生产要素包括人和物，物包括森林、土地、山川、河流等自然物和农业产品、工业产品等人造物，以及物的衍生品金融资本。在生产要素商品化的基础上，形成由劳动力市场、商品市场、生产资料市场、金融市场等有形资产市场和无形资产市场构成的市场经济体系。

生产主体的市场化就是变计划经济体制下生产经营者附属于政府职能的身份为具有独立经济人格的市场主体。生产经营者拥有生产经营的独立财产，自主经营，自负盈亏。我国《民法通则》《公司法》依据塑造市场经济主体的要求，为市场生产经营主体提供了现代企业的组织形式。

劳动力市场的建立。劳动力商品化是市场经济的客观要求。马克思在《资本论》第一卷中指出，只有当雇佣劳动成为商品的基础时，商品生产才强加于整个社会，但也只有这时它才能发挥自己的全部潜力。一方面，工人是自由人，能够把自己的劳动力当作自己的商品来支配，另一方面，工人没有别的商品可以出卖，自由得一无所有，没有任何实现自己的劳动力所必需的东西。劳动力所有者在市场上出卖自己的劳动力，与生产资料所有者进行对价，实现生产两大要素的结合，使劳动力具有商品的属性。党的十四大明确了建立社会主义市场经济体制的改革目标，这就使劳动力与生产资料的直接统一关系转向劳动力所有者与生产资料所有者的对价关系。1994 年 7 月 5 日，第八届全国人民代表大会常务委员会第八次会议通过《中华人民共和国劳动法》，以法律的形式规定了劳动力所有者与生产资料所有者的市场关系，为劳动力市场的建立和发展提供了法律基础。

随着改革开放的深入发展，我国的生产资料、金融等有形资产市场和技术、商标等无形资产市场已全面建立起来。《中华人民共和国中国人民银行法》《中华人民共和国商业银行法》《中华人民共和国票据法》《股票发行与交易管理暂行条例》《中华人民共和国专利法》《中华人民共和国商标法》《中华人民共和国合同法》《中华人民共和国土地管理法》等法律法规的制定，为生产要素市场的建立和发展提供了法律依据和保障。

法律的经济作用是维护、巩固国家的经济制度和经济体制。经济制度与经济体制是对应统一的，要建立市场经济体制，必须对计划经济体制下的社会主义公有制进行调整，形成符合市场经济要求的制度基础，法律的本质要求我国当代法律反映改革的要求，巩固改革的成果。

二、政治作用

自十一届三中全会开始，中国共产党在总结新中国成立以来经验教训的基础上，针对“一言堂”、“家长制”和“个人崇拜”坚定地提出政治体制改革。我国的政治体制是中国共产党领导的体制，政治体制改革不是改变共产党领导的体制，而是坚持、加强、改善党对国家和社会的领导，具体包括：一是加强、完善民主集中制；二是“依法治国”。

十一届三中全会围绕健全党的民主集中制、改革党的领导制度作出了一系列重要决定，主要包括：实行党中央和各级党委的集体领导，少宣传个人；充分保障党员在党内对上级领导直至中央常委提出批评性意见的权利；把立法工作提到全国人民代表大会及其常委会的重要议程上来；司法机关要保持应有的独立性；要保证人民在法律面前人人平等，不允许任何人有超越于法律之上的特权；提出使民主制度化、法律化，使这种制度和法律具有稳定性、连续性和极大的权威性。

十一届三中全会以后，我国政治体制改革紧紧围绕健全党的民主集中制逐步展开。1979 年 1 月成立了党的纪律检查委员会，1980 年十一届五中全会通过了《关于党内政治生活的若干准则》，1980 年 8 月 18 日，在中央政治局扩大会议上，邓小平代表党中央作了《党和国家领导制度的改革》的讲话。这篇讲话阐明了政治体制改革是社会主义本质的要求，科学分析了我国政治体制改革的基本特征和现行体制的主要弊病，阐明了政治体制改革的紧迫性。这篇讲话成为我国政治体制改革的纲领性文件。

1981 年 6 月，党的十一届六中全会通过的《中共中央关于建国以来若干历史问题的决议》，对政治体制改革提出了一些具体要求，其中最重要的是指出党的各级组织同其他社会组织一样，都必须在宪法和法律的范围内活动。

1986 年 9 月至 1987 年 9 月，邓小平发表了一系列重要讲话，对政治体制改革的目标、原则、方法和评价标准进行了系统的论证。在此基础上，党的十三大比较系统地阐述了我国政治体制改革的目的、方法、目标，并从七个方面提出了改革的具体方案，明确了改革的内容。十三届四中全会以后，从实际出发，制定了《中共中央关于坚持和完善共产党领导的多党合作和政治协商制度的意见》《中共中央关于加强党同人民群众的联系的决定》等一系列深化政治体制改革的决策、措施。

党的十四大进一步提出“同经济体制改革和经济发展相适应，必须按照民主化和法制化紧密结合的要求，积极推进政治体制改革”。大会指出，机构改革，精兵简政，是政治体制改革的紧迫任务。各级党委和政府必须统一认识，按照政企分开、精简、统一、效能的原则，下决心对现行行政管理体制和党政机构进行改革。大会决定，要加快劳动人事制度改革，逐步建立符合机关、企业和事业单位不同特点的科学的分类管理体制和有效的激励机制，尽快推行公务员制度。

党的十五大报告指出，当前和今后一段时间，政治体制改革的主要任务是：发展民主、加强法制，实行政企分开、精简机构、完善民主监督制度和维护安定团结，并提出“依法治国”的基本方略。依法治国，就是广大人民群众在中国共产党的领导下，依照宪

法和法律，通过各种途径和形式管理国家事务、管理经济文化事务和管理社会事务，保证国家各项工作都依法进行。

党的十六大报告中把政治体制改革纳入社会主义政治文明建设的新高度、新境界，将政治文明、物质文明和精神文明一起确定为社会主义现代化建设的三大基本目标。我国的政治文明建设最根本的是要把坚持党的领导、人民当家做主和依法治国有机地统一起来。中国共产党的领导是人民当家做主和依法治国的根本保证；人民当家做主是党的领导和依法治国的出发点和归宿；依法治国是党领导国家和社会发展建设、实现人民当家做主的手段、方式。而加强、完善民主集中制是加强、巩固党对国家和社会领导的制度保证，是政治文明制度建设的核心。

党的十七大报告在重申坚持党的领导、人民当家做主和依法治国有机统一的基础上指出，深化政治体制改革要坚持党总揽全局、协调各方的核心作用，提高党科学执政、民主执政、依法执政的水平，保证党领导人民有效治理国家；坚持国家一切权力属于人民，从各层次、各个领域扩大公民有序政治参与，最广泛地动员和组织人民依法管理国家事务和社会事务、管理经济和文化事业；坚持依法治国，树立社会主义法治理念，实现国家各项工作法制化，保障公民合法权益；坚持社会主义政治制度的特点和优势，推进社会主义民主政治制度化、规范化、程序化，为党和国家长治久安提供政治和法律制度保障。

党的十八大报告指出，要坚持走中国特色社会主义政治发展道路和推进政治体制改革。政治体制改革是我国全面改革的重要组成部分，要更加注重健全民主制度、丰富民主形式，保证人民依法实行民主选举、民主决策、民主管理、民主监督。政治体制改革必须是在宪法和法律的框架下深入推进，坚定不移沿着中国特色社会主义政治发展道路，展现我国社会主义民主政治更加旺盛的生命力。十八大报告提出了“七项任务”要求，强调全面推进依法治国，这七项任务分别是：要支持和保证人民通过人民代表大会行使国家权力、要健全社会主义协商民主制度、要完善基层民主制度、要全面推进依法治国、要深化行政体制改革、要建立健全权力运行制约和监督体系、要巩固和发展最广泛的爱国统一战线。

党的十九大报告指出，中国特色社会主义政治发展道路，是近代以来中国人民长期奋斗历史逻辑、理论逻辑、实践逻辑的必然结果，是坚持党的本质属性、践行党的根本宗旨的必然要求。要长期坚持、不断发展我国社会主义民主政治，积极稳妥推进政治体制改革，推进社会主义民主政治制度化、规范化、法治化、程序化，保证人民依法通过各种途径和形式管理国家事务，管理经济文化事业，管理社会事务，巩固和发展生动活泼、安定团结的政治局面。要做到：坚持党的领导、人民当家做主、依法治国有机统一；加强人民当家做主制度保障；发挥社会主义协商民主重要作用；深化依法治国实践；深化机构和行政体制改革；巩固和发展爱国统一战线。

我国政治体制的改革和发展都是在党的领导下进行的，都是以加强、改善、巩固党的领导为根本目的展开的。中国共产党在国家政治生活中的领导地位，决定了我国法治建设是中国共产党领导国家和社会的方式、手段；决定了我国法律首先维护、保障中国共产党在国家和社会生活中的绝对领导地位，从 1954 年《宪法》到 1982 年《宪法》无不对此作了明确规定。1975 年《宪法》和 1978 年《宪法》第 2 条规定，中国共产党是全国人民的领导核心，工人阶级经过自己的先锋队中国共产党实现对国家的领导。1982 年《宪法》第五次修正案修改后的序言规定，中国各族人民将继续在中国共产党的领导下，在马克思列宁主义、毛泽东思想、邓小平理论和“三个代表”重要思想、科学发展观、习近平新时代中国特色社会主义思想指引下，坚持人民民主专政、坚持社会主义道路、坚持改革开放，不断完善社会主义的各项制度，发展社会主义市场经济，发展社会主义民主，健全社会主义法治，贯彻新发展理念，自力更生，艰苦奋斗，逐步实现工业、农业、国防和科学技术的现代化，推进物质文明、政治文明、精神文明、社会文明、生态文明协调发展，把我国建设成为富强民主文明和谐美丽的社会主义现代化强国，实现中华民族伟大复兴。在党际关系方面，1982 年《宪法》第三次修正案修改后的序言规定，中国共产党领导的多党合作和政治协商制度将长期存在和发展。在此基础上，《宪法》规定的人民当家做主的人民民主专政制度和人民代表大会制度才能得到体制上的合法性。

法律政治作用的核心是维护、巩固国家政权。我国的国家政权掌握在无产阶级的先锋队中国共产党手中，党代表人民掌握国家政权，维护、巩固共产党的权力，就是维护、巩固工人阶级和广大劳动人民的权力。我国法律的政治作用集中体现在维护、巩固、加强、改善党的领导，保障共产党对国家和社会的领导长治久安。

三、社会作用

我国生产经营主体在计划经济体制下承担着就业、医疗、养老、托幼、住房、休闲娱乐等政府的社会职能，以市场经济为目标的经济体制改革，要求改变企业的政府身份，成为市场化的生产经营主体，把企业的社会职能归还给社会，由市场和政府承担。这就为我国法律的社会作用提出了新的要求。

十四大报告指出，积极建立待业、养老、医疗等社会保障制度，努力推进城镇住房制度改革。十五大报告进一步指出，建立社会保障体系，实行社会统筹和个人账户相结合的养老、医疗保险制度，完善失业保险和社会救济制度，提供最基本的社会保障。建立城镇住房公积金，加快改革住房制度。如果说十五大之前社会保障主要针对城市人口，那么，自十六大开始，社会保障开始考虑农村，至十七大，社会保障作为社会建设的一项重要内容，覆盖到全国城乡人口。十六大报告指出，坚持社会统筹和个人账户相结合，完善城镇职工基本养老保险制度和基本医疗保险制度。健全失业保险制度和城镇居民最低生活保障制度……发展城乡社会救济和社会福利事业。有条件的地方，探索建立农村养老、医疗保险和最低生活保障制度。十七大报告提出加快推进以改善民生为重点的社会建设，主要任务是：优先发展教育；扩大就业；增加城乡居民收入；加快建立覆盖城乡居民的社会保障体系；建立基本医疗卫生制度；完善社会管理，维护社会安定团结。

如果说十六大以前社会保障制度主要是为企业松绑，使企业轻装上阵进入市场，那么，自十六大以后，社会保障制度被提升到维护社会稳定和国家长治久安的战略高度。十六大报告指出，建立健全同经济发展水平相适应的社会保障体系，是社会稳定和国家长治久安的重要保证。改革开放的实践和党的报告，为我国社会法的制定和发挥社会法的作用提供了客观基础和政策依据，形成了我国社会法的体系。

十七大报告指出，我国法的社会作用主要体现在：优先发展教育；扩大就业；增加国

民收入；建立覆盖全民的社会保障体系；建立基本医疗制度；维护社会安定。

十八大报告强调，把法律的社会作用系统化为“五位一体”中的文化建设、社会建设和生态文明建设。

十九大报告进一步指出，要加强社会治理建设，完善党委领导、政府负责、社会协同、公众参与、法治保障的社会治理体制。

【思考题】

1. 如何分析、认识我国当代法律的性质和特征？
2. 怎样认识法律的社会作用的重要性？

【讨论与互动】

请分组设计有关当代中国法律作用的调查问卷，可采用随机方式，请其他专业的同学、老师填写问卷，也可到机关、企事业单位或大街上随机分发给职工或路人，让他们填写答案，然后回收、整理、分析、研究。目的是了解社会大众对当代中国法律性质、作用的看法。

【推荐书目】

1. 中共中央文献研究室综合研究组等．三中全会以来的重大决策［M］．北京：中央文献出版社，1994.

2. 高尚全．中国经济制度的创新——从计划经济走向社会主义市场经济［M］．北京：人民出版社，1993.

3. 党的会议报告、文件：

(1) 十一届六中全会．关于建国以来党的若干历史问题的决议．

(2) 十二届三中全会．中共中央关于经济体制改革的决定．

(3) 党的十二大至十九大的报告．

(4) 十八届三中全会．中共中央关于全面深化改革若干重大问题的决定．

(5) 十八届四中全会《中共中央关于全面推进依法治国若干重大问题的决定》．

4. 刘少奇．论共产党员的修养［M］．2 版．北京：人民出版社，1962.

5. 阚珂．2004 年中国立法研究报告［M］．北京：中国民主法制出版社，2004.

第五章 法律与其他社会现象的关系

【本章导读】

"当我们通过思维来考察自然界或人类历史或我们自己的精神活动的时候，首先呈现在我们眼前的，是一幅由种种联系和相互作用无穷无尽地交织起来的画面……"① 法律是在人类社会的普遍联系中产生和发展起来的，法律只有在普遍联系中才能说明自己，发挥自己的作用。法律不是孤立的社会现象，是在人类社会历史发展过程中，在与经济、政治、道德、宗教、传统习惯等普遍联系中产生、发展变化，直至消亡。因此，只有在与社会的普遍联系中，才能对法律的属性、作用、运行机制、发展变化规律形成全面、深刻的认识。本章主要通过揭示法律与经济、政治和道德的关系来加深读者对法律的认识。

【学习目的】

掌握法律与经济、政治和国家的关系，了解法律与道德的关系。通过学习法律与其他社会现象的关系，进一步全面、深刻地认识法律。

第一节 法律与经济的关系

【微语录】

我们首先应当确定一切人类生存的第一个前提，也就是一切历史的第一个前提，这个前提是：人们为了能够"创造历史"，必须能够生活。但是为了生活，首先就需要吃喝住穿以及其他一些东西。因此第一个历史活动就是生产满足这些需要的资料，即生产物质生活本身，而且，这是人们从几千年前直到今天单是为了维持生活就必须每日每时从事的历史活动，是一切历史的基本条件。

——马克思、恩格斯《德意志意识形态》

① 马克思恩格斯选集：第3卷［M］.3版.北京：人民出版社，2012：395.

讨　论

你知道我国的经济制度和体制是什么吗？经济制度和体制与你的生活有什么关系？

在法律与诸社会现象的关系中，法律与经济的关系是最基本的关系，它决定着法律与其他社会现象的内容。

本节所使用的经济概念，不是指人类物质生产活动及其效率，即不是经济学的经济概念，而是马克思主义历史唯物主义的经济概念，即社会经济基础。经济基础决定上层建筑，决定法律的产生、发展变化、本质、作用；法律反作用于其赖以产生的经济基础。

一、法律决定于经济基础

法律的产生、发展变化决定于经济基础。生产力发展导致生产方式的改变和生产关系的变化，形成新的社会力量，法律的产生和发展变化是在生产关系发展的基础上，为实现新的社会力量的要求，在历史发展的过程中实现的。

法律的性质、作用决定于经济基础。在社会经济关系中处于统治地位的阶级为了维护对生产资料的所有权和在经济生活中的统治地位，需要通过法律把自己在经济上、政治上的统治地位上升为国家意志，以法律维护、巩固其在经济和政治上的统治地位。

二、法律对经济基础的反作用

法律积极地维护、巩固其赖以产生的经济基础，把经济关系及与此相适应的各种社会关系法律化、法制化，形成稳定的经济制度和经济体制，以国家强制力保证经济关系不受破坏。

第二节　法律与政治、国家的关系

讨　论

你参加过选举吗？参加过几次？你认为选举与你的生活有关系吗？

法律、政治、国家同属于上层建筑，共同维护其赖以产生的经济基础。政治是基于一定的经济基础关于国家权力关系而形成的制度、体制及其活动。在经济关系中处于统治地位的阶级，在政治关系中掌握国家政权，并通过国家政权制定法律，维护社会经济关系，规范国家、政党、社会团体、各阶级、民族在政治关系中的地位和作用。

从质的关系方面看，政治就是统治阶级掌握国家政权，调节社会各阶级、政党、民族的关系，根据统治者的利益决定社会发展的方向和进程。法律不过是把政治关系规范化、权威化、神圣化、公正化的手段，是阶级统治的工具。

从量的关系方面看，权力的体制结构决定了政治、国家、法律关系的类型。古往今来，权力的体制结构分为君主集权专制、寡头集权专制和民主宪政体制。在集权专制的体制中，国家权力掌握在君主或寡头手里，国家意志取决于君主或寡头的意志，法律的本质异化为君主、寡头的意志。君主、寡头的权力是超越于法律之外的、神圣的权力，法律是君主、寡头治理国家、统治社会的工具。在民主宪政体制中，国家权力掌握在人民的手里，国家意志取决于“人民主权”，法律就是人民的意志和要求，法律的本质在民主宪政体制中实现了与人民意志的统一。人民的命运不再被超越于法律之外的“神仙皇帝”所主宰，人民成为主宰自己命运的历史主体。

除少数阿拉伯君主制国家外，世界上大多数国家的执政权掌握在执政党手里，这样，法与政治、国家的关系集中体现在法律与执政党的关系，法律的制定与实施左右于执政党的政策，形成法律与执政党的政策关系。

政策通常是表达政党、国家或其他社会组织在经济、政治和社会生活等方面诉求的一种规范形式。在我国，具有权威性的政策是共产党的政策和国家政策。这两种政策的主体不同、适用对象和范围不同，在我国政权体制下，两者的本质是一致的，诉求和实现的利益是一致的。政策是执政党的重要政治工具。

在西方，执政党有两种情况：一是由一个政党单独执政；二是由多个政党联合执政。无论是单独执政还是联合执政，立法是各政党博弈的活动。立法资源主要掌握在执政党手里，执政党几乎决定了法律议案的提出和通过。例如英国，一是执政党是议会多数党，在各常设委员会中占有优势地位；二是议案绝大多数由执政党内阁提出，执政党成了实际的立法者，控制了立法大权。执政党的政策和要求是制定法律的依据，法律是执政党政策和要求的体现。

在我国，中国共产党不可动摇的领导地位是由中国近代社会的历史决定的，我国宪法明确规定了中国共产党对国家和社会的绝对领导地位。共产党的政策是制定法律的依据，法律是共产党政策的体现和保障。

法律是实现执政党政策的重要工具，但是，法律与政策在产生的主体、程序、表现形式、实施方式和调整范围等方面存在差别。

第三节　法律与道德的关系

参考案例

1957 年 9 月 3 日，一个由当时英国政府授命成立的委员会，历经 3 年的工作，发表了《同性恋犯罪和卖淫问题调查委员会报告》。出于传统，提及这份报告时常被冠上委员会会长的名字，史称《沃尔芬登报告》(*Wolfenden Report*)。《沃尔芬登报告》认为，道德应被分为公共道德和私人道德两类。法律，尤其是刑法，其存在的意义和价值是保护公民，使他们不受侵犯和伤害，即维护基本的公共道德。而在私人道德领域，无论道德与否，法律都不应该多加干涉。《沃尔芬登报告》可以说是为“同志运动”，甚至更宽泛的人权运动提供了“理论基础”，其历史意义丝毫不逊于日后发生的“石墙之乱”。

资料来源：八百里．关于本片的一点历史背景．(2008－10－31)．[2017－07－21]．http：//movie. douban. com/review/1541358/.

问题：道德能否法律化？法律和道德的关系如何？

提示：社会不仅是一个物质的共同体，也是一个观念的共同体。社会的共同道德是维系社会存在的看不见的纽带，因此，道德不仅仅是一个私人问题，还存在着社会的公共道德。

一、法律与道德的联系

任何一个时代的法律，任何一个国家的法律，任何一部法律，都要接受道德的审判，要么是“善法”，要么是“恶法”。符合道德的法律是“善法”，违反道德的法律是“恶法”。道德是人们认同法律的社会条件之一。人类曾经以“天”“神”“上帝”为法律提供道德的合法性；近代以来，人类以“人性”为法律提供道德的合法性。无论是“天”“神”“上帝”还是“人性”，道德诉求的根本是“人”，或者是精神的人、肉体的人，或者是理性的人、感性的人。道德是人生命本质的要求，即人对自身生存和发展的肯定，用通俗的话来说，就是人生存和发展的需要，就是人的利益，即“善”。

人们总是用普遍的道德、抽象的“善”论证法律的道德合法性，无论是过去还是现在，统治者无不把法律标榜为“至善”“永恒的公平”“正义”，实际上，法律的历史逻辑从未对普遍的道德和抽象的“善”作出过回应，相反，在普遍的道德和抽象的“善”面前，所有的法律都是“恶法”。法律总是与具体的道德联系在一起，并在具体的道德中获得自己的合法性。

在特定的历史条件下，道德具有阶级性、民族性、文化性和社会性。法律的道德性直接体现在诉求、维护统治者的利益方面。法律与统治者的道德相一致，统治者无不把有利于自己的经济政治关系、民族习惯、文化传统道德化为公平正义的准则，道德化为“善”的内容，与法律互为里表，以求得法律的道德性。

道德是阶级性、民族性、文化性和社会性的统一。阶级性并不否认社会性，这是由国家与社会的关系决定的。社会性是道德的应有之义，也是法律的应有之义。一方面，道德要揭示、论证法律的阶级性、民族性、文化性和社会性；另一方面，法律要符合阶级性、民族性、文化性和社会性的要求。法律因道德而“善”，因道德而受人们尊敬，因道德而具有令人敬仰的权威。

二、法律与道德的区别

（一）历史过程不同

道德伴随人类社会始终；法律是人类社会发展到一定阶段，出现了私有制、阶级、国家后产生，并随着私有制、阶级、国家的消亡而消亡。

（二）生成的方式不同

道德在社会生活中自发地形成；法律由国家制定或认可，由统治阶级的“国家意志”自觉地形成。

（三）表现形式不同

道德可以由多种规范形式表现出来；法律也可以表现道德的要求，法律表现为具有严密结构的法律规范和完整的体系。

（四）调整的范围不同

道德调整的范围宽于法律调整的范围，当两者重合时，法律消亡。

（五）调整的方式不同

道德通过调整人的思想、内心调整人的行为；法律通过设定权利、义务并以国家强制力为保障直接调整人的行为。

三、社会主义法律和社会主义道德的相互关系

社会主义道德对法律的作用表现在：立法者把重要的道德原则直接上升为法律；法律实施上良好的道德是司法公正的保证；道德可以补充法律规定的不足。

社会主义法律对道德的作用表现在：立法上确认基本道德，发扬、推行道德；法律实施上发扬先进，提倡、弘扬道德。

第四节　法律与科学技术的关系

参考案例

一对美国夫妇朱利耶·路易斯·戴维斯和玛丽·苏·戴维斯长期没有怀孕，他们决定采用人工授精的方法生育孩子。1988 年 12 月 8 日，妇科专家成功提取了 9 个单细胞受精卵并放于玻璃试瓶中进行培育，使这些单细胞物质变成了 4 个或 8 个细胞。

1988 年 12 月 10 日，一个受精卵被植入玛丽·苏·戴维斯的子宫，剩下的受精卵被冷冻保存起来，不幸的是她并没有怀孕。1989 年朱利耶·路易斯·戴维斯提出了离婚。玛丽·苏·戴维斯首先要求拥有这些“冷冻胚胎”的所有权，而朱利耶·路易斯·戴维斯则反对。后来，他俩分别再婚，玛丽·苏·戴维斯离开了美国，再也不想使用这些“冷冻胚胎”，她想把它们捐献给那些不能生育的夫妇，但朱利耶·路易斯·戴维斯坚决反对，宁愿扔掉它们。美国当时没有法律对这样的问题作出规定。该案应当如何判决，在美国国内引起了极大的争议。

资料来源：戴维斯夫妇冷冻胚胎案［EB/OL］．(2009－05－15)［2019－02－25］．http：//www. law. ruc. edu. cn/article/？ 16396. html.

问题：科学技术的发展给法律提出了新的问题，扩大了法律的调整领域，法律应如何应对？

提示：这个案例非常典型地反映了科学技术的发展对法律调整的影响。科学技术的发展，使得人工授精成为可能，新的行为方式和社会关系也因此而出现，如精子与精子提供者应当是什么关系？受精卵与精子和卵子的提供者是什么关系？这些新的行为方式与社会关系需要建立相应的规则来调整和控制，法律的调整领域与调整内容必然随之扩大与丰富。同时，科学技术的发展也为法律的调整提供了新的判定标准。但法律对科学技术的调整仍然基于人类普遍的正义观念，即人类基本的道德观念以及人们公认的法律价值。

法律对科学技术的作用包括以下三个方面：一是通过财产关系和人身关系的保护推动科学技术的发展。例如，商标权、专利权、著作权等知识产权具有财产内容和人身性质，知识产权是特定的权利人的智力劳动成果，在市场经济条件下是智力商品，能产生巨大经

济效益。对知识产权的财产保护和人身保护，就是保护权利人的财产利益和知识产权的身份权，从而保护权利人发明创造的积极性，推动科学技术不断发展。二是限制科学技术的使用范围和方式。科学技术是一把双刃剑，必须合理使用才能促进人类社会的发展，反之就会给人类带来毁灭性的灾难。所以，法律必须禁止、限制科学技术对人类社会的道德、生命、环境的破坏性使用，防止科学技术给人类社会造成灾难性的后果。三是通过对科学技术活动的组织和管理，推动科学技术的发展，促进科学技术成果的推广和使用。

科学技术的进步对法律发展产生了深刻的影响，表现在：科学技术的发展大大地丰富和完善了法律的内容；提升了法律的运行机制效率；向传统法律观念和法律思想提出了新的挑战；使法学研究方法取得了根本性的突破。

【思考题】

1. 怎样理解法律与经济基础的关系？
2. 怎样理解法律与政治、国家的关系？
3. 怎样理解法律与道德的关系？

【讨论与互动】

2003 年 6 月 2 日的《中国青年报》刊登了一篇题为《救人应否跟经济效益挂钩引发争议》的文章，提出了见义勇为救人一命是否可以要求报酬的问题。在这个问题上，人们见仁见智。在采访过程中，有不少人认为“这种见义勇为完全变了味”，在受益人无力支付的情况下索取千元感谢费实属不该。但也有人认为，有人愿意冒着生命危险救人，值得钦佩，索取感谢费之举无可非议。请就该案例所提供的素材，以“见义勇为后索取报酬是否适宜用法律调整”为题组成正方与反方，开展辩论赛。

【推荐书目】

吕世伦．法的真善美［M］//法律思想的律动．北京：法律出版社，2003.

第六章　法律的要素

【本章导读】

本章分析阐述了法律逻辑形式的结构。一般认为，法律由法律规则、法律原则和法律概念三个要素构成。法律规则是构成法律的主要因素，它是规定法律上的权利、义务、责任的准则、标准，或是赋予某种事实状态以法律意义的指示、规定。法律原则是法律规则的基础或在法律中较为稳定的原理和准则。法律原则与法律规则最大的区别在于法律原则不预先确定具体的事实状态，不设定具体的权利和义务，也不确定明确的法律后果，它只为人们的行为设定标准、划定范围，因而具有不确定性。法律概念是对各种法律事实进行分析、归纳与综合后，抽象出共同的特征而形成的思维单位。

【学习目的】

掌握法律原则与法律规则的区别；掌握法律规则的结构和分类；理解法律概念的作用。

法律是调节人们行为的规则，但规则不是法律的唯一构成要素。美国法学家庞德指出，法是一个极其复杂的现象，它是“由规则、原则、说明概念的法令和规定标准的法令组成的”①。通常认为，法律是由规则、原则和概念组成的。

第一节　法律规则

一、法律规则的含义

为了对法进行要素分析以深化对法的理解，我们有必要先区分法律规则的两种含义。

① 沈宗灵．法理学［M］．3版．北京：北京大学出版社，2009：27－28.

在从宏观上讨论法律问题时，人们常常把法律界定为某种行为规则或规范的总和或体系。如法律是由国家制定或认可的行为规范体系、法律是由国家强制力保障实施的行为规范的总和等。在这里，法律和法律规范可以被看成两个大体同等的概念，它们的内涵和外延没有实质的不同。

在微观层次上对法律进行要素分析时，法律和法律规则不再是等同的关系而是包含关系，即法律不仅由规则这一种要素组成，原则和概念也是法律不可缺少的要素。在这里，法律规则既不同于法律原则，也不同于法律概念。简要来说，法律规则是法律的基本要素之一，是法律中明确赋予一种事实状态以法律意义的一般性规定。

所谓赋予一种事实状态以法律意义，是指某些事件或行为发生之后，可能会导致某种权利或义务的产生、变化或消灭，也可能引起某种法律责任的出现，此时，法律要素中的规则成分所发挥的作用，就是将这些事件或行为的法律意义明确下来。例如，婴儿出生这一事件是具有法律意义的，它会引起某些人身权和财产权的形成；在公共道路上驾驶机动车这一行为也是具有法律意义的，它会使驾车人承担右侧通行、不得闯红灯等义务；当某个权利人滥用了自己的权利或某个义务人拒不履行义务时，这些行为也是具有法律意义的，行为人可能因此而承担某种法律上的责任等。

对某种事实状态的法律意义作出明确规定，这是规则区别于另外两种法的要素（原则和概念）的显著特征。原则只是法律行为和法律推理的指南，它并不明确地规定一种事实状态及其法律意义，概念只是对事实状态进行区分和界定。

法律规则是构成法律的主要因素，它是规定法律上的权利、义务、责任的准则和标准，或是赋予某种事实状态以法律意义的指示、规定。

法律规则不仅是明确的，也是一般性的规定。所谓一般性，是指法律规则针对某一类事实状态作出规定，适用于某一类人，而不是对特定的事、特定的人作出规定。这是法律规则与依法作出的有法律效力的决定之间的重要区别。例如，“父母有抚养未成年子女的义务，这种义务并不因为父母离婚而消失”，这是一条法律上的规则，它在原则上适用于所有的父母，是一般性的规定。“李××在离婚后，每月须向由其原配偶监护的子女支付1 000元抚养费”，这是根据法律作出的一项决定，它只适用于本案的离婚当事人李××，是一个个别的决定。尽管该决定对那个特定的当事人来说是一条有法律效力的行为规则，但不能把它纳入法律规则的范围之中。在每一种法律制度之下，这种只对特定的人有法律效力的行为规则数量庞大、种类繁多。西方有些法学家把这种特定的规则也当作法律规则看待，非常容易引起混乱，不足为训。

二、法律规则的逻辑结构

法律规则具有严密的逻辑结构，这是它与习惯和道德规范相区别的重要特征之一。法律规则的逻辑结构，是指一条完整的法律规则是由哪些要素或成分组成，这些要素或成分以何种逻辑联系结为一个整体。

法律规则的逻辑结构是深入理解法律所必须研究的问题，也是一个非常复杂的问题，中外法学家至今尚未取得一致意见。参照国内外学者的研究成果，我们可以把法律规则的要素区分为假定、处理和法律后果三种成分，并由此来考察它们之间的逻辑联系。

（一）假定

假定是法律规则的必要成分之一，是法律规则中关于适用该规则的条件的规定。有的学者也把假定称为“条件”或“条件假设”。

任何规则，无论是法律规则，还是其他行为规则，都只能在一定范围内适用，也就是说，只有具备一定条件时，该规则才能够对人的行为产生约束力。这里所说的“一定范围”“一定条件”，由法律规则中的假定部分来明确。例如，我国《刑法》第303条规定：“以营利为目的，聚众赌博或者以赌博为业的，处三年以下有期徒刑、拘役或者管制，并处罚金。”这是否意味着任何人在任何条件下从事上述行为，都应无一例外按照这一规定追究刑事责任呢？显然不能这样来理解法律的规定。如果行为人在当时尚未达到刑事责任年龄，或因患有某种精神疾病而处于不能辨认行为的社会意义的状态，或该行为发生于境外某个法律不禁止赌博的国家或地区，那么不加区分地一律适用前述刑法规定，就是不合理的。至于此一刑法规定究竟在何种条件下适用，这需要考虑许多因素，而这些因素均属规则的假定部分。

（二）处理

处理也是法律规则的必要成分之一，是法律规则关于行为模式的规定，即法律关于允许做什么、禁止做什么和必须做什么的规定。有些学者因此把处理称为行为模式。由于法律允许做什么就是授予可以为一定行为的权利，法律禁止做什么就是设定不得为一定行为的义务，而法律要求必须做什么，就是设定必须为一定行为的义务，因此，有的学者也使用“权利和义务的规定”来称谓法律规则中的“处理”这一要素。

在法律文件中，关于处理的规定常常使用这样一些术语或表达方式：可以、有权、有……的自由、不受……侵犯、应当、必须、不得、禁止等。

（三）法律后果

法律后果也是法律规则的必要成分之一，是法律规则中对遵守规则或违反规则的行为予以肯定或否定的规定，有些学者也将其称为“后果归结”或“法律后果归结”。

法律后果分为肯定性法律后果和否定性法律后果两种形式。肯定性法律后果是确认行为以及由此产生的利益和状态具有合法性和有效性，予以保护甚至奖励。否定性法律后果是否认行为及由此产生的利益和状态具有合法性和有效性，不予保护甚至对行为人施以制裁。

在过去，我国的法学教科书中曾流行过一种以假定、处理和制裁为法律规则三要素的理论。这种理论把法律后果片面地归结为制裁，既忽视了肯定性法律后果，也排除了否定性法律后果中非惩罚性的因素（如宣布行为无效），因此是不正确的，它只能解释刑事法律和其他法律中的部分规则，而不能对全部法律规则作出合理的解释，可以说，把法律简单地视为一种制裁手段或惩罚工具的观念是一种过于陈旧的观念，它与现代法制的基本精神是不合拍的。

在理解法律规则的逻辑结构时，必须注意以下三个问题：

（1）任何一条完整意义的法律规则都是由前述三种要素按一定逻辑关系结合而成的。三要素缺一不可，缺少任何一种，不仅意味着该种要素的不存在，而且意味着该法律规则的不存在。例如，一条规则只是规定在任何条件下（假定）不得说谎或杀人（处理），但是，对作伪证或杀人的行为却没有规定相应的法律后果，那么，我们就只能说，在这里，没有一条禁止作伪证或杀人的法律规则，倒是可能存在一条禁止如此行为的道德规则或风俗习惯。

（2）在立法实践中，有时出于立法技术的考虑，为了防止法律条文过于烦琐，在表述法律规则的内容时，常常对某种要素予以省略。但是，省略并非不存在，被省略的要素存在于法律内在的逻辑联系之中，只是没有被明文表述出来。立法者相信，通过法律推理，这些未予明文表述的规则要素可以较容易地被人们发现。例如，“妻子有继承丈夫遗产的权利”这一规定，其假定和法律后果部分没有被明文表述，但是，该规定只能在丈夫已死亡且留有遗产的条件下（假定）才能适用，妻子已经合法继承的遗产应得到法律确认和保护（法律后果），这些内容可以很容易地按照法律内在的逻辑联系推导出来。必须强调的是，对规则要素的省略不能是随意的，只有该要素可以被人们至少被那些法律专业人员毫无分歧地推导出来时，省略才是可取的，否则，就会为了追求法律简洁而损害法律的明确性。另外，法律后果部分的省略原则上是不允许的，尤其是其中的制裁性规定绝不可以省略，否则，法律就会丧失可操作性，它所发布的禁令与道德宣言就没有任何区别了。

（3）应当把法律规则与法律条文区别开来。法律条文只是法律规则的表述形式，而不是法律规则的同义语。通常情况下，一条规则的全部要素是通过数个条文加以表述的，有时，其中的一个要素（如假定）也可能分别见诸不同的条文，规则的诸要素分散于不同的法律文件之中，甚至跨越两个以上的法律部门。

三、法律规则的种类

要深入了解法律规则，就要了解法律规则的种类。按照不同的标准，我们可以把法律规则区分为不同的类型。在此，我们讨论一些比较重要的分类。

（一）按照法律规则是授予权利还是设定义务划分

按照法律规则是授予权利还是设定义务，我们可以把法律规则分为以下三种类型，这也是最重要、最常用的分类。

1. 权利规则

权利规则又称授权性规则，是规定人们可以为一定行为或不为一定行为以及可以要求他人为一定行为或不为一定行为的法律规则。从典型的意义上说，权利规则授予人们以某种权利，也就是在法律上确认了某种选择的自由，人们可以通过行使权利来维持或改变自己的法律地位，也可以不去行使权利甚至放弃权利。

2. 义务规则

义务规则是规定人们必须为一定行为或不为一定行为的法律规则。从典型的意义上说，义务规则与权利规则的显著区别在于它具有强制性而没有选择性，义务规则所规定的行为方式不可以由义务人随意变更和选择。在有些法学著作中，义务规则只用来称谓规定必须为一定行为的规则，而规定不得为一定行为的规则被划分为另一个类型，即禁止性规则。这种划分缺乏逻辑上的严密性，禁止性规则（如不得盗窃、不得欺诈等）也是设定义务的，禁止做什么和必须做什么是法律设定义务的两种不同方式，区别仅在于一个设定了必须积极地作出某种行为的义务，另一个设定了必须消极地不作出某种行为的义务。在汉语中，有一条与这两种设定义务的方式直接相关的成语，即“令行禁止”。令，是要求必须为一定行为；禁，是要求不得为一定行为。参照汉语的表达习惯，也可以把义务规则再区分为两种形式，命令式规则是要求积极行为，也就是设定作为义务的规则；禁止式规则是要求消极行为，也就是设定不作为义务的规则。

3. 复合规则

复合规则又称权利义务复合规则，是兼具授予权利和设定义务的双重属性的法律规则。这种规则的特点是，在一定的角度或一定的条件下，它授予当事人某种权利；当事人可以根据此种权利去作为或不作为，其他人不得干涉，也可以根据此种权利要求他人作为或不作为，对这种要求，他人必须服从；在另一种角度或条件下，又会发现此种权利是不允许当事人选择或放弃的，它又具义务的属性。例如，授予国家机关以职权的法律规则就是复合性规则。依法享有一定职权，意味着可以作出一定行为或要求处于职权管辖范围内的其他人作出一定行为，然而，行使职权本身又是一种义务，不能适当地行使职权也就是不能适当地履行职责，这在一定条件下会构成违反法定义务的行为并引起法律责任。另外，授予普通公民以某种权利的规则也可能属于复合规则，如授予监护权的规则、授予受教育权的规则等。

参考案例

原告段××与第三人栗××系邻居关系。第三人在未经有关部门批准的情况下，私自改建、扩建房屋，对原告的生活造成了一定影响。为此，原告于 2008 年 11 月至 2009 年 2 月期间多次到被告领导处要求被告枣庄市台儿庄区城市管理行政执法局对第三人私自改建房屋进行处理。被告一直未予理睬，故原告起诉至法院，请求依法判令被告履行查处的法定职责。

法院经审理认为，根据《中华人民共和国城乡规划法》第 64 条、《枣庄市城市管理相对集中行政处罚权实施办法》第 9 条的规定，被告有对未取得建设工程规划许可证或者未按照建设工程规划许可证的非法建设进行行政处理的法定职责。被告在接到原告的举报后，即应依法履行，但被告至今未履行，亦未对原告作出任何答复，显属违法。

资料来源：段××诉台儿庄区行政执法局案［EB/OL］.（2018－10－17）［2019－02－25］. https：//wenku. baidu. com/view/60285b84250c844769eae009581b6bd97f19bcf4. html.

问题：从法律规则角度分析被告人为什么败诉。

提示：城市管理行政执法机关负有制止城市非法建设的职责。这种职责既是行政执法机关所享有的一种权利，同时也是一种必须履行的义务。如果行政执法机关拒绝履行这种义务，将承担相应的法律责任。

（二）按照权利、义务的刚性程度划分

按照权利、义务的刚性程度，我们可以把法律规则分为强行性规则和任意性规则。

1. 强行性规则

强行性规则又称强制性规则，是指所规定的权利、义务具有绝对肯定形式，不允许当事人之间相互协议或任何一方任意予以变更的法律规则。此种规则与前述所讨论的命令式规则、禁止式规则和复合规则是大体重合的。换言之，义务规则和复合规则中的绝大部分

都属于强行性规则。

2. 任意性规则

任意性规则是指所规定的权利、义务具有相对肯定形式，允许当事人之间相互协议或单方面予以变更的法律规则。前述所讨论的权利规则绝大多数都属于任意性规则。

不能把义务规则和强行性规则、权利规则和任意性规则简单地等同起来。某些义务规则在一定场合并不具有强行性规则的属性，例如，“缔约人有履行合同之义务”的规定，虽为义务规则，但在一定的条件下，法律允许当事人以协议方式予以变更。同样，某些权利规则在一定场合也可能并不具有任意性规则的属性，例如，现代法制均规定公民享有人身自由权，若某人与他人自愿协议出卖自己为奴隶，则该协议并不能取得法律上的效力。

参考案例

甲公司与乙公司于2018年5月签订买卖当年新大米的合同，总价值10万元，并约定甲公司于2018年10月底前交付货物，乙公司向甲公司支付了2.5万元的定金。合同签订后，大米价格急剧上涨，甲公司受利益驱动，虽经乙公司多次催促，直至合同履行期满仍未交货。乙公司为了不错过销售旺季，无奈从其他公司处以高价购得大米。乙公司要求甲公司返还双倍定金。

问题：乙公司的要求是否合理？

提示：《中华人民共和国合同法》第115条规定：“当事人可以依照《中华人民共和国担保法》约定一方向对方给付定金作为债权的担保。债务人履行债务后，定金应当抵作价款或者收回。给付定金的一方不履行约定的债务的，无权要求返还定金；收受定金的一方不履行约定的债务的，应该双倍返还定金。”同时，《中华人民共和国担保法》第91条规定，定金的数额由当事人约定，但不得超过主合同标的额的20%。在这里，关于定金的数额实际上就包含了两个规则：一是在主合同标的额20%以内，由当事人自行确定，属于任意性规则；二是定金的数额不得超过主合同标的额的20%，这属于强行性规则。本案中超出限度的部分，根据《中华人民共和国合同法》第52条的规定，就属于“违反法律、行政法规的强制性规定”，是无效的。

（三）按照法律规则的内容是否直接被明确规定下来划分

按法律规则的内容是否直接被明确规定下来，我们可以把法律规则分为确定性规则、委任性规则和准用性规则。

1. 确定性规则

确定性规则是明确地规定了行为规则的内容，无须再援引其他规则来确定本规则内容的法律规则。这是法律规则最常见的形式。

2. 委任性规则

委任性规则是没有明确规定行为规则的内容而授权某一机构加以具体规定的法律规则。

3. 准用性规则

准用性规则是没有明确规定行为规则的内容，但明确指出可以援引其他规则来使本规则的内容得以明确的法律规则。准用性规则准许引用何种规则来使本规则的内容得以明确有两种情况：第一种情况是援引其他法律规则，例如，有些单行法规中关于违法责任的规定，常表述为“依照《刑法》第×条”处理；第二种情况是援引某种非法律性规则，例如，原刑法规定：厂矿职工由于不服管理，违反规章制度导致重大伤亡事故的，处 3 年以下有期徒刑或拘役。这里的“规章制度”本身并非法律性规则，但《刑法》中此一规则所谓的“违章”行为为何，却须据事故发生单位的规章制度或行业性规章制度来确定。

（四）按照法律规则所调整的行为是否可能发生于该规则产生之前划分

按照法律规则所调整的行为是否可能发生于该规则产生之前，我们可以把法律规则分为调整性规则与构成性规则。

1. 调整性规则

调整性规则是对已经存在的各种行为方式进行评价，并通过授予权利或设定义务来调整相关行为的法律规则。其主要特征是，在本规则产生之前，相关的行为方式就已经存在，调整性规则只是按照一定的价值标准予以区分，允许某种行为方式的存在，使之合法化并成为某种权利（如发表言论的自由权），或要求必须按某一行为方式活动，使之成为作为的义务（如父母必须抚养未成年子女），或禁止某一行为方式，使之成为不作为的义务（如不得盗窃）。

2. 构成性规则

构成性规则是以本规则的产生为基础而导致某些行为方式的出现，并对其加以调整的法律规则。与调整性规则不同，在构成性规则产生以前，该规则所涉及的行为不可能出现，只有当规则产生以后，才有可能导致相关行为的出现。例如，授予审判权的规则和授予诉讼权的规则都属于构成性规则，在这些规则产生以前，相关的审判活动和诉讼活动不可能出现，更谈不上受到法律的调整。

第二节　法律原则

法律原则是法律规则的基础或在法律中较为稳定的原理和准则。法律原则是从一定的社会关系中抽象和演化出来的，体现法的精神和社会的根本价值，以指导思想或最高准则的形式影响人们的行为。法律规则是以法律原则为基础制定的，法律原则具有高度的概括性，可以来自社会生活中的公理，也可以来自国家为实现社会管理职能而制定的政策。

一、法律原则的分类

按不同的标准可以对法律原则作出不同的分类，法律原则的分类有以下三种。

（一）根据产生基础划分

根据法律原则产生基础的不同，法律原则可分为基本原则和具体原则。基本原则体现法律的基本精神，是在价值上比其他原则更为重要，在功能上比其他原则的调整范围更广的法律原则，一般反映在宪法及宪法文件当中。例如，美国《独立宣言》和法国《人权宣言》规定的自由、平等原则。具体原则是以基本原则为基础，并在基本原则指导下适用于某一特定社会关系领域的法律原则。具体原则反映统治者在特定社会关系中的基本利益和价值诉求，是对特定社会关系中的统治者利益的抽象、概括。例如，《法国民法典》规定，一切法国人均享有民事权利。年满十八岁为成年人；达此年龄者，有能力为一切民事生活上的行为。这些规定反映了“公民民事权利平等原则”。具体原则必须符合基本原则的要求，一般规定在部门法中。

（二）根据产生依据划分

根据法律原则产生依据的不同，法律原则可分为公理性原则和政策性原则。公理性原则是从社会关系本质中产生出来，得到社会广泛承认并被奉为法律准则的公理。例如，民法中民事活动应当遵循自愿、公平、等价有偿、诚实信用的原则，就是上升为法律的公理。政策性原则是国家在管理社会事务的过程中为实现某种长期、中期或近期目标而作出的正当决策。例如，我国把计划生育确立为基本国策，即为政策性原则。

（三）根据调整领域划分

根据法律原则调整领域的不同，法律原则可分为实体性原则和程序性原则。实体性原则是直接涉及实体性权利、义务分配状态的法律原则。如诚实信用原则、罪刑法定原则等。程序性原则是通过对法律活动程序进行调整而对实体性权利、义务产生间接影响的法律原则。如司法独立原则、谁主张谁举证原则、回避原则等。

二、法律原则的作用

在法制实践中，法律原则具有非常重要的和不可代替的作用。

（一）法律原则对法的制定具有指导意义

法律原则是国家创制、修改以及废止法律的依据。法律原则是经过长期的社会生活的发展形成的根本性规则，是该法律领域的基础性真理或原理。对立法者而言，基本法律原则就是他们进行法律创制时必须遵守的标准，也就是说，具体的法律规定不得与法律原则相抵触。

（二）法律原则对法的实施具有积极的指导意义

法律原则是执法、司法、守法、法律监督的准绳。法律是需要解释的，法律的真实意义只有在解释中能发掘和呈现，面对较为复杂的案件时，人们往往会得出多种理解和多种解释结果，在这种情况下，就需要判断哪个解释结果是正确的。这时候法律原则就起到一个衡量的标尺的作用。

（三）法律原则是弥补法律漏洞的重要手段

在法律规则存在矛盾、缺陷或不足时，法律原则可以直接作为判案的依据，起到填补法律漏洞的作用。尽管现代的立法技术、立法经验十分发达和丰富，但是并不能完全避免出现立法空白或上下矛盾之处，法律原则可以直接作为个案审判的根据，从而对规则起到补充和补救的作用，在一定程度上挽救成文法的不足。

【小链接】

一个拥有继承权的16岁男孩帕尔玛为了早点获得遗产而毒死了他的祖父。死者的两个女儿提起诉讼，要求遗嘱执行人将遗产交给她们而非帕尔玛。面对这个案件，法官陷入困境，按照当时的继承法，已成立的遗嘱是合法的，应当得到执行，也就是说杀人者应获得被害人的遗产，但这样的结果让法官们无法接受。最后经过争论，法院以“人不能从其错误行为中获利”的法律原则剥夺了男孩的继承权，过错者受到了惩罚而不是奖励，法律的正义得到了维护。

资料来源：刘星．西窗法雨［M］．北京：法律出版社，2003.

三、法律原则与法律规则的区别

关于这个问题，美国法理学家德沃金的观点是：第一，在具体的法律适用中，法律规则的适用表现为“非此即彼”或“全有或全无”的模式。如某人仅做了一个错误行为，却判决其触犯两个罪名，承担两份惩罚，这显然是不当的。法律原则的适用则表现为“既此又彼”的模式，即两个甚至多个原则可以在同一个案件中同时适用而不构成冲突和矛盾。如在一个刑事案件中，既适用法律面前人人平等原则，又适用被告人有权获得辩护原则。第二，法律规则的适用范围较为狭窄，如关于盗窃的规定就不能用于抢劫。相比之下，法律原则的适用范围要广泛得多，如法律面前人人平等原则适用于一切法律活动。第三，法律规则因其主要是规则性的，可以轻易为立法者设计或改变，而法律原则主要是价值性的，一般经由长期社会发展所创设或消除，具有相对稳定性和权威性。

第三节　法律概念

参考案例

2003 年 12 月 12 日上午 9 时，北京市第一中级人民法院对原××台文艺节目中心副主任兼文艺部主任赵×受贿案进行宣判，以受贿罪判处赵×有期徒刑 10 年，并没收个人财产人民币 20 万元。同时对张××行贿、诽谤作出一审判决：以行贿罪、诽谤罪两罪并罚，判处张××有期徒刑 6 年。一审判决作出之后，赵×提出上诉，2004 年 1 月 18 日，北京市高级人民法院对赵×案件进行了二审，并作出维持原判的判决。至此沸沸扬扬持续了一年多的赵×、张××案件终告一段落。

问题：本案中涉及的法律概念有哪些？

提示：本案涉及受贿罪、行贿罪、诽谤罪等法律概念。尽管这些概念本身不涉及权利义务分配，但是必须明确这些概念，统一认识，才能避免法律适用中不必要的争论与混淆。

一、法律概念简述

法律概念是对各种法律事实进行分析、归纳与综合后，抽象出共同的特征而形成的思维单位。概念是反映认识对象特有属性的思维形式。特有属性是一个或一类事物所具有的，而其他事物所不具有的属性。法律概念是反映法律存在特有属性的思维形式。无论是法律理论还是法律规则，都是由一系列概念构成，法律概念是人们认识法律存在的基本思维形式，它反映了法律存在所具有的属性。

法律概念是法的要素中比较特殊的一类，它不涉及权利义务的分配，不对法律主体的行为作出指示或提出要求，而是对法律中的一些重要的概念作出解释、说明与界定。法律概念不属于法律规则的范畴。

二、法律概念的作用

法律文本中的法律概念与日常生活中相对应的概念有相通之处，但也存在差别。有一些法律概念是法律中专有的，在其他领域看不到，是法律的创造性产物。在法律实施的过程中，不同的人基于特殊的知识背景或利益考量，可能会对同一法律概念作出截然不同的理解，放任这种不同理解的存在，必然会损害司法审判的权威性和统一性。为了防止在理解和适用法律上的不一致带来的混乱，立法者便采用法律概念的形式，在法律文本中对出现的重要名词、概念作出详细的、权威的说明。法律概念最大的作用与价值是统一人们对某些概念的认识，避免法律适用中不必要的争论与混淆，从而促进司法审判的效率与正确。

【思考题】

1. 什么是法律规则？它有何作用？
2. 法律原则在司法实践中有何作用？
3. 如何理解法律概念的作用？

【讨论与互动】

孙某与同村的李某因为琐事打架，孙某不慎失手将李某打死。孙某的父母向李某的父母求情，并表示愿意赔偿李家 40 万元，希望李家不要向公安机关报案。考虑到两家是世交，关系一直很好，孙家又愿意赔偿，在经过一番讨价还价后，李某的家人答应接受赔偿，不向公安机关报案，两家“私了”此事。后来村里有人向公安机关举报，公安机关介入此案，在查明事实后，移交给检察机关提起公诉，法院经过审理，认为孙某犯有过失杀人罪，判处其有期徒刑 3 年。请从法律规则的角度分析孙家和李家为什么没有权利自行达成协议“私了”此事？

【推荐书目】

李旭东．法律规范理论之重述：司法阐释的角度［M］．济南：山东人民出版社，2007.

第七章　权利与义务

【本章导读】

法律通过给人们的行为设定权利和义务调整社会关系。权利和义务连接着法律体系的全部环节，贯穿于法律运行的每一个方面。法律关系、法律规范、法律运行都是以权利义务为基础而形成的，没有权利和义务，整个法律体系和法律运行就失去了内在联系，这种联系还表现在权利和义务是法律的本质和价值的表现形式和实现方式，所以权利和义务是法律的核心范畴。

【学习目的】

正确理解权利、义务的概念；明确权利、义务的关系；深刻体会权利和义务是法律关系、法律规则、法律运行的核心。

第一节　权利和义务概述

讨　论

当你把喝完的饮料瓶随手扔掉的时候，你可能什么都没想，认为这是理所当然的事情。也许你下意识地认为，这是你的自由。试想一下，如果每个人都像你这样，我们的校园会变成什么样?

一、法律权利的概念

法律权利是法律规定和保护的社会关系主体决定自身利益状态的行为。法律权利的性质是对私法人格利益的抽象，即私法主体的利益。只要法律不禁止，法律权利可以根据权利主体的意志决定如何行使，大部分权利可以转让、委托或放弃。当权利受到不法侵害时，权利主体有权要求国家权力予以保护，也可以自力救济。

二、法律义务的概念

法律义务有广义和狭义之分，广义的法律义务是指法律规定的社会关系主体尊重、维护及不损害国家、社会和公民的合法利益的行为。尊重和维护是法律关系主体的积极义务，不损害是法律关系主体的消极义务。义务主体不履行义务，权利主体有权要求国家权力强制义务主体履行义务。法律义务未经权利主体同意不得转让、代理、放弃。狭义的法律义务是指因违法行为而产生的法律义务。

相对于法律权利的义务是平等的法律人格主体之间的义务，是私法义务，该义务可以由法律规定，也可以相互协商确定或变更、消灭。该义务所实现的利益是私法人格的利益。

三、法律权利与法律义务的关系

法律权利与其对应的义务调整的是平等主体之间的利益关系，两者的法律人格平等，因此具有同构性、对称性、均衡性。同构性是指法律关系中的任何一方既是权利主体，同时也是义务主体，权利义务体现在同一主体上；对称性是指在具体的法律关系中，一方的权利是另一方的义务，一方的义务是另一方的权利，并且互逆；均衡性是指各方的权利义务等值，具有等价性。

第二节　法律权利和法律义务是法律的核心范畴

法律通过权利和义务调整人们的行为，实现对社会关系的调整，从而形成有利于统治者的国家秩序和社会秩序。第一，法律把人们之间的一般社会关系通过立法活动抽象为法律上的权利义务关系，形成法律关系，权利义务形成法律规范，为人们的行为提供规范模式；第二，通过法律实施、法律监督、法律程序把抽象的、主观形态的法律关系转化为具体的、客观存在的法律关系，实现对社会关系的调整，其中，立法是设定权利义务的活动，法律实施、法律监督是实现权利义务的活动，构成法律的运行结构，所以，法律权利和法律义务是法律关系、法律规范、法律运行的核心。

一、法律权利与法律义务是法律关系结构的核心

法律关系由法律关系主体、内容、客体构成，法律关系的主体资格决定于主体自身的条件与权利义务的匹配，法律关系的内容是权利义务本身。法律关系的客体是权利义务的载体或对象，法律关系的主体、客体都是由权利义务决定的，所以，权利义务是法律关系结构的核心。

二、法律权利与法律义务是法律规范结构的核心

法律规范由假设、行为模式、法律后果构成。假设是适用本法律规范的条件，它决定于主体能力与法律关系的性质和本法律规范的权利义务匹配关系，只有与本法律规范的权

利义务相匹配，才能成为适用本法律规范的主体和事件。行为模式，是指法律权利和法律义务本身。法律后果，是指法律对遵守法律或违反法律行为的评价、对待的方式，包括肯定性的法律后果和否定性的法律后果。肯定性的法律后果是对符合权利义务行为的肯定、保护；否定性的法律后果是对违反法律义务行为的否定、撤销、制裁。是否违反权利义务是判断、衡量法律后果的依据。可见，在法律规范结构中，权利义务处于核心地位。

三、法律权利与法律义务是法律运行结构的核心

法律运行包括立法和法律的实现。法律运行由立法、执法、司法、守法、法律监督构成，是对法律所调整的社会关系的法治化。

立法，是国家立法机关给人们的行为设定权利义务，形成法律关系的活动。执法，是国家行政机关把法律规定的权利义务适用于具体的人和事，即适用于具体的法律关系中的活动。司法，是对违反法律义务的行为或当事人对法律权利义务产生纠纷的时候，以法律规定的权利义务为准绳，对案件进行裁判的活动。守法，是指全体社会组织和公民个人遵守法律规定的权利义务的行为。法律监督，是指全体社会成员依据法律规定的权利义务，对立法活动、执法活动、司法活动、守法活动是否符合法律的规定进行检查、调查、质问、询问、举报等的活动。可见，法律运行的所有环节都是围绕权利义务而形成和展开的。

【思考题】

1. 怎样理解法律权利与法律义务的关系？
2. 怎样理解法律权利和法律义务是法律规范的核心范畴？

【讨论与互动】

山东省青州市农民刘某今年 70 多岁，他和早亡的老伴共生育有 5 个子女（4 子 1 女）。孩子们关系都很好，对老人也特别孝顺。但就是因为孝顺，竟惹出了一场麻烦。

原来，老人的儿子们觉得他们身为儿子，应当多尽赡养义务，特别是老人已是古稀之年，常言道“七十不留宿，八十不留饭”，在外边一旦有个万一不好交代；而老人已出嫁到外乡的小女儿则认为自己是女性，心细一些，照顾老人更有条件，于是多次提出让老父亲到她家去住一段时间，让自己尽义务，却遭到了几位兄长的强烈反对。几天前，老人的女儿来到法院，要求法院保护她的赡养权，判决她的几位哥哥同意老父亲能够在自己家里每年待两个月。请讨论以上赡养是权利还是义务？刘某女儿的要求能否得到法官的支持？

资料来源：http：//www.exam8.com/xueli/fashuo/anli/200702/50316.html.

【推荐书目】

1. 张恒山．法理要论［M］．北京：北京大学出版社，2002.
2. 张文显．法理学［M］．4 版．北京：高等教育出版社，北京大学出版社，2012.

第八章　法律关系

【本章导读】

法律关系是一种社会关系，但不是一般意义上的社会关系，而是在一般社会关系基础上形成的一种特殊社会关系。为此，了解一般社会关系及其法律调整无疑是了解法律关系的前提。法律关系是法律在调整社会关系后的必然产物，或者说是一种法律化的社会关系，当人类社会关系被置于法律框架之内并受之调整时，社会关系就被涂上了一层浓重的法律色彩，令社会关系法律化，即法律关系。

【学习目的】

掌握法律关系的概念、特征并了解法律关系的构成因素（主体、客体和内容）。

第一节　法律关系概述

一、法律关系的概念

法律关系是法律规定的社会关系主体之间的权利义务关系。法律关系以法律调整为前提，以法律上的权利义务为内容，是统治者通过国家意志选择的社会关系，是受法律保护的社会关系。

二、法律关系的特征

（一）法律关系是由统治者通过国家意志选择的社会关系

社会关系是客观存在的人与人之间的关系，由多层次、多角度、全方位的经济、政治、思想、道德、宗教等关系构成。哪些社会关系可以转化为法律关系，是由统治者依据其特定的社会物质生活条件形成的国家意志决定的，是国家意志选择的结果。统治者把需要法律调整的社会关系通过国家意志转化为法律上的权利义务关系，被法律调整的社会关系由此转变为法律关系，形成法律的调整对象，以维护统治者的国家和社会利益。

参考案例

丁某与王某在签订的购房合同中规定：丁某将其租借杨某的房子于 2018 年 10 月 1 日出卖给王某，王某支付人民币 12 万元。王某明知该房屋属于杨某，仍于 2018 年 9 月将房款交给丁某。杨某得知消息后，将丁、王二人告至法院。法院审理后确认丁、王两被告侵权成立，宣布其购房合同无效，并向杨某支付赔偿金 3 000 元。

问题：在这个案例中，丁某、王某与杨某之间的损害赔偿关系是否属于法律关系的范畴？

提示：法律关系是被法律所调整的社会关系。只有具有法律意义、以权利义务为内容的社会关系才能被称为法律关系。本案中，丁某、王某与杨某之间的损害赔偿关系具有法律意义，在当事人之间形成了一定的权利义务关系，因而属于法律关系的范畴。

（二）法律关系是法制化的社会关系

社会关系法制化是通过立法、执法、司法和守法把人们的行为纳入法制化的轨道，规范于法律秩序中。

第一，社会关系法律化。一是通过法律塑造社会关系主体的法律人格，即权利能力和行为能力，形成抽象与具体相统一的法律关系主体结构；二是设定法律关系主体间的权利义务关系及违法责任；三是规范法律关系的客体，法律关系客体的种类、范围由法律规定，把一般意义上的社会关系客体转化为法律关系中的客体。

第二，在社会关系法律化的基础上，通过行政执法和司法体制以及全体社会成员的守法保障、实现法律权利义务，把人们的行为规范于法律秩序中，实现法律要求的国家秩序和社会秩序。

（三）法律关系是以法律权利义务为内容的社会关系

法律关系通过对一般社会关系设定法律上的权利义务转化而来，法律通过调整人们的行为实现对社会关系的调整，法律对人们行为的调整是通过给人们的行为设定权利义务实现的，人们的行为在法律关系中被表述为法律权利义务，并在法律权利义务中得以特别规范。法律权利义务就是人们行为的内容，也就是法律关系的内容。

第二节　法律关系的构成

法律关系是人与人之间的一种社会关系，社会关系的结构由主体、主体间的关系、主体间关系的目的构成。主体是人，主体间关系是某种规范，主体间关系的目的是人们所追求的利益载体。人们发生社会关系的基础是利益，利益的根本是生存条件，因为利益，人们组成社会，建立了各种各样的社会关系，形成了社会关系的结构。法律关系包含于社会关系之中，与社会关系同构。法律关系由法律关系的主体、内容和客体构成。

一、法律关系的主体

（一）法律关系主体的概念和种类

法律关系的主体是法律关系中享有权利和承担义务的人。在我国，法律关系的主体如下。

1. 公民或自然人

公民包括中国公民、外国公民和无国籍人。不同的公民可以参加哪些法律关系取决于特定法律关系的要求。例如，外国公民可以成为我国民事法律关系主体、行政法律关系主体和刑事法律关系主体，而不能成为选举法的主体、兵役法的主体等。

2. 法人和非法人组织

法人组织可分为企业法人、事业法人、社团法人和国家机关法人，也可分为中国法人和外国法人。这些法人可以成为哪些法律关系的主体，取决于具体的法律关系的要求。

非法人组织包括企业组织、事业组织和社会团体。

（二）法律关系主体的条件

社会关系主体的法律化，是通过确定社会关系主体的法律人格实现的，具有法律权利能力和法律行为能力是社会关系主体转变为法律关系主体的条件或资格。

1. 法律权利能力

法律权利能力是指一个人作为法律关系主体的能力，也即作为权利享有者和义务承担者的能力（或资格）。① 它是法律关系主体实际取得权利、承担义务的前提条件。

（1）公民是法律关系的最普遍的参加者。任何公民参加法律活动都是以法律权利能力为法律依据的，法律权利能力历来是法律关系主体制度的核心内容。公民的法律权利能力可以从不同角度进行分类。以民事权利能力为例，根据享有法律权利能力的主体范围不同，公民的民事权利能力可以分为一般权利能力和特殊权利能力。前者又称基本的权利能力，是一国所有公民均具有的法律权利能力，它是任何人取得公民法律资格的基本条件，不能被任意剥夺或解除。特殊权利能力，是指公民在特定条件下具有的法律资格。这种资格并不是每个公民都可以享有的，而只授予某些特定的法律主体。如《中华人民共和国婚姻法》（以下简称《婚姻法》）第 6 条规定，结婚年龄，男不得早于 22 周岁，女不得早于 20 周岁。这条规定是对公民结婚的民事权利能力的限制。

（2）法人作为法律关系主体的产生远远晚于自然人。由于交易或者特殊使命的需要，法律需要给一个法人以人的私法地位，团体人格由此产生。但是，法人不同于自然人，法人的权利能力与公民的权利能力不同。一般来说，法人的权利能力自法人成立时产生，至法人解体时消灭。其范围是由法人成立的宗旨和业务范围决定的。

2. 法律行为能力

社会关系主体具有权利能力还不能成为法律关系的主体，社会关系主体在权利能力基础上享有的权利和承担的义务还需要用法律行为能力予以成就。法律行为能力是社会关系主体能够以自己的意志、通过自己的行为享有权利和权力及承担义务的能力。

公民的法律行为能力是公民的意识能力在法律上的反映。确定公民有无法律行为能力，其标准有二：一是能否认识自己行为的性质、意义和后果；二是能否控制自己的行为并对自己的行为负责。

公民的法律行为能力问题由法律予以规定。世界各国的法律一般都把本国公民划分为完全行为能力人、限制行为能力人和无行为能力人。

法人组织也具有行为能力，但与公民的行为能力不同。法人的行为能力和权利能力是

① 卡尔·拉伦茨．德国民法总论［M］．邵建东，译．北京：法律出版社，2003：119－120.

同时产生和同时消灭的。法人一经依法成立，就同时具有法律权利能力和法律行为能力，法人一经依法撤销，其法律权利能力和法律行为能力就同时消灭。

法律权利能力是法律行为能力的基础，没有法律权利能力就不可能有法律行为能力，有法律行为能力就一定有法律权利能力。法人与非法人组织的法律权利能力和法律行为能力是统一的，自然人的法律权利能力和法律行为能力是分开的，有法律权利能力不一定有法律行为能力，也可能一生都没有法律行为能力。

二、法律关系的内容

法律关系的内容就是法律关系主体之间的法律权利和法律义务。它是法律规范在实际的社会生活中的具体落实，是法律规范在社会关系中实现的一种状态。法律权利义务是对社会关系主体之间利益关系的法律抽象，抽象为社会主体之间的由权利义务规定的行为关系，即社会主体之间的利益关系转化为法律上的权利义务关系。

作为法律关系的内容，法律权利的行使和法律义务的履行都是有限度的。

（一）权利行使的界限

对权利作适当的限制是完全必要的，严格来讲，限制是法律为人们行使权利确定技术上、程序上的活动方式及界限。这种限制以保障为前提，限制是为了更好地保障。权利不是绝对无限制的，同样，法律也不能绝对无限制地剥夺或取消人们的权利。这里的限制应当有一个适度的平衡。

（二）义务履行的界限

像权利行使有限度一样，法律关系主体的义务的履行也是有限度的。要求义务人作出超出“义务”范围的行为，同样是法律所禁止的。

义务的限度具体表现在以下方面：(1) 实际履行义务的主体资格的限制。例如，某人虽然按照法律应承担义务，但由于其不具备履行义务的行为能力，则权利人不得强迫该义务人履行义务。(2) 时间的界限。义务在大多数情况下是有一定的时效或时间界限的，超过了时效或时间界限，义务就不复存在。(3) 利益的界限。在权利和义务的资源分配上，权利人不可能永远无限制地享有社会的利益，义务人也就不可能永远承担社会的不利和损害。

三、法律关系的客体

（一）法律关系客体的概念

法律关系客体是权利义务所指向的对象。权利义务是人们之间利益关系的法律抽象，是人们之间利益关系的法律形式。这些利益，从形态上可以分为物质利益和精神利益、有形利益和无形利益、直接利益和间接利益；从主体关系上可以分为国家利益、社会利益、企事业单位等社会组织的利益和个人利益。这些利益是人们之间发生权利义务的根源和目的，是形成法律关系的社会基础，是权利义务指向的对象，从而构成法律关系的客体。

（二）法律关系客体的种类

法律关系客体是一个历史性概念，在不同的社会发展时期，法律关系客体的类型、范围存在着差异。现代法律关系的客体主要有以下几种。

1. 有形物

有形物是指物的价值与物质形态相统一的物，包括自然物和人造物，通常被称为有形资产。自然物有土地、山川、江河湖海、森林、野生动物及人体器官和组织等；人造物有农业生产物、工业生产物、生物生产物和电子生产物等。

2. 无形物

无形物是指物中的价值与物质形态不相统一的物，包括哲学政治思想、文学艺术创作、科学技术发明创造、商业和文化标识等，其物质载体（书本、砖石、胶片、磁盘、纸墨、木板等）所反映的价值不是物质载体本身的价值（有时甚至被忽略），而是物质载体所蕴含和反映的人类精神活动的价值，通常被称为精神产品、智力成果、无形资产。

3. 行为

当行为成为履行义务、实现权利的媒介时，这样的行为就构成了法律关系的客体，以区别于法律关系的内容。如装修房屋的行为、邮递信件的行为等。

四、法律事实

参考案例

王某与李某系大学同班同学且为好友。一天，李某主动约王某周末去看电影。到了周末，王某乘车至电影院门口等候李某。但李某突然改变主意，直到电影散场也没有出现。为此，王某非常不满，提出要与李某“绝交”。

问题：两人的“绝交”事件是法律事实吗?

提示：社会生活中各种事件与行为复杂多样，并非所有的事件或行为都能引起法律关系产生、变更或消灭。在这个生活事例中，尽管李某存在“背信弃义”的行为，但该行为本身显然不能引起任何法律关系的产生、变更或消灭，即没有法律上的意义，因而不是法律事实。

法律关系是统治者把需要法律调整的社会关系，通过国家意志转化为法律上的权利义务关系，是被国家意志法律化的社会关系。法律的目的是通过调整人们的行为，实现对社会关系的调整，建立有利于统治者的国家和社会秩序。抽象的法律关系必须转化为具体的法律关系，才能实现法律的作用、目的和要求。

法律事实是由法律规定的，能够使抽象的法律关系转化为具体的、客观存在的法律关系的媒介或原因，包括法律事件和法律行为。

法律事件是指不以当事人的意志为转移、能够引起具体法律关系产生、变更和消灭的客观事实，包括自然事件和社会事件。自然事件有地震、泥石流、海啸等自然灾害，四季变化，人的生、老、病、死等自然过程。社会事件有社会革命、新法生效旧法废除等。

法律行为是指能够引起法律关系产生、变更和消灭的人的有意识的行为，包括合法行为和违法行为。合法行为是指行使权利符合法律规定的行为，即权利的行使不得违反法律规定的义务。因此，行使权利的同时也就是在履行法律义务。合法行为就是符合法律义务要求的行为，违法行为就是违反法律义务要求的行为。

【思考题】

1. 什么是法律关系？法律关系的主体有哪些？
2. 法律关系的客体有哪些？
3. 什么是法律事实？

【讨论与互动】

请讨论：一名17岁的学生早上从家里出发乘公交车到学校上学，这一路上可能会发生多少种法律关系？

【推荐书目】

沈宗灵．法理学［M］．3版．北京：北京大学出版社，2009.

第九章　法律行为

【本章导读】

法律行为自产生至今已有数百年的历史。本章将对法律行为的概念、特点、构成要素及种类这些基本的理论问题进行系统的阐述。法律行为作为实体，是从一般行为中分化出来的特殊行为。法律行为是指一切具有法律意义的行为，也就是能使法律关系产生、变更和消灭的，能以人的主观意志为转移的行为。法律行为在法律和法学研究中具有特别重要的意义。美国著名法学家劳伦斯·弗里德曼认为："我们一直花费很多时间研究法律规则及其结构，以制定和执行规则。但需要强调指出，法律系统并非仅指规则及其结构……在任何法律系统中，决定性的因素是行为，规则不过是一堆词句，结构也不过是被遗忘的缺乏生命的空架子。除非我们将注意力放在被称为法律行为的问题上，否则就无法理解任何法律系统，包括我们自己的法律系统在内。"

【学习目的】

掌握法律行为的概念、特点、构成要素以及种类。

第一节　法律行为概述

参考案例

一个由5人组成的探险小组正在一个山洞里考察，洞口突然崩塌，还好，探险小组可以用手机和外面联系。救援队、地质专家和生理专家马上赶来，经过测量和研究，地质专家告诉被困在洞内的探险人员，打开洞口需要10天的时间。探险人员问外面的生理专家，他们没有带任何食物，能够活多少天，生理专家回答最多7天。洞里的人又问：如果杀死其中的1个人，其他4个人吃死者的肉，能够活到洞口被打开吗？生理专家极不情愿地说是。这以后，洞里的人就再也没有和外面联系了。第 10 天，洞口被打开，有 4 个人还活着。原来，这 5 个人在洞内进行了抓阄，4 个幸运者将抽到死签的那个人杀死，并把他的肉给吃了。这 4 个人身体恢复后，被送到了法庭上，几个不同派别的法官展开激烈的争论。信奉实证法学的法官认为，法律应严格遵循条文，不应有特例，只要是故意杀人，就应该问罪；信奉自然法学的法官则认为，探险人员被困在山洞里，与外界隔绝，不应再适用人类社会的法律，而应根据自然界“物竞天择、适者生存”的法则，也就是他们吃掉同伴和我们平时吃其他的动物一样，不应该问罪；而信奉社会法学的人则认为，这个案子应该听听社会民众的意见，不妨搞一个民意调查，看看大多数人的意见怎么样……

资料来源：彼得·萨伯．洞穴奇案．陈福勇，张世泰，译．北京：生活·读书·新知三联书店，2012.

问题：不必考虑不同法学学派之间的争论，考虑一下在与世隔绝的环境下，4 名吃人者的行为是不是法律行为？如果认为是法律行为，5 名被困者一致同意进行抽签进而按照抽签结果决定生死，应怎样用法律解释？

提示：对照下文法律行为具有的特点，分析 4 名吃人者的行为是否属于法律行为。如果认为是法律行为，按照本章第二节所述的法律行为的构成要素进行解释。

一、法律行为的概念

法律行为是指一切具有法律意义的行为，也就是能使法律关系产生、变更和消灭的，能以人的主观意志为转移的行为。法律行为作为实体，是从一般行为中分化出来的特殊行为，作为范畴是一个组合概念，“法律”是对“行为”的限定。要理解法律行为，需要从分析一般行为开始。人的行为与大自然的“运行”不同，与动物的“动作”也不同，根本的区别在于人的行为是在一定目的、欲望、意识、意志支配下的活动，是受思想支配而表现在外面的活动，是可受意志所控制的、与环境和结果发生联系的身体活动。

中文的“法律行为”一词始于日本学者。日本学者借用汉字中的“法律”和“行为”两个词，把德语 Rechtsgeschaft（由“Rechts”和“Geschaft”组成）译为“法律行为”。由于德语中 Rechts 兼有“公平”“合法”等意思，所以法律行为的原初语义是合法的表意行为。在民法学中，“民事法律行为”大都是在这种意义上，即作为“合法表意行为”的等值概念使用的。在一般的法学理论论著中，“法律行为”是一个包括一切有法律意义和属性的行为的广义概念和统语，不限于狭义的合法的表意行为。

二、法律行为的特点

（一）社会性

法律行为作为人的活动，社会性是其首要的特征。法律行为的社会性可从以下几个方面理解：

（1）人与动物的根本区别之一在于人的行为是社会的产物，即受社会环境和社会关系的制约，是从社会习得的，而不仅是自然的禀赋。自然只赋予人物理学或生物学意义上的行动能力——与生俱有、不学即会的行动能力。社会则赋予人社会学意义上的行为。正是

在社会学意义上，人的行为区别于动物的条件反射。

(2) 人在其现实性上是一切社会关系的总和，行为是社会关系的创造者。

(3) 人的行为是社会互动行为，即引起他人行为的行为。不管行为者的主观意图如何，其行使权利、履行义务或违反义务的行为必然伴随着他人的相应的行为，为了达到某种共同的目的而互相配合、彼此协助，或为了某种有限的同一目标而竞争、冲突、斗争。正因为法律行为的社会互动性，使其成为引起法律关系产生、变更、消灭的法律事实。

(4) 法律行为是其他社会行为的形式或一个方面。如同法律关系不是一种独立的社会关系一样，法律行为也不是一种独立的行为。它往往与其他社会行为交织在一起，并作为其他社会行为的形式或一个方面而存在。在社会中，可以有非法律性质的经济、政治、文化行为，而不存在非经济、非政治、非文化的法律行为。

(5) 受社会规范的制约。人的行为不仅受生理、心理机制的作用，而且受社会规范的调控，从而使其保持一定的社会倾向性。

(二) 法律性

法律性是法律行为区别于一般社会行为的根本特征。法律行为的法律性可以从以下几个方面理解：

(1) 法律行为是由法律规定的行为。一个行为只有在法律规范所决定的范围以内才能成为法律行为。由法律规定的行为既包括国家希望发生的行为（合法行为），也包括国家不希望发生的行为（违法行为）。

(2) 法律行为是发生法律效果的行为。所谓法律效果，一方面，指它能够引起人们之间权利义务关系的产生、变更或消灭。另一方面，它是受到国家承认、保护、奖励的行为（合法行为），或是受到国家否定、取缔、惩罚的行为（违法行为）。那些国家可以不管不问的行为，不属于法律行为之列。当然，法律效果可能是行为人意识到的，也可能是未意识到的；可能是其意志指向的，也可能是违背其初衷的。

(3) 法律行为是法律现象的组成部分。法律现象不仅是法律规范，还包括使法律规范由抽象到具体、由书本上的规定到现实实践的行为。

(三) 可控性

法律行为都是可以控制的行为，既可以受到法律的控制，又能够受到个人的自我控制。法律行为之所以可以控制，是因为：

(1) 法律意义上的行为都是有规律的。行为动机的出现，行为的发生，行为的路线、方法，行为的预期效果，乃至行为的环境，都是有一定规律性或必然性的。那种毫无规律的行为（动作）是不可能由法律控制的。科学的法律规范正是依据人们对行为规律的认识而对行为实施控制。

(2) 法律行为具有意志性，即法律行为是受人的意志所支配，有意识、有目的地作出的。人的意志是直接由行为者控制，并可以间接受到法律规范控制的。行为的可控制性意味着是行为者自己“志其所行，行其所志”。意志性是人的行为之所以区别于动物对外界的机械反射的根本。正是通过意志的表现，行为获得了人的行为的性质。

(四) 价值性

法律行为的价值性在于：

(1) 法律行为是基于行为人对该行为的意义的评价而作出的。一个行为只有当它被认为是有价值的，即行为人认为是有利的，才能由行为人实施。

（2）法律行为是以需要为机制的，由行为人的需要所推动或引发。

（3）法律行为是一种对象性实践活动，体现了主体与客体的关系。从认识论上，法律行为是对客体的认识和改造，是对客观规律的认识与运用。从目的上，行为者之所以要认识和改造对象，是为了满足某种需要，实现某种利益。

（4）法律行为是一定社会价值的载体，人们可以用善恶、好坏、利害等范畴进行评价。

第二节　法律行为的构成要素

法律行为的构成要素，也可以称为法律行为的确认要件，即一个现象能够被认定为法律行为的各种条件。在法学，特别是刑法学中，对一个行为构成要素的分析往往从四个方面进行，即主体方面、主观方面、客体方面和客观方面。

一、法律行为的主体方面

一般来说，一个适格的法律行为主体必须同时具有相应的权利能力和行为能力。

所谓权利能力，即行为人所具有的作出某种行为的法律资格。从一定意义上讲，权利能力也是一种权利。权利能力的有无，判断标准有二：一是主体生命处于存续状态；二是在某些具体情形中，主体还应具有一国国籍。

所谓行为能力，是指行为人能够通过自己的行为追求法律上的目的，并能够承担相应后果的能力，它主要取决于一个人的认知能力和意识成熟程度。就我国而言，能够作出法律行为的主体一般应年满 18 周岁且精神正常，某些特殊情形下的年龄限制由不同的法律进行特殊的规定，例如合法婚姻的年龄限制为男 22 周岁、女 20 周岁，已满 8 周岁不满 18 周岁的人可以进行部分法律行为，劳动关系的缔结要求至少年满 16 周岁等。与行为能力相关的还有另一个概念，即责任能力（自己承担行为之法律后果的能力）。我们认为，责任能力是行为能力的逻辑构成部分，即一个人有相应行为能力，则必定具有责任能力。

二、法律行为的主观方面

如前所述，法律行为是一种受主体意识支配作出的行为，即法律行为的主观方面必须体现为“受主体意识支配”。在法学上，一般用如下三个方面衡量“受主体意识支配”：

（1）该行为出于主体的内在需要，受主体动机支配、驱动。一般来说，一个完全没有意识的行为，如行为人的呼吸，不属于法律意义上的行为。

（2）行为人对自己的行为及其后果具有法律意义上的认知能力。举例而言，甲开车在高速公路上行驶，撞死了一个突然从天上掉下来的跳伞爱好者。在这个案例中，甲显然不可能预见、认知到自己的合法驾驶行为会导致一个生命的死亡，因此不属于法律行为的范畴，而是典型的意外事件。“法律意义上的认知能力”，即普通人在当时的情形中对其行为及后果是否有认知能力。

(3) 行为人对自己的行为具有法律意义上的实际控制力。有时候，从表面上看，一个行为确系出于行为人的主观需要，并且行为人也对其行为有清晰的法律认知，但由于该行为并非行为人可以主观控制的，因而不属于法律行为的范畴。例如，乙很想赚钱（内在需要），也很清楚在酒里下毒可以将他人毒倒，并可以获取该人身上的钱财（法律认知），然而，乙下毒的行为是另一人摁住其手进行的。在此种情形中的下毒动作，不属于乙作出的法律行为。

三、法律行为的客体方面

所谓法律行为的客体，即法律行为的作用对象，可以从两个方面予以界定：

(1) 法律行为的直接客体，即法律行为所直接指向、作用的对象。例如，货币就是一个借款行为的直接客体。

(2) 法律行为的间接客体，即法律行为所指向的一种社会关系。例如，抢劫行为所指向、侵犯的就是他人的财产所有权关系。

一般来说，法律行为的客体应是合法的，即受法律认可和保护的对象。那么，非法事物能否成为法律行为的客体？这是一个比较复杂的问题，我们认为，就一般情形而言，合法行为的客体应是合法事物、关系，非法行为的客体则可能是非法的。

四、法律行为的客观方面

（一）内容方面

一个适格的法律行为就其内容来看，必须具备三个要件，即外在的行为、后果以及该行为与后果之间的必然关联。在前文关于法律行为的界定中，我们已经明确法律行为必须具有外显性，主体的任何心理活动都不应构成法律行为；并强调了它必须指向他人行为，即它必须产生一定的效果：或者直接引起了他人的反应（如向他人发出合同要约，别人给予了承诺），或者使他人进入了一种随时可能作出反应的状态之中（如已经通过邮局向他人发出合同要约，但该他人还没有作出反应）；所谓行为与后果的必然关联，是指行为人的行为与一定的后果间存在可被科学、理性认知的逻辑关联，并且往往是直接关联。

（二）形式方面

法律作为一种行为规范，与其他行为规范（如道德、习惯）之间的一个明显差别是，法律是一种讲求高度程序性、形式性的行为规范。对法律来说，一个被其认可、保护的行为必须符合一定的形式、程序。一个适格的法律行为必须符合法律规定的形式要件。以我国为例，不动产的交易就必须履行登记程序、诉讼活动及其结论的作出必须以合法的形式进行等。

参考案例

××××年3月30日中午，李女士与同学王某在天津市××影院看电影，散场时拾得一个公文包，内有现金、存折、个人图章等，价值约80万元人民币。失主朱某在向派出所报案的同时，先后在《今晚报》（4月4日和4月5日）和《天津日报》

（4月7日）刊登寻包启事，其中许诺对归还者“重谢”。失主朱某又于4月12日在《今晚报》刊登寻包启事，其中有“……一周内有知情送还者酬谢15 000元……”等内容。4月15日，李女士的丈夫等人与朱某交割公文包时发生争执，被联防队带到派出所。朱某取回公文包并拒付酬金。

问题：朱某刊登启事的行为应该如何认定？本案应该如何处理？

提示：按照现行的法律规定和理念，朱某悬赏启事的行为具备上述四个要素，构成要约；李女士的丈夫送还公文包的行为符合悬赏启事所确定的事项，双方之间形成一个合同关系，故朱某应当按照约定支付所承诺的报酬。

第三节 法律行为的种类

我们可以从不同的角度，以不同的标准对法律行为进行不同的分类。

一、以是否合法为标准分类

以是否合法为标准，法律行为可以分为合法行为和非法行为。所谓合法行为，从形式上看，即符合法律要求或至少不违背法律明文禁止的法律行为；从实质角度看，即有益于社会或至少是无害于社会的行为。具体说来，合法行为又可以分为禁令的遵守、积极义务的履行、合法权利的享有等。非法行为是指行为人所实施的违背法律要求，被法律否定、制裁的行为。

参考案例

2005年10月22日，画家何某某脱光衣服走进尼亚加拉大瀑布上游的河流，离尼亚加拉大瀑布只有不足百米。他原准备在河水中待上24个小时，但不久即被尼亚加拉公园的警察逮捕。在美国、英国、法国等西方国家，裸体的行为艺术并不鲜见，甚至上千人的裸体游行也没有被官方否定。为什么何某某却因为行为艺术而被警察逮捕呢？

2014年2月，海南省三亚市发布了《关于禁止在公共场所裸泳、裸晒的公告》和《三亚市公安局关于坚决打击在公共场所裸泳、裸晒行为的通告》，多部门加大对大东海公共沙滩裸浴、裸晒行为的宣传劝阻，安排警力进行全天无缝隙值守，实施常态化管理，并计划安装监控摄像头和喇叭，以对裸泳、裸晒者进行取证和劝阻。对于不听劝告违反规定者，将依照相关规定进行处罚。但毋庸置疑的是，在自己家中裸体是不被禁止的。

问题：对于裸体行为，如何判断其是合法行为还是违法行为呢？

提示：从这两个案例可以看出，同样是裸体行为，因为在不同的环境（私人领域或公共领域）、有不同的社会影响（无碍他人或妨碍他人），而有不同的法律评价（允许或禁止），因此，应依据具体情况分析是合法行为还是违法行为。从法律角度来看，对于裸体行为来讲，艺术行为和其他不良行为比较难以区别，一般在公共场合都不会被接受。约定俗成是，如果是自己的事情，哪怕轻微地违反道德，那也没有太大关系。但如果在公共场所，有碍观瞻，恐怕就要受到道德和法律的双重约束。

二、以行为主体为标准分类

以行为主体为标准，法律行为可以分为个人行为、集体行为和国家行为。个人行为是自然人（包括公民和外国人、无国籍人）作出的法律行为；集体行为是由公司企业、人民团体等主体作出的法律行为；国家行为是由一定的国家机关代表国家行使权力、履行职责的行为，典型的如立法行为、行政执法行为等。

在一个法治社会，就个人行为而言，只要法律没有明文禁止就具有合法性；对国家行为而言，必须是法律明文授权，并且必须遵循一定的法定程序才具有合法性；对集体而言，必须符合依法备案的组织章程的要求才具有合法性。

三、以法律行为所涉及的领域为标准分类

以法律行为所涉及的领域为标准，法律行为可以分为公法行为和私法行为。公、私法的划分由古罗马学者提出。在古罗马，公法涉及罗马帝国的政体，私法则涉及个人利益，这就是说，公法涉及的主要是权力行使以及国家社会公共利益的法律，典型的如行政法、刑法等；私法涉及的是公民个人权利的行使以及私人利益的法律，典型的如民法、商法等。公法行为是指根据公法作出的、主要涉及公共利益的法律行为；私法行为是根据私法作出的、主要涉及私人利益的法律行为。

公、私法的划分只具有相对的意义，就某些法律而言，很难将它单纯地划分为公法或私法，最典型的如民事诉讼法：一方面，它涉及的利益主要是私人性质的；另一方面，它又主要是用来规范公权力（民事审判权）行使的法律。也正是在这个意义上，我们并不赞成所有法律要么属于公法要么属于私法的观点。

四、以行为的表现形式为标准分类

以行为的表现形式为标准，法律行为可以分为积极行为和消极行为。积极行为在法学上也称为“作为”，即主体所主动采取的可以对客体产生直接改变之效果的行为；消极行为也称为“不作为”，即主体不需要直接作出具体行为但却可以产生法律上后果的“行为”——这里之所以给“行为”加上引号，是因为从生物学的角度看，其实主体在此种情形中并没有任何举动，但这种“没有任何举动”恰恰具有法律意义、法律后果。

举例说来，前者如行政执法机关看到有人在斗殴而作出的制止、处罚行为；后者如行政执法机关在接到报警后，却不作出任何行动，怠于行使其职责。在这两个例子中，行政执法机关的“制止”“处罚”显然是主体所采取的一种可以直接改变其效果的行为——它使斗殴者不能再斗殴，并且剥夺了斗殴者的相关权益；而行政机关怠于行使职权的行为则属于典型的“没有任何举动”，由于他人报警在先并且其又正好具有相关职责，因此，行

政机关的这种怠于行使职权的“行为”也就具有法律行为的意义。

五、以行为是否必须符合一定法定要件为标准分类

以行为是否必须符合一定法定要件为标准，法律行为可以分为要式行为和非要式行为。要式行为，是指必须符合一定之法律程序和法定外在表现形式的法律行为，典型的如各种登记行为：一个成立婚姻的行为必须到国家民政机关履行登记程序方为有效；一个不动产交易行为必须到相关部门登记方为有效；一个公民必须到选举机构进行选民登记才可以参与投票等。非要式行为，是指无须特定形式或程序即能成立的法律行为。

以上介绍了五种法律行为的分类。当然，还可以从其他角度对法律行为进行分类。例如，从行为是否需要合意的角度，可以将法律行为分为单方行为和多方合意行为；从行为是否必须具有意思表示的角度，可以将法律行为分为表意行为和非表意行为；从行为是否由利益主体自己直接作出的角度，可以将法律行为分为自己行为和代理行为；从行为本身是否具有独立性的角度，可以将法律行为分为主行为和从行为等。

【思考题】

1. 简述法律行为的概念以及构成要素。
2. 法律行为的种类有哪些？
3. 法律行为是指合法行为吗？

【讨论与互动】

今天你“拍”了吗？“拍客”一族的存在是否合法、合理？

在许多城市有很多自发的“拍客族”，他们奔走在大街小巷，用手中的DV记录下这个城市的美和丑，用心感受着这个城市的人情冷暖；他们或者因为兴趣爱好，或者因为自己的理想，或者只是为了记录而记录。他们拍摄各种不文明行为，有的放到网上曝光，用他们自己的话说：“我是人到哪儿，拍到哪儿。这些记录，在需要的时候，我会拿出来为文明举证。只要到哪里碰到看不过去的，都拍下来，再曝光他们。”而在拍摄过程中，由于经常有风险，所以，有的人随身带了防身电棍，只要别人敢胡来，就会掏出来自卫。请讨论：“拍客”拍摄他人“不文明”的行为再加以曝光，这是法律行为吗？怎样评价他们的行为？

【推荐书目】

1. 宋炳庸．法律行为基础理论研究［M］．北京：法律出版社，2008.
2. 维尔纳·弗卢梅．法律行为论［M］．迟颖，译．北京：法律出版社，2013.
3. 窦海阳．论法律行为的概念［M］．北京：社会科学文献出版社，2013.

第十章　法律的体系结构

【本章导读】

以往的法理学教材习惯于把有关法律的体系内容分述在不同章节中，本章把全部有关法律体系的内容逻辑化为法律的内容体系和法律的形式体系，并概括为法律的体系结构。法律的内容体系包括部门法体系和法律的历史类型。在我国，部门法体系由宪法、行政法、刑法、民法商法、经济法、社会法、诉讼法构成，七大部门法可以被划归为公法、私法、社会法三大法域。法律的形式体系包括法律的体例形式、法律渊源、法律的系统化形式和法系。

【学习目的】

了解法律体系的分类；掌握法律的效力形式和部门法体系，尤其是我国当代部门法体系。

第一节　法律的内容体系

【小链接】

在保护人身权利方面，我国《宪法》第37条规定，中华人民共和国公民的人身自由不受侵犯。任何公民，非经人民检察院批准或者决定或者人民法院决定，并由公安机关执行，不受逮捕。禁止非法拘禁和以其他方法非法剥夺或者限制公民的人身自由，禁止非法搜查公民的身体。

我国《刑法》规定了故意杀人罪、过失致人死亡罪、故意伤害罪、过失致人重伤罪等。

《中华人民共和国国家赔偿法》（以下简称《国家赔偿法》）第3条规定，行政机关及其工作人员在行使行政职权时有下列侵犯人身权情形之一的，受害人有权取得赔偿的权利：(1) 违法拘留或者违法采取限制公民人身自由的行政强制措施的；(2) 非法拘禁或者以其他方法非法剥夺公民人身自由的；（3）以殴打、虐待等行为或者唆使、放纵他人以殴打、虐待等行为造成公民身体伤害或者死亡的。……

我国《民法总则》第 111 条规定：自然人享有生命权、身体权、健康权……。《民法总则》第 119 条规定：侵害公民身体造成伤害的，应当赔偿医疗费、因误工减少的收入、残废者生活补助费等费用；造成死亡的，并应当支付丧葬费、死者生前扶养的人必要的生活费等费用。

同是保护人身权利，为什么不用同一部法律保护？这是不是资源浪费？上述五部法律保护的程度、效力、内容一样吗？为什么？对同一行为可由若干法律调整，你认为对吗？对于这个问题，可以根据下文所讲述的部门法划分的标准，从法律调整的社会关系和调整方式来加以分析。

根据法律的内容类型，法律的内容体系可划分为部门法体系和法的历史类型。以下主要介绍部门法体系。

一、部门法体系的概念

部门法体系也称法律体系，是指按照一定的标准和原则把一国全部现行法律规范划分为不同的法律部门（也称部门法）而构成的法律体系。部门法体系是由若干部门法构成的法律体系，划分部门法的对象是法律规范，法律规范对应的是其调整的社会关系。部门法是由使用同一调整方法、调整方式调整某一社会关系的法律规范构成。

二、划分部门法的标准

关于划分部门法的标准，我国法学界的主流观点是把法律的调整对象和调整方法作为划分部门法的标准，并以调整对象为主、调整方法为辅。我们认为划分部门法的标准，一是法律的调整对象，二是法律的调整方式。

法律的调整对象是社会关系。法律规范所调整的社会关系不同，调整同一社会关系的法律规范构成一个相对独立的部门法。显然，对社会关系的划分直接决定了对部门法的划分。不同的学科，对社会关系有不同的划分，就我国法学界而言，一般以马克思主义的历史唯物主义为基础，把社会关系划分为经济基础和上层建筑两个部分，经济基础是指经济关系，上层建筑包括政治关系和意识形态关系。然而，这样划分类型化部门法不具有识别性，因此，需要进一步把社会关系特定化为财产关系、人身关系、政治关系和社会关系，以符合类型化部门法的要求。纵观人类社会的法律，无不是规范、维护一定历史条件下的社会财产关系、人身关系、政治关系和社会关系。财产关系包括横向的财产关系和纵向的财产关系；人身关系包括自然人的人身安全以及自然人与其他社会主体以特定精神利益为内容的社会关系；政治关系包括国家权力的归属及如何行使；社会关系包括教育、医疗卫生等社会保障、福利、救济方面的社会关系。事实上，对某一社会关系的调整不是由一种法律规范实现的，而是由若干法律规范、运用不同的调整方式完成的。因此，仅凭调整对象还无法类型化部门法，还需要结合调整方式完成对部门法的划分。

在调整方式上，对社会关系主体的权利、义务的设定方式分为强制性规定和任意性规定。强制性规定是指社会关系主体间权利、义务由法律明确规定；任意性规定是指社会关系主体间的权利、义务可由当事人依法自主设定。以调整对象为基础，结合调整方式才能有效地类型化部门法，形成层次清晰、界限分明、逻辑完整的部门法体系。

在完成类型化部门法的基础上，依据部门法的调整内容，部门法被进一步划分为实体法和程序法；依据调整对象、调整方式，部门法被划分为公法、私法和社会法三大法域，从而形成部门法的完整体系。

三、我国当代部门法体系

中国特色社会主义法律体系，就是指适应我国社会主义初级阶段基本国情，与社会主义的根本任务相一致，以宪法为统帅和根本依据，由部门齐全、结构严谨、内部协调、体例科学、调整有效的法律及其配套法规所构成，保证我们国家沿着中国特色社会主义道路前进的各项法律制度的有机的统一体。

法律体系的构成涉及它所包含的法律范围。这是从法律体系的纵向上分析。我国的法律体系是以宪法为统帅，以法律为主干，同时包括行政法规、地方性法规、民族区域自治地方的自治条例和单行条例等规范性文件。我国的部门规章和地方规章虽也具有泛义上的法律效用，但并不包括在这一体系内。

法律体系的构成还涉及法律分类的问题。这是从法律体系横向上分析。全国人大常委会根据我国立法工作的实际需要，将我国的法律体系划分为 7 个法律部门：宪法及宪法相关法、行政法、刑法、民法商法、经济法、社会法、诉讼法。每类法律部门中又包括若干子部门，有些子部门下面还可以进一步划分。

（一）宪法部门

作为部门法的宪法，是规定国家和社会的根本制度，调整公民与国家和社会基本关系以及国家机关的地位、组织和活动原则等重大社会关系的根本法，尤其是作为宪法部门法中的上位法，我国《宪法》对社会关系的调整具有概括性、抽象性。我国《宪法》调整了所有的社会关系，这是概括性；我国《宪法》调整的是所有社会关系中重要的、基本的社会关系，这是抽象性。在调整方式上，我国《宪法》明确规定了社会关系主体的基本权利（力）和义务，但没有规定责任形式，因此难以对宪法规范的行为实行具体的、特定的调整，只能由其他部门法予以实现。

部门法是由上位法和下位法的层级结构组成，宪法的下位法主要有：关于国家主权及其标志的法；特别行政区基本法；民族区域自治法；选举法和代表法；国家机构组织法；立法法和人大议事程序法；居民、村民自治法；法官法和检察官法；公民基本权利保障法等。

宪法作为一个法律部门，在当代中国部门法体系中具有特殊的地位，是整个部门法体系的基础。它不但反映了当代中国法的本质和基本原则，同时涵盖了其他部门法的调整对象和调整原则。

（二）行政法部门

行政法部门是规范和调整国家行政关系的法律规范的总和。行政关系是因行政权力的授予、行使以及对行政权力的监督而形成的各种社会关系，尤其是行政权与其他国家机关的权力和个人权利之间所发生的社会关系。行政法主要包括行政管理体制，行政管理基本原则，行政机关的活动方式方法、程序以及有关国家机关工作人员的法律规范。

行政权力涉及国家和社会生活的方方面面，行政法部门的上位法是一般行政法，下位法是特别行政法。上位行政法规定调整一般行政关系，即因设定、行使、监督行政权力而形成的基本行政关系，主要包括行政组织法、公务员法、行政处罚法、行政程序法等。下位行政法规范调整行政职能部门的具体行政关系，包括实现国家的经济职能、政治职能和社会职能所产生的行政关系。

行政法法律关系主体间的权利和义务是由法律明确规定的，其标志性的法律责任形式是限制人身自由和财产自由。

（三）刑法部门

刑法部门是规定犯罪以及如何惩罚犯罪的法律规范的总和。刑法调整所有法律关系中严重的违法行为，即所有法律关系中违反刑法的行为。刑法调整的社会关系不是纵向单一的，而是横向多元的，刑法的调整对象具有概括性。

刑法法律关系主体间的权利和义务由法律明确规定，其标志性的责任形式是限制人身自由、限制财产自由、限制言论自由。

刑法部门的调整对象没有明显的层级关系，我国当代刑法部门与刑法典是统一的。

（四）民法商法部门

这是规范社会民事和商事活动的基础性法律，我国采取的是民商合一的立法模式。民法是调整平等主体的自然人之间、法人之间、自然人和法人之间的财产关系和调整公民人身关系的法律规范的总和。民法是市场经济的基本法律，包括自然人制度、法人制度、代理制度、时效制度、物权制度、债权制度、知识产权制度、人身权制度、亲属和继承制度等。民法的调整方法主要是平等、自愿、等价、有偿、公平和诚实信用等。商法是民法中的一个特殊部分，是在民法基本原则的基础上，适应现代商事交易迅速便捷的需要发展起来的。商法调整的是自然人、法人之间的商事关系，主要包括公司、破产、证券、期货、保险、票据、海商等。

（五）经济法部门

迄今为止，世界各国对经济法没有统一的认识。第二次世界大战后的“凯恩斯革命”“罗斯福新政”反映了要求国家对私人经济的干预的历史要求。经济法就是基于国家直接干预经济而形成的法律，是在民法的基础上对传统的“自由原则”加以限制，成为兼有公法和私法性质的法律。由此形成的经济法部门，是针对自由放任的市场经济的“内在缺陷”。自由市场的内在缺陷削弱乃至消融价值规律、竞争机制对市场的积极作用，破坏市场经济秩序，这就要求国家对市场经济的自私性、盲目性、无序性进行规范、限制，以保护市场的优势，维护、巩固市场经济秩序，使商品生产和交换得以正常有效地进行，由此形成的反垄断法、反不正当竞争法和计划法构成经济法部门。

在我国，学界对经济法的认识一直存在分歧，主要体现在对政府管理经济职能的法律认识。政府管理经济的活动是方方面面的，从生产、分配到销售，从宏观到微观，都离不开政府的管理。其中维护市场经济秩序所形成的社会关系是经济法所调整的社会关系，维护市场经济秩序、保障价值规律和竞争机制发挥有效作用的法律规范构成经济法部门。经济法部门是维护市场经济秩序之法律规范的总和。

行政法律关系、经济法律关系中的双方是管理与被管理、命令与服从的关系。这是区别于民商法律关系的特点。经济法大体包含两个部分：一是创造平等竞争环境、维护市场

秩序方面的，主要是有关反垄断、反不正当竞争、反倾销和反补贴等方面的法律；二是国家宏观调控和经济管理方面的，主要是有关财政、税务、金融、审计、统计、价格、技术监督、工商管理、对外贸易和经济合作等方面的法律。

经济法法律关系主体间的权利和义务由法律明确规定。经济法部门没有标志性的责任形式，是通过刑事责任、行政责任和民事责任来惩罚、制裁经济法部门的违法行为。

（六）社会法部门

社会法部门同经济法部门一样，是基于自由市场经济的内在缺陷而产生的，经济法针对的是自由市场经济对价值规律和竞争机制的破坏，社会法针对的是自由市场经济对国家和社会关系的破坏。一方面，自由市场经济造成贫富两极分化，无视弱势群体的利益，导致阶级、阶层矛盾激化，社会动荡不安；另一方面，自由市场经济的逻辑必然牺牲社会公共利益，破坏人类的生存环境，其发展结果是市民社会的灭亡。这就为社会关系的法律调整提出了新的要求，形成了社会法的调整对象，产生了社会法。

社会法有广义和狭义之分。广义的社会法是指与公法和私法并列的第三法域，包括劳动法、经济法、社会法（狭义的）和环境保护法。显然，社会法的内容是针对消除自由市场经济的内在缺陷、维护市场经济秩序、保障弱势群体的利益、保护和发展社会公益、保护人类的生存环境而形成的法律规范。狭义的社会法是指保障弱势群体利益、增进社会福利的法律规范，主要包括社会保险、社会救助和救济、社会福利等方面。

九届全国人大第四次会议上将社会法界定为调整劳动关系、社会保障和社会福利关系的法律。十七大报告中提出了中国共产党的奋斗目标是“实现全面建设小康社会”，全面实现小康社会的内容是“五项新的更高要求”和“五个构成”，这为我国社会法建设提供了政策和理论依据。尤其是以改善民生为重点的社会建设，提出了优先发展教育、扩大就业、深化收入分配制度的改革、加快建立覆盖全体居民的社会保障体系、建立基本医疗卫生制度、完善社会管理、维护社会安定，为明确我国社会法的调整对象提供了依据。根据党的十七大报告，我国社会法属于狭义的社会法，属于部门法的范畴，包括对弱势群体的救济、权益的维护和保障、不断增进社会福利和社会公益。党的十八大报告提出，要统筹推进城乡社会保障体系建设。要坚持全覆盖、保基本、多层次、可持续方针，以增强公平性、适应流动性、保证可持续性为重点，全面建成覆盖城乡居民的社会保障体系。党的十九大报告明确提出，按照兜底线、织密网、建机制的要求，全面建成覆盖全民、城乡统筹、权责清晰、保障适度、可持续的多层次社会保障体系。

我国社会法的上位法迄今还没有制定，下位法有由《中华人民共和国劳动法》《中华人民共和国工会法》《中华人民共和国就业促进法》《中华人民共和国未成年人保护法》《中华人民共和国残疾人保障法》《中华人民共和国妇女权益保障法》《失业保险条例》等法律规范调整的弱势群体保护法；由《中华人民共和国义务教育法》《中华人民共和国食品安全法》《中华人民共和国药品管理法》《中华人民共和国传染病防治法》《中华人民共和国公益事业捐赠法》等法律规范调整的增进社会公益和社会福利的法。

社会法法律关系主体间的权利和义务既有法律明确规定的，又有当事人依法自主决定的。社会法部门无自身特定的责任形式，而是运用刑事责任、行政责任、民事责任制裁、惩罚社会法部门的违法行为。

（七）诉讼法部门

诉讼法部门是调整诉讼关系的法律规范的总和。我国诉讼法包括刑事诉讼、行政诉讼和民事诉讼。这方面的法律不仅是实体法的实现形式和内部生命力的表现，也是人民权利实现的最重要保障，其目的在于保证实体法的公正实施。

诉讼法部门的下位法主要有《中华人民共和国仲裁法》（仲裁和公证等属于非诉讼法）、《中华人民共和国海事诉讼特别程序法》等。

上述我国当代七大部门法，各自有其调整对象，其中宪法部门的调整对象和刑法部门的调整对象具有概括性，其余五个部门法的调整对象是具体的、特定的。在调整方式上，宪法部门、行政法部门、刑法部门、经济法部门、诉讼法部门所调整的社会关系主体之间的权利和义务关系由法律明确规定，民法商法部门主体间的权利和义务主要由当事人依法自主决定，社会法主体间的权利和义务既有法律明确规定，又有当事人依法自主决定。

除刑法部门、行政法部门和民法商法部门具有标志性的法律责任形式外，其他的法律部门通用刑法、行政法、民法商法部门的法律责任形式。

在划分上述七大部门法的基础上，依据部门法调整对象、调整目的和调整方式的共同特征，我国部门法还可以划分为公法、私法和社会法三大法域。一般认为，宪法部门、行政法部门、刑法部门、诉讼法部门要么调整纵向的社会关系，要么调整国家和社会整体的、公共的利益，因此归类为公法。民法商法部门以权利、义务调整横向的平等主体之间的私人财产关系和人身关系，因此归类为私法。社会法部门和经济法部门是针对消除市场经济内在缺陷的法律规范，既调整纵向的社会公共利益、维护市场经济秩序，又调整横向的私人利益，因此归类为社会法。

依据部门内容上的共同特征，我国部门法还可以划分为实体法和程序法。除诉讼法部门外，其他六大部门法是规定法律关系主体与特定利益相关的权利义务的法律，为实体法。诉讼法部门是规定如何实现实体权利义务的法律，为程序法。

至此，由七大部门法、三大法域、实体法和程序法构成了我国当代部门法完整的逻辑体系。

第二节　法律的形式体系

根据法律表现形式的类型，法律的形式体系包括法律的体例形式、法律渊源、法律的系统化形式和法系。

一、法律的体例形式

每一部门法所调整的内容在横向上具有相对的独立性，在纵向上具有属种关系。表现法律内容横向关系和纵向关系的形式构成了法律的体例形式。

（1）表现法律内容的完整体例形式由卷、编、章、节、条、款、项构成。卷、编、章、节、条、款、项是对法律调整内容在外延上的横向、级别分类。如《法国民法典》共有 3 卷、35 编、127 章、185 节、2 283 条。[①] 3 卷之间、35 编之间、127 章之间、185 节之间、2 283 条之间是横向关系，3 卷与 35 编之间、35 编与 127 章之间、127 章与 185 节之间、185 节与 2 283 条之间是纵向关系。

(2) 由序言、总则、分则、附则构成。序言不划分章、节、条、款，一般规定制定法律的历史背景、目的以及指导思想。总则、分则、附则划分章、节、条、款、项。总则是对法律的调整对象进行抽象、概括的规定，主要包括目的条款、法源条款、原则条款、适用条款等。分则是对法律的调整对象进行具体的规定，是对社会关系明确调整的部分，是体例形式的主体部分。附则是补充、说明、解释性条款，主要有效力条款、委任条款、关系条款等。序言、总则、分则是纵向的层级关系，表现的是该法律调整内容之间的抽象与特殊、概括与具体的关系。

二、法律渊源

法律渊源是指法律的表现形式。依据有无法律效力，法律形式意义上的渊源分为正式渊源和非正式渊源。具有法律效力的渊源属于正式渊源，不具有法律效力的渊源属于非正式渊源。

(一) 我国当代法律的正式渊源

在我国，正式意义的法律渊源是指由特定国家机关制定的具有法律效力的规范性文件的表现形式。具体如下。

1. 宪法

宪法由全国人民代表大会经过特殊程序制定，具有最高效力。它一方面在经济、政治和意识形态方面规定了国家的根本制度；另一方面规定了公民的基本权利和义务，为保护公民的行动自由设定了标准，是具有最高效力的法律渊源。

2. 法律

在我国，“法律”这个概念具有广义和狭义两种含义。广义的法律是指所有国家机关制定的规范性法律文件；狭义的法律是指由全国人民代表大会和全国人民代表大会常务委员会制定的规范性法律文件。此处的法律是指狭义的法律，其法律效力仅次于宪法。

依据制定法律的主体的不同，法律分为基本法律和其他法律。基本法律是指由全国人民代表大会制定的、关于我国社会生活某一方面的规范性法律文件。如《刑法》《民法总则》《合同法》《婚姻法》等。其他法律是基本法律以外的法律，是指由全国人民代表大会常务委员会制定的规范性法律文件。如《中华人民共和国保险法》《中华人民共和国海商法》《中华人民共和国反不正当竞争法》等。

上述两种法律分别属于不同位阶的法律渊源。其中，基本法律是上位法，其他法律是下位法。二者之间效力等级上的差别主要体现在全国人民代表大会和全国人民代表大会常务委员会立法权限的范围之上。对基本法而言，全国人民代表大会闭会期间，全国人民代表大会常务委员会可以进行部分补充和修改，但是不得与基本法律的基本原则相抵触。对基本法律以外的其他法律而言，它不能与宪法和基本法律相矛盾。

① 马青民．法国民法典 [M]．北京：北京大学出版社，1982.

此外，全国人民代表大会及其常务委员会所作的决议或者决定，如果其内容是规范性的，也应当被视为狭义的法律。尤其是全国人民代表大会常务委员会作为全国人民代表大会的常设机关，针对社会新出现的法律问题，必须及时提出解决办法，这就形成了某种具有规范性的决议和决定。如 1998 年 12 月 29 日公布的《全国人民代表大会常务委员会关于惩治骗购外汇、逃汇和非法买卖外汇犯罪的决定》就属于这种类型。这种决议、决定的内容可能属于“特别法”的范畴，具有优先适用的效力。

上述三种狭义的法律，法官在适用时遵循的一般原则是：(1) 当三者之间矛盾时，依据“基本法律＞基本法律以外的法律＞决议或者决定”的原则选择适用；(2) 如果上述三者之间属于特别法与一般法的关系，则按照“特别法优先于一般法”的原则来加以适用。

3. 法规

除了狭义法律的立法机关以外，我国的最高行政机关与地方国家权力机关也可以制定规范性的法律文件，被称为法规。它们属于广义法律的组成部分。根据制定机关的不同，法规可以划分为行政法规与地方性法规两类。

(1) 行政法规。行政法规是指由国务院为执行法律的规定或者实现自身的法定职权所制定的规范性法律文件。行政法规分为两类：1) 作为执行机关的国务院，它必须及时有效地将某些法律的规定贯彻下去。例如，某些法律规定“本法实施细则由国务院制定”。2) 国务院还掌管着国家的最高行政权力，它对重要的行政事项具有最终的决定权。对这些事项，国务院必须通过制定行政法规的形式进行调整。

(2) 地方性法规。地方性法规是指具有立法权的地方人民代表大会及其常务委员会，因执行法律或者行政法规的需要，以及针对自身权限范围之内的地方性事务制定的规范性法律文件。依据制定机关等级的不同，地方性法规又可以分成两个层次：1) 省、自治区、直辖市的人民代表大会及其常务委员会制定的地方性法规；2) 较大的市的人民代表大会及其常务委员会制定的地方性法规。由于行政权力具有等级制的特征，以上两种地方性法规的效力依次减弱。

法官在适用法规时遵循的一般原则是：当它们之间出现矛盾时，依据“行政法规＞地方性法规”的原则选择适用。

4. 规章

中央政府的职能部门和部分地方人民政府（省、自治区、直辖市及较大的市的政府）可以根据法律、行政法规，以及地方性法规制定规章以便执行法律、法规或者实现自身部门的职责。规章能否作为我国的正式法律渊源，学界也有争议。这表明，规章与法律、法规作为法律渊源在效力上存在区别。

5. 自治条例和单行条例

依据我国在少数民族聚居区实行的民族区域自治制度，民族自治地方的人民代表大会有权依据当地民族的政治、经济、文化的特点制定自治条例和单行条例。同时，自治条例和单行条例可以依据当地民族的特点，对法律和行政法规的规定进行变通，但是不得违背法律和行政法规的原则。此外，自治条例和单行条例不得对宪法和民族区域自治法，以及其他有关法律、行政法规专门就民族自治地方所作的规定作出变通规定。

就法律位阶原则而言，自治条例和单行条例相当于未实行民族区域自治制度的地方人民代表大会所制定的地方性法规，它必须同宪法、法律、行政法规保持一致。由于民族区域自治制度的特殊性，自治条例和单行条例可以在符合上述条件的前提下进行相应的变通。这就意味着自治条例和单行条例即使存在与法律和行政法规不一致之处，也可能突破位阶原则的限制，作为“特别法”对法官的相应行为产生约束力。

6. 国际条约与国际惯例

国际条约与国际惯例成为我国的法律渊源，需要符合以下两个条件：(1) 这些国际条约必须是我国参加或者缔结的，并对相关规定未声明保留；(2) 作为我国法律渊源的国际惯例不得与中华人民共和国的公共利益相矛盾。此外，从司法的角度出发，在处理涉外案件时，国际条约与国际惯例能够成为约束我国法官行为的法律渊源。这就使国际条约与国际惯例与以上五类法律渊源存在影响范围上的差异，前者主要适用于涉外案件，后者主要适用于国内案件。

(二) 我国当代法律的非正式渊源

我国当代法律的非正式渊源主要包括党和国家的政策、判例、习惯、道德规范、宗教学说、法律学说等。当前我国法学界的一些学者把法律划分为“硬法”和“软法”，“硬法”指法律的正式渊源，“软法”指法律的非正式渊源，主要是指党和国家的政策。

非正式渊源的法律意义是完善、加强法律规范对人们行为的调整，使法律规范与其他社会规范有机联系起来，提高法律对社会关系调整的系统效率。

1. 党和国家的政策

在我国，中国共产党是国家和社会的领导核心，中国共产党和国家的政策是人民的利益和要求的最高体现，法律体现共产党的意志就是体现人民的意志，反过来也是如此。因此，党和国家的政策对法律的制定和实施具有决定性的作用。国家机关制定法律必须符合党和国家的政策要求，把党和国家的政策贯彻到法律调整对象的方方面面，如果需要，党和国家的政策可以直接转变为法律规范。在司法方面同样要符合党和国家的政策要求。党和国家的政策是立法和司法的依据，是我国法律的灵魂，法律依政策而立，依政策而变，依政策而行。

2. 判例

判例是在司法活动中审理完结的法律文件，在我国，判例的形成不是立法活动，不具有法律效力，但并不因此否定判例对立法和司法活动的作用。一方面，判例具有立法价值，通过对判例的研究、反思，评估、矫正立法；另一方面，判例尤其是上级司法部门的判例可以弥补立法的缺陷，判例对提高司法活动的质量和效率具有重要的作用。

3. 习惯

习惯是在社会中自然形成并世代相传的思维和行为定式，对调整人们的行为起着重要的作用。我国法律对人们的习惯，尤其是少数民族的习惯予以充分尊重，一方面，法律通过原则规定保护民族习惯，另一方面，把某些民族习惯直接认可为法律。

4. 道德规范

道德对调整人们的行为比法律有着更加广泛而重要的作用。道德通过人们的思想观念调整人们的行为。一方面，法律必须道德才能被人们认同，并得到有效的遵守；另一方面，法律是维护道德的重要手段，把道德规范转变为法律规范。法律和道德规范人们行为的社会基础和目的是一致的。

5. 宗教学说

宗教通过崇拜、信仰调整人们的行为。我国既不是政教合一的国家，也不是具有深厚宗教传统的国家，宗教信仰在我国属于私人领域。我国没有国教，法律不规定、援引宗教教义，但主张、维护宗教信仰自由，通过对宗教信仰自由的尊重和保护，赢得宗教对法律的尊重，把宗教信仰纳入法律的轨道。

6. 法律学说

在我国，法律学说本身不具有法律效力，学说的形成不是立法活动，学说不能成为司法活动的法律依据。但是，学说通过立法者和法官及其他法律工作者的思想影响立法和司法活动。立法者运用法律学说制定法律，法官运用法律学说理解法律。学说是对社会历史和现实生活的理论化的认识，这种认识通过立法者和法官转化为社会实践的物质力量。

三、法律的系统化形式

法律的系统化是指对一国全部现行法律进行整理、归类形成系统化表现形式的活动，一般称为规范性法律文件的系统化。法律系统化的形式有法律汇编和法律编纂。

（一）法律汇编

法律汇编是指对全部现行规范性法律文件，按照颁布的时间顺序或内容性质，系统地编排并汇集成册。法律汇编的主体包括国家机关、企事业单位以及其他社会组织和个人，法律汇编不改变法律规范的文字、内容，只是汇集整理，编排成册，因而不是国家的立法活动。

（二）法律编纂

法律编纂是指国家立法机关对某一法律部门所有现行规范性法律文件进行清理、修改、创制，在此基础上形成内容协调一致、体例完整合理的表现形式。法律编纂是国家立法机关对现行法律进行的集中清理、审查、加工，是国家的立法活动，其他社会组织和个人无权从事。

四、法系

法系是西方法学依据历史传统对人类社会存在的法律所做的分类，凡具有相同历史传统的法律就构成同一法系。世界各国的法律在历史上曾经被划分为中华法系、伊斯兰法系、印度法系、民法法系和普通法系等。随着近代以来西方资本主义社会的强势发展，世界政治经济格局发生了巨大变化，中华法系、伊斯兰法系、印度法系等东方法系逐渐消失在法学的地平线下，民法法系（大陆法系）和普通法系（英美法系）成为当今世界的主流法系。

划分法系的历史传统包括多方面的内容，既包括立法、司法，又包括法律的思想观念和法的精神；既包括法律的内容，又包括法律的形式，其主要标准是法律的形成方式和表现形式。

（一）两大法系概述

民法法系是以罗马法为基础，以 1804 年《法国民法典》和 1900 年《德国民法典》为蓝本而形成的法系。属于民法法系的国家除法国、德国外，还有意大利、比利时、西班牙、葡萄牙、荷兰等欧洲大陆国家，以及欧洲大陆国家的前殖民地的一些国家。民法法系国家的立法主体是专门的国家立法机关——议会，法律的表现形式是成文法，即由议会通过法定程序创制具有完整逻辑结构的规范性法律文件。

普通法系是以英国普通法为基础而形成的法系。属于普通法系的国家有英国、美国及英联邦国家。作为法系的识别标准，法官是普通法系国家的立法主体；普通法相对于成文法，是通过法官的司法活动而形成的判例法；普通法所表述的是一批原则，这些原则最初由习惯而来，并反映在法官的判决之中。

（二）两大法系的比较

1. 法律思维方式特点方面

大陆法系属于演绎式思维；英美法系属于归纳式和类比式思维。

在大陆法系国家，人们先确定法律的一般规定，然后根据一般规定寻找适合用于个别案件的处理方法，要求一切法律活动都必须建立在国家制定法的基础上。在英美法系国家，是从个别案件中抽象总结出一般规定，重要的是以往的判决中是否包含了能够适用于本案的原则。

2. 法的渊源方面

大陆法系的主要渊源是制定法；英美法系的主要渊源是判例法。

在大陆法系中，只有制定法才是法的正式渊源，判例最多只具有说服力，而没有拘束力，不产生法律上的强制效力。英美法系则不同，传统的法的正式渊源就是判例法，只有判例法才是正式意义上的渊源。

3. 法律分类方面

大陆法系国家一般将公法与私法的划分作为法的分类基础；英美法系国家则以普通法和衡平法作为法的基本分类。

大陆法系国家的法律基本分为公法和私法，公法包括宪法、刑法、行政法、诉讼法；私法主要是指民法和商法。英美法系在传统上无公法、私法之分，就法律部门来说，主要就是普通法和衡平法。

4. 诉讼程序方面

大陆法系属于纠问式诉讼；英美法系属于对抗式诉讼。

在大陆法系国家的诉讼中，法官一般处于主导地位，担当积极角色，而在英美法系国家的诉讼中，法官的作用相对比较消极，处于“中立人”的仲裁地位。

5. 在法典编纂方面

大陆法系的主要发展阶段都有代表性的法典，特别是近代以来，相关国家进行了大规模的法典编纂工作；英美法系从总体上看，不倾向于进行法典编纂。

另外，两大法系在法院体系、法律概念、适用技术及法律观念等方面还存在许多差别。从发展趋势来看，两大法系的差别在逐渐缩小，但两大法系的形成源于各自悠久的、不同的历史传统和法律文化背景，这种差别在短时间内不会发生根本性变化。

【思考题】

1. 试述中国特色社会主义法律体系的组成部分。

2. 我国当代法律渊源包括哪些内容？

3. 当今世界的主流法系是什么法系？

【讨论与互动】

1997 年 7 月 8 日，香港特别行政区临时立法会通过“居权证”制度，所有港人内地子女均要在内地申请居港权。

1999 年 1 月 29 日，香港特别行政区终审法院就香港居民在内地所生子女的居留权案件所作的判决，认为临时立法会制定的有关法律不符合《香港特别行政区基本法》（以下简称《基本法》)，《基本法》第 24 条第 2 款第 3 项所指的香港居民所生子女，是包括在其父或母成为香港永久性居民之前或之后所生的子女；《基本法》第 23 条第 4 款中对“中国其他地区的人”进入香港的限制不适用于这些人士。该判决扩大了原来根据香港《入境条例》规定香港永久性居民在内地所生子女获得香港居留权的范围，即认为：港人在内地所生子女如能证明父或母是香港永久居民，便享有居港权，无须经内地有关机关批准，即可进入香港特别行政区定居。

1999 年 6 月 26 日，全国人民代表大会常务委员会应特别行政区政府的要求解释《基本法》：拥有居港权的内地居民必须同时持有单程证及居权证，同时其父母最少有一人必须在其出生时已成为香港永久性居民，才能根据《基本法》第 24 条第 2 款第 3 项的规定，享有居港权并来港定居。

1999 年 12 月 3 日，香港特别行政区终审法院裁定全国人民代表大会的解释具有约束力。

2002 年 1 月 10 日，香港特别行政区终审法院终审裁定 1999 年 1 月之前赴港的港人内地子女拥有居港权，可以留港。

请讨论并分析香港特别行政区的法律渊源有哪些。

【推荐书目】

1. 沈宗灵．法理学［M］．3 版．北京：北京大学出版社，2009.

2. 第十一届全国人大四次会议．全国人大常委会工作报告．

第二编

法律的运行

第十一章　立　法

【本章导读】

现代国家应当是法治国家。中国要丢弃“人治”，走“法治”道路，这也是历史规律决定了的。今日中国所要追求、实行的“法治”，不能是商鞅、韩非的为专制集权服务的“旧法治”，而应当是旨在使中国成为富强、民主、文明国家的“现代法治”。这种“现代法治”的主要标志或要素就在于：一要有法，二要有良法，三要使法得到有效施行。三个标志或要素中，前两者属于立法范畴，后者与立法直接相连。“法治”的运行有四个环节：立法、守法、执法、司法。立法是四个环节的起始环节。行政机关执法，司法机关司法，公民和各社会组织守法，有关方面普及、宣传、解释法，都需要对法有正确的理解，懂得法的目的、原则、精神、内容，有的还需要了解法的背景和其他相关情况。要步入“现代法治”社会，就要实现立法的现代化。

【学习目的】

掌握立法的概念；掌握我国的立法体制；掌握法的时间效力、空间效力和对象效力；了解立法的依据；了解立法的程序。

第一节　立法概述

【微语录】

法律是治国之重器，良法是善治之前提。

——《中共中央关于全面推进依法治国若干重大问题的决定》

一、立法的概念

立法又称法的创制、法的创立、法的制定，是指一定的国家机关依照法定职权和程序，制定、修改和废止法律和其他规范性法律文件的活动，是将一定阶级的意志上升为国家意志的活动。

立法一般从广义上理解，泛指一切有权的国家机关依法制定各种规范性法律文件的活动，既包括国家最高权力机关及其常设机关制定宪法和法律的活动，又包括有权的地方权力机关制定其他规范性法律文件的活动，还包括国务院和有权的地方行政机关制定行政法规和其他规范性法律文件的活动。有时，对立法也作狭义的解释，狭义上的立法是国家立法权意义上的概念，仅指享有国家立法权的国家机关的立法活动，即国家的最高权力机关及其常设机关依法制定、修改和废止宪法和法律的活动。

立法具有客观性，必须受客观规律的制约。立法的基础是社会物质生活条件，马克思曾指出，立法者应该把自己看作一个自然科学家。他不是在制造法律，不是在发明法律，而仅仅是在表述法律，他把精神关系的内在规律表现在有意识的现行法律之中。如果一个立法者用自己的臆想来代替事物的本质，那么我们就应该责备其极端任性。同样，当私人想违反事物的本质任意妄为时，立法者也有权利把这种情况看作极端任性。同时，立法也有赖人的主观能动性的发挥，立法者对客观规律的认识、对社会关系的把握直接影响着立法的质量和调整的效果。

二、立法的特征

与其他国家活动相比较，立法具有如下特点：

(1) 立法是有权的国家机关以国家的名义进行的活动，是一项国家职能活动。立法的主体只能是国家机关，任何社会组织、社会团体和公民个人都没有立法权。国家机关成为立法主体也要受法律的限定，各有法律规定的权限。除了有创制权的国家机关可以进行立法活动外，为适应现代社会的需要，经授权的国家机关也可以进行一定的立法活动。现代社会的国家职能包括立法职能、行政职能、司法职能等，立法职能的履行和实现主要是通过立法来实现的，同时也为行政职能、司法职能的履行和实现提供标准、根据和依据。现代国家都十分重视立法活动，通过立法来实现对国家和社会生活的有效调控。

(2) 立法的基本方式为法的制定、修改、废止及认可。立法主要采用制定方式，即直接创立新的法律法规，同时，也包括对已有的法律规范进行补充、修改和废止的活动，以适应社会政治、经济、文化等的发展变化，更好地发挥法的作用。此外，对那些已经存在的属于其他类型的社会规范如习惯进行国家法律认可，赋予其法律效力的活动，也属于立法之列。

(3) 立法是严格依照法定的程序进行的活动。任何国家的立法活动都不是随意进行的，现代国家尤其强调立法要遵循一定的程序，从而促进立法民主化、科学化。立法是掌握政权阶级通过一定的国家机关把本阶级意志上升为国家意志的活动，是一种意志的表达、反映和集中的过程，它要为人们提供各种具有国家强制性的、明确、肯定、普遍的行为规范，享有法的创制权和经授权的国家机关必须严格依据法定程序进行立法活动，以防止立法没有准确地表达民意，或出现技术性问题。

三、立法的意义

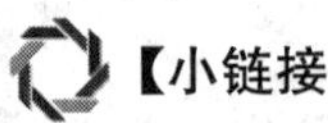

【小链接】

《民法总则》是伟大时代的产物

2017 年 3 月 15 日上午，出席第十二届全国人大第五次会议的 2 838 名全国人大代表，以高票通过了《中华人民共和国民法总则》，并报以长时间热烈的掌声。我们所处的伟大时代塑造了《民法总则》，我们更要坚定信念，以《民法总则》为开篇的民法典一定会无愧于更加伟大的时代。

一、民法是时代的先声，必须伴随时代而行

《民法总则》通过颁布后，有许多人欢呼民法典时代的到来。这种编纂一部中国人自己的民法典的期盼，恰恰反映出民事立法总是伴随时代而行，甚至是时代的先声。

二、民法是人民利益的保障，必须回应人民的关切

民法的属性是保护人民的人身权利和财产权利，而维护最广大人民的根本利益，始终是我们党的根本宗旨，是从党成立的那一天起就写在旗帜上的。编纂民法典、制定《民法总则》的过程，就是践行党的根本宗旨、回应人民关切的过程。

三、民法是一门社会科学，必须遵循立法规律

毛泽东同志在1954年主持制定宪法时说过，制定宪法是一门科学。制定民法同样也是一门科学，而且是最深刻的社会科学。民事活动就是老百姓的衣食住行、婚丧嫁娶、生产交易等，怎么给这么纷繁复杂的社会生活制定规则，而且做到简明易懂，是一门有大学问的科学。

《民法总则》制定过程，是一个科学立法、民主立法的过程。习近平总书记亲自主持政治局常委会听取《民法总则》的制定工作汇报，提出了明确的要求。张德江委员长和李建国副委员长先后主持四次座谈会，听取各方面的意见，并到地方进行实地调研。全国人大常委会三次审议《民法总则（草案）》，并先后三次会后在中国人大网公布草案征求社会公众的意见，两次将草案印送全国人大代表征求意见。全国人大法律委员会、全国人大常委会法制工作委员会认真研究常委会组成人员、全国人大代表和社会各界人士的每一条意见，在大会审议期间还对草案作出了150处修改完善。这部法律出台并获得全社会的普遍认可，是党领导人民制定的法律的成功范例，必定对民法典的编纂工作以至国家的立法工作产生深远而重大的影响。

资料来源：乔晓阳．民法总则是伟大时代的产物．(2017-04-14)．[2017-08-15]．http：//www. npc. gov. cn/npc/xinwen/lfgz/2017-04/14/content_2019848. htm.

立法是国家机关的专有活动和基本职能，是随着国家的产生和发展而出现和发展起来的，并且日益完善和制度化，是法律体系完善的重要途径。在古代奴隶制和封建制时代，一般实行君主专制，国家最高权力集中于君主一人手中，立法权也完全由君主一人代表国家来行使，君主一言可以立法，一言又可以废法，君主的意志就是法律。国家一般也没有独立于司法机关和行政机关的专门立法机关及法定的、不可违背的立法程序。资产阶级在取得政权后，确立了代议民主制度，按照三权分立的原则使立法权、司法权、行政权相互独立和制衡，从而出现了专门的立法机关、明确的立法权和严格的立法程序，实现了法律制定的制度化、法律化。在社会主义制度下，国家的一切权力属于人民，立法是广大人民群众通过自己的国家机关，按照自己的要求和愿望进行的活动，具有广泛的民主性。有学者认为，立法经历了由专制向民主转变的发展历程；经历了由野蛮向文明转变的发展历程；经历了由维护特权向规定权利平等转变的发展历程；经历了由简单向复杂演变的发展历程；立法技术经历了日渐科学的发展历程。

立法与公众意志、利益、秩序有着密切的联系，古今中外的学者对此有较多的探讨。韩非指出：夫立法令者，以废私也，法令行而私道废矣。私者，所以乱法也。威

廉·汤普逊认为，每一个政治规章和经济规章所应注意的立法目的应该是增进社会的最大幸福，也就是社会上大多数人的最大幸福。任何以此为目的而从事制定政治和经济的规章制度的人都应该具有一个主要条件……就是这些规章的制定者必须对社会，也就是说，对在这些规章管理之下的那些社会上大多数人，怀有同情、胞与为怀的感情和利益的一致。[①] 巴扎尔等人则强调，立法的目的是维护道德秩序和以特有的形式增进这种秩序。[②] 因此，立法是进行社会资源分配、维护社会秩序、保持社会平衡、实现公众幸福的重要工具。

第二节　立法依据

一、以宪法为依据，法制统一

以宪法为依据，又可以称为合宪性原则。我国现行《宪法》第 5 条规定，一切法律、行政法规和地方性法规都不得同宪法相抵触。就是指一切立法都必须以宪法为根据，而且各种法律、法规和规章之间要和谐统一，不能相互矛盾和冲突，这是立法的一项重要原则。我们知道，宪法是国家的根本大法，是治国的总章程，在国家生活中具有重要的作用。宪法规定了根本制度和根本任务，是维护国家统一、民族团结、社会稳定的基础，是党和国家的总路线、总政策的法律化，代表国家和人民的根本利益，是全党、全国各族人民和一切国家机关、社会组织活动的基本准则，具有最高的法律效力。一切法律、法规和其他规范性法律文件都不得与宪法相抵触，任何组织或个人都不得有超越宪法的特权，一切违反宪法的行为都必须追究。

立法作为国家的一项专门活动，必须遵守宪法的规定，立法机关必须严格按照宪法规定的职权和程序来进行立法活动，制定法律、行政法规以及其他规范性法律文件必须以宪法为依据，不得与宪法相抵触。民族自治地方的自治条例和单行条例，虽然在某些具体规定上根据民族自治地方的具体情况进行变通，这本身是宪法的授权，但不得违背宪法的基本精神和原则，不得违背宪法关于民族自治地方的有关规定。为保障宪法的实施，我国实行一元二级多层次的立法体制，国务院及其各部委、地方的行政法规或规章、地方性法规、自治条例等都有明确的备案、审批制度，其目的仍在于确保我国各种形式的立法活动和立法内容都不得与宪法相冲突。由于宪法是国家的根本大法，它规定的是国家事务的大政方针，必须统率国家所有的法律、法规和规章，因而它只能作原则性、概括性的规定，不能规定得过于详细、具体，只有通过其他法律、法规或规章才能进一步具体化，将一般的原则变成具体的可操作法律。各种具体的立法活动，都必须依宪法规定的职权和程序，根据宪法的有关条文进行各项立法活动，使我国法律部门之间和法律自身内部相互和谐，维护法的严肃性、科学性。

---

① 威廉·汤普逊．最能促进人类幸福的财富分配原理的研究［M］．何慕李，译．北京：商务印书馆，1986：174.

② 巴扎尔．圣西门学说释义［M］．王永江，等译．北京：商务印书馆，1986.

二、保持法的稳定性与连续性

法律的稳定性是指法律一经制定和公布实施，必须保持其严肃性和权威性，不能朝令夕改、任意废除。法律的稳定性是法律权威性、严肃性的内在要求。法律作为人们的行为规范，作为一般调整的社会规范，明确告知社会主体哪些是可以做的，哪些是禁止的。如果频繁修改法律，不仅使人们无所适从，而且法律本身也无效力可言。

法律的连续性和稳定性紧密相连，包含两层含义：一是指法律效力的连续性，即法律颁布生效后，不能任意中断、失效和停止，不因领导人的改变而改变，也不因领导人偏见、态度或注意力的改变而改变。二是新颁布的法律与原有的同类法律之间有某种承继衔接关系。法的稳定性和连续性是社会生产、生活正常进行的重要条件，是法律服务于社会的客观要求。但是，随着社会生产力的不断发展变化，社会政治、经济、文化的发展，人类法治经验的丰富，思想认识的深化，法的稳定性、连续性不是绝对的、不变的，应随着社会的发展不断完善和深化，不断进行法律的立、改、废活动和法律解释活动，适应社会日益发展变化的趋势，发挥法在社会生活调整中的规范作用和社会作用。

保持法律的稳定性、连续性与法的及时的立、改、废是相统一的，不能因强调法的稳定性、连续性而忽视法律及时的立、改、废，使法滞后于社会现实，无法实现调整社会职能；也不能因强调法律的立、改、废，破坏法的稳定性，对法律朝令夕改而使人无所适从，破坏法的严肃性、权威性。在我国社会主义初级阶段，法律既要保证为社会主义经济制度和政治制度服务性质的稳定性，保持社会主义建设各个不同时期基本路线、方针、政策以及基本法律的连续性，又要及时反映社会主义经济建设和改革开放不断发展的客观要求，及时制定新的内容，以大多数人的共同意志和利益为根本内容，立足全局，统筹兼顾。首先，要处理好个人、集体和国家三者的利益关系。不能因充分发扬民主而损害集体和国家的利益，也不能因过分强调国家利益而出现国家权力干涉社会权利的立法偏见。法律作为现代社会调整的主要形式，要处理好国家权力和公民权利的关系。其次，立法本身就是社会主体的共同需求上升为国家意志而表现为法律的过程。它不可能是社会主体的全部需求或者个体需求，而只能是社会主体的共同需求，只能以最大多数人的最大利益为出发点，进行利益协调、关系平衡和行为调整，这种选择、调整和平衡的目的就是处理好国家、集体和个人三者的关系。最后，充分发扬民主、立足全局、统筹兼顾的立法原则还要求立法工作克服地方保护主义、部门或行业保护主义以及个人主义的狭隘的意识。这种狭隘的意识不仅不利于我国法律充分地发扬民主、立足全局、统筹兼顾，充分地反映广大人民群众的最大利益，而且还会破坏社会主义民主的实现和法制的统一。

三、原则性与灵活性相结合

立法还必须注意贯彻原则性与灵活性相结合。毛泽东同志在谈到 1954 年《宪法》时曾经指出，制定这部《宪法》的经验有两条，其中一条就是“正确地恰当地结合了原则性和灵活性”。又指出，原则基本上是两个，即民主原则和社会主义原则。他还以 1954 年《宪法》中对资本主义工商业进行社会主义改造的规定为例，说明原则性与灵活性的关系，即实现社会主义改造，达到社会主义全民所有制，这是原则性；而逐步实行各种形式的国家资本主义，就是灵活性。根据毛泽东同志的这些论述，结合现阶段的情况，在我国社会主义立法中坚持原则性，从根本上说就是坚持四项基本原则和改革开放的总政策，即“一个中心，两个基本点”，必须明确肯定，不能模棱两可。所谓灵活性，就是指为了实现这些原则而采取必要的和适当的步骤、手段、方式和方法，法律创制时不宜规定得过死过细，要留有余地。

立法的原则性和灵活性必须结合，两者是辩证统一的，其中原则性是根本，是前提；灵活性是实现原则性的必要手段和保证，灵活性必须服从原则性。不坚持原则性，社会主义立法就会迷失方向，就会变质；没有必要的灵活性，不顾全国各地区、各民族之间在经济、政治、思想文化上发展的不平衡，不考虑错综复杂的国情，什么问题都要求“一刀切”，这样的法律也不可能得到实现，原则性也就成为一纸空文。因此，必须注意把两者正确地结合起来，相辅相成，相互作用，相互制约。

第三节　立法体制

一、立法体制的概念

立法体制是指立法权限的划分、立法机关的设置和立法权的行使等方面的制度。目前，我国法学界所讲的立法体制，主要是指立法权限的划分，特别是中央和地方立法权限的划分。

立法体制的性质是与国家的性质相一致的，立法体制的形式是与国家的管理形式和结构形式密切联系的。从历史发展看，它经历了由专制立法体制向民主立法体制的转变过程。古代奴隶制、封建制国家多采用君主专制的政治形式，与此相适应，其立法体制也是专制主义的。到了近现代，多数国家采用共和制或君主立宪制的政治制度，其立法形式也逐渐由专制立法体制转变为民主立法体制。在这种制度下，立法权一般由选举产生的代表机关来行使，立法程序也逐渐制度化、法律化，它比奴隶制、封建制的立法民主得多。社会主义国家的立法体制当然也属于民主立法体制，它是人民民主的，与资产阶级的民主立法体制有着本质的区别。

在立法权限的划分方面，当今世界各国中，由于管理形式和结构形式及历史传统不同，呈现出多样性，大体可分为两大类：一类是联邦制国家实行二元或多元的立法体制，即联邦最高权力机关和联邦成员国（州）的最高权力机关各拥有专有的立法权。例如，德国的基本法（宪法）规定，联邦议会有 11 项专有立法权；州的专有立法权则以概括的形式规定：“在本基本法未授予联邦以立法权的范围内，各州拥有立法的权力。”此外，还规定两者共同享有 23 项立法权。美国宪法规定，联邦议会拥有 17 项专有立法权，第 10 条修正案又规定：“本宪法未授予合众国政府，也未禁止各州政府行使的权力均由各州或人民保留之。”这也就是各州的专有立法权。当然，这种二元的或多元的立法体制并不一定会造成法制的不统一，这些国家的宪法大都规定联邦成员国（州）的立法不得同联邦立法相抵触。另一类是单一制国家，多实行一元立法体制，即国家立法权集中由国家最高权力机关行使，全国只有一个立法体系。

二、中国的立法体制

我国是单一制国家，根据我国宪法的规定，我国的立法体制是一元性的立法体制，全国只有一个立法体系，同时又是两级多层次的。

在我国，根据宪法的规定，全国人民代表大会及其常务委员会行使国家立法权，制定法律；《中华人民共和国立法法》（以下简称《立法法》）第8条规定，下列事项只能制定法律：国家主权的事项；各级人民代表大会、人民政府、人民法院和人民检察院的产生、组织和职权；民族区域自治制度、特别行政区制度、基层群众自治制度；犯罪和刑罚；对公民政治权利的剥夺、限制人身自由的强制措施和处罚；税种的设立、税率的确定和税收征收管理等税收基本制度；对非国有财产的征收；民事基本制度；基本经济制度以及财政、税收、海关、金融和外贸的基本制度；诉讼和仲裁制度；必须由全国人民代表大会及其常务委员会制定法律的其他事项。

国务院根据宪法和法律制定行政法规，国务院下属的部委根据法律和行政法规制定规章；省、自治区、直辖市的人民代表大会及其常务委员会在不与宪法、法律、行政法规相抵触的前提下，可以制定地方性法规；民族自治地方的人民代表大会有权依照当地民族地区的政治、经济和文化的特点，制定自治条例和单行条例；设区的市及自治州的人民代表大会及其常务委员会根据本市的具体情况和实际需要，在不同宪法、法律、行政法规和本省、自治区的地方性法规相抵触的前提下，可以对城乡建设与管理、环境保护、历史文化保护等方面的事项制定地方性法规；省、自治区、直辖市人民政府及设区的市和自治州的人民政府，可以根据法律、行政法规和本省、自治区、直辖市的地方性法规，制定规章。此外，按照“一国两制”的原则，特别行政区实行的制度（包括立法制度），由全国人民代表大会以法律规定。

第四节 立法程序

【小链接】

《中华人民共和国物权法》于2007年3月16日第十届全国人民代表大会第5次会议通过。物权法的起草工作始于1993年。全国人大常委会对制定物权法高度重视。2002年12月，第九届全国人大常委会对民法草案的物权法编进行了初次审议。十届全国人大常委会把制定物权法列入重要议程，在过去工作的基础上，花了很大精力，做了大量工作。为了把这部法律制定好，全国人大常委会坚持民主立法、科学立法。2005年7月将物权法草案向社会全文公布，共收到人民群众提出的意见1万多件；先后召开100多次座谈会和几次论证会，还到一些地方进行专题调研，充分听取部分全国人大代表、基层群众、专家学者、中央有关部门等各方面的意见。在征求意见过程中，各方面提出了许多意见和建议。物权法经过了全国人大及其常委会的7次审议得以通过（物权法一审时为民法草案物权法编，统计自物权法二审时起算），创造了我国单部法律审议次数之最。

一、立法程序的概念

立法程序又称法律制定程序，是指有关国家机关制定、修改和废除法律及其他规范性法律文件的法定步骤和方式。这表明，遵循立法程序的主体必须是由宪法和法律规定的享有立法权的国家机关，既包括具有法律创制权的立法机关，又包括宪法和法律授权可以行使部分立法权的其他国家机关。同时，立法程序是法定的、必须遵守的立法步骤和方法，立法过程中的其他步骤和方法，如立法预测、法律草案的起草等不在立法程序之列。

立法程序与一个国家的决策过程的民主、科学有着密切的关系。完善立法程序，对保证法的制定的规范化、科学化，减少或避免立法的主观随意性，防止草率立法，维护法的稳定性、连续性和权威性，提高法的制定的质量，更好地发挥法的作用，都具有重要意义。

二、我国的立法程序

我国的《立法法》对全国人民代表大会法律制定的程序和全国人民代表大会常务委员会法律制定的程序进行了基本的规定，全国人民代表大会及其常务委员会的立法程序主要有以下四个方面，即法律案的提出、法律案的审议、法律草案的表决和通过、法律的公布。行政法规、地方性法规、国务院部门规章和地方政府规章的制定程序，一般是参照全国人民代表大会和全国人民代表大会常务委员会法律制定的程序。

情景模拟

以班级为单位，组织同学制定一条新的班规（例如，无论课上课下，在教室内禁止吃东西，违反者担任一天的值日生）。可参照立法程序，首先由班委会提出动议并说明理由，然后全班同学分成小组进行讨论，在讨论中班委会成员可以分到各组参与讨论，最后组织投票表决。一旦得到全班1/2以上多数同学的支持，此动议便通过成为一条新的班规，以后大家都要遵守。

（一）法律案的提出

提出法律案又称立法议案，是立法程序的开始。法律案是指依法享有法律议案提案权的机关或个人向立法机关提出的关于制定、修改、废止某项法律的正式提案。法律案一经提出，立法机关就要列入议事日程，进行正式审议和讨论。

法律案与法律草案不同。《立法法》第54条规定，提出法律案，应当同时提出法律草案文本及其说明。但在法律实践上，法律案是指有关立法的建议，内容一般比较讲原则、概括，但也可以比较具体；可以只提立法主旨和理由，也可以附有法律草案。法律草案的内容比较具体、系统、完整。提出法律案时是否附法律草案由提案人自主决定。如果提案人不附法律草案，一般由立法机关的有关部门委托一定的机关或个人起草法律草案，也可以组织专门的人员负责起草法律草案。

提出法律案的关键是谁享有法律案的提案权。在我国，根据宪法和法律的规定，下列个人和组织享有向最高国家权力机关提出法律案的提案权：

（1）全国人大代表和全国人大常委会的组成人员。依照法律规定，全国人大代表30人以上或一个代表团可以向全国人大提出法律案。全国人大常委会组成人员10人以上可以向全国人大常委会提出法律案。

(2) 全国人大主席团、全国人大常委会可以向全国人大提出法律案。全国人大各专门委员会可以向全国人大或全国人大常委会提出法律案。全国人大常委会委员长会议可以向全国人大常委会提出法律案。

(3) 国务院、中央军事委员会、最高人民法院、最高人民检察院可以向全国人大或全国人大常委会提出法律案。

(二) 法律案的审议

法律案的审议实际是对法律草案的审议，是指立法机关对已经列入议事日程的法律草案正式进行审查和讨论。审议法律案，是保证立法质量、体现立法民主的重要环节，它可以使法律更加完备和成熟。

我国全国人民代表大会对法律案的审议，一般经过两个阶段：一是由全国人大有关专门委员会进行审议，其中包括对法律案的修改、补充；二是全国人民代表大会全体会议的审议。我国全国人民代表大会常务委员会对法律案的审议有一个变化的过程。为保证审议质量，1983 年 3 月全国人大常委会委员长会议决定：对法律案的审议采取两步审议制度，即法律案提出后先由提出法律草案的个人或组织作说明，进行初步讨论，然后由常委会委员带回去研究，征求意见，第二次会议再审议。1987 年《全国人大常委会议事规则》通过并实施，标志着我国立法审议开始进入有法可依的制度建设阶段。此后 1989 年出台了《全国人民代表大会议事规则》。2000 年《立法法》更进一步规定列入常务委员会会议议程的法律案，一般应当经三次常务委员会会议审议后再交付表决。2009 全国人大常委会对《全国人大常委会议事规则》进行了修订，增加了一系列颇具可操作性的具体规定。2015 年修正的《立法法》中涉及立法审议的修改之处有 7 条之多，设置了人大代表参与常委会立法审议的权限，增加了统一审议过程中专门委员会的强制性参会要求以及常委会工作机构的一些权限。根据 2015 年《立法法》，全国人大立法审议的流程如图 11－1 所示。

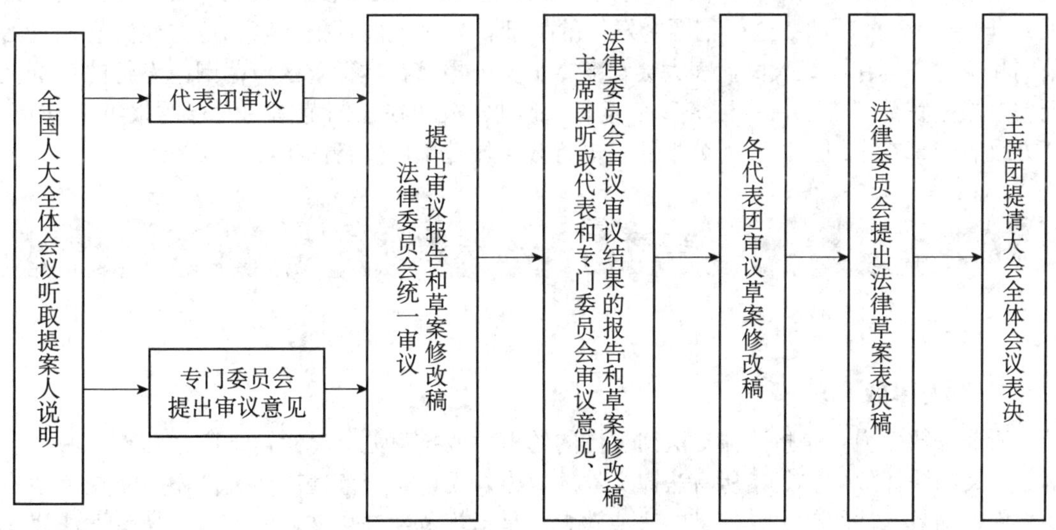

图 11－1　全国人大立法审议的流程

审议法律案时，一般考虑以下几个方面的内容：(1) 立法动机是否正确合理，立法时机是否恰当；(2) 立法精神是否科学、合理，法律草案条文是否以宪法为依据，是否符合宪法的规定；（3）权益调整是否立足全局、统筹兼顾，法律草案的各项规定是否切实可行，具有可操作性；（4）本法律案各法律规范之间及本草案与其他法律之间是否协调一致；（5）立法技术是否完善，概念是否准确，结构是否合理，文字是否清晰、合乎语法和逻辑。

法律案审议的结果有以下几种：（1）提付表决；（2）搁置；（3）终止审议。

（三）法律草案的表决和通过

法律草案的表决和通过是立法机关以法定多数对法律草案表示最终的赞同，从而使法律草案成为法律。这是法律制定程序中具有决定意义的一个步骤。表决时除了通过，还可能产生另外一种结果，即没有获得法定数目以上人的赞同而不通过。

我国《宪法》规定，宪法的修改由全国人民代表大会以全体代表 2/3 以上的多数通过。根据《立法法》的相关规定，法律草案要经过全国人民代表大会的全体代表或全国人民代表大会常务委员会全体组成人员的过半数通过。

通过法律草案的方式，有公开表决和秘密表决两种。公开表决包括举手表决、起立表决、口头表决、行进表决、记名投票表决等多种形式。秘密表决主要是无记名投票的形式。我国自 1985 年 3 月第六届全国人民代表大会常务委员会第 15 次会议开始采用“计算机多功能会议事务信息处理系统”。

（四）法律的公布

法律的公布是指立法机关或国家元首将已通过的法律以一定的形式予以公布，以便全社会遵守执行。法律的公布是立法程序中的最后一个步骤，它是法律生效的前提。法律通过后，凡是未经公布的，都不能发生法律效力，从而无法在社会生活中发挥作用。未经正式公布的“法律”，不为人们所知晓，就没有真正的法律属性，不具有普遍约束力，也不可能得到人们的普遍遵守。

我国《宪法》规定，中华人民共和国主席根据全国人民代表大会的决定和全国人民代表大会常务委员会的决定，公布法律。公布后的法律生效问题，依照法律规定。法律应当明确规定施行日期。我国公布法律和行政法规的报刊是《全国人民代表大会常务委员会公报》《国务院公报》和在全国范围内发行的报纸，如《人民日报》等。地方性法规、自治条例和单行条例在本级人民代表大会常务委员会公报及在本行政区域范围内发行的报纸上刊登。国务院部门规章在《国务院公报》、部门公报和在全国范围内发行的报纸上刊登。地方政府规章在本级人民政府公报和在本行政区域范围内发行的报纸上刊登。

第五节　法律效力

一、法律效力的概念

所谓法律效力，是指法律对法律主体的约束力或拘束力，通常包含广义和狭义两种理解。广义的法律效力，是指所有法律文件的效力，无论是规范性法律文件还是非规范性法律文件，均具有法律效力；狭义的法律效力，是指规范性法律文件的效力。规范性法律文件与非规范性法律文件的区别在于，其约束力的范围是针对特定主体还是不特定主体。针对特定主体的是非规范性法律文件，如法院判决只针对当事人产生约束力；针对不特定主体的是规范性法律文件，如全国人大制定的基本法律就是约束不特定主体的行为的。本节所讨论的法律效力是指狭义的法律效力。就我国法律体系而言，这种狭义的法律效力就是指制定法（成文法）所具有的拘束力。

这里必须注意的是，具有法律效力的法律必须是现行法，因此，过去的法律可能基于某种原因不再具有法律上的约束力。任何现行有效的法律必须具有法律效力，法律效力意味着法律主体应当遵守、执行或者适用法律，而不得违反。如果不存在法律效力，法律存在的价值将会大为降低，此时人们可以无视法律的存在，自由地做任何自己想做的事情。一个不具备约束力的法律与这个法律不存在之间的区别是非常微小的，前者只不过具有形式上的特征而已。因此，“不具备法律效力的现行法”本身就是一个矛盾的用语。

二、法律效力的层次——法律效力的来源

当我们说某一法律是有效力的时候，意味着这个法律能够对人们的行为产生约束。然而，法律为什么会产生约束呢？法律产生约束的理由何在？这些问题都是有关法律效力的根本问题。对这些问题的追寻，将会展现法律效力的三个层次。

（一）法律的应然效力

法律应当有效，法是国家制定并由国家强制力保证实施的，法律的约束力来自国家。在这种观点中，法律之所以有效，是因为它是有权力的机关遵循“有效的程序”制定的行为规范，并且从那时起其效力持续存在。这种法律效力是一种应然的效力。所谓“应然”，是指一旦法律的产生符合特定条件，人们就应当遵守，无论实际上是否存在违反法律的行为。

（二）法律的事实效力

与法律的应然效力不同，法律的事实效力是指法律在多大程度上得到人们的遵守。虽然制定法具有当然的法律效力，但是，这不等于法律实际上会获得人们的遵守。很多时候，人们基于各自的原因，会出现违反法律的情况，此时法律的应然效力受到侵犯；同时，即使在出现违反法律规定的行为的时候，也并不必然会引发国家的强制惩罚。虽然此时法律仍然具有应然的效力，但是这种效力受到了限制。始于其效力的发生而终于其效力的废止，我们发现，法律效力的概念还包括实际上被遵守的程度，这被称为法律实效。

（三）法律的道德效力

很多社会成员对法律的遵守是基于共同的法律确信，而这种共同确信所根据的是得到认可的社会道德的基本价值。这表明遵守法律也是一种道德义务，如果某些法律与人们的道德准则保持一致，那么法律的效力来自人们道德上的确信。或者说，当法律与道德的要求保持一致的时候，道德信条的约束力可以加强法律的事实效力。

法律效力的三个层次对理解法律的功能及其实现至关重要。如果法律在现实中被普遍违反，那么将会危害法律的应然效力；如果法律丧失或者缺少道德效力的支持，那么法律的事实效力也会受到削弱。[①] 因此，法律的应然效力必须得到法律的事实效力与法律的道德效力的支持。

【小链接】

德国皇帝与磨坊主的故事

19 世纪时，德国皇帝威廉一世在距离柏林不远的波茨坦建造了一个行宫。有一天，

① 伯恩·魏德士．法理学［M］．北京：法律出版社，2003：155.

威廉一世发现不远处有一个磨坊影响了行宫的美观，他想以一种公道的方式来解决，于是派人前去与磨坊的主人协商，希望能够买下这座磨坊。不料，这个磨坊主很犟，偏说这祖上传下来的家业卖不得。威廉一世很生气，派出军队强行拆除了那个磨坊。

可怜的磨坊主眼睁睁地看着自己的家业毁于一旦却阻挡不了，只得站在一旁怒吼："您是一国皇帝，我斗不过您，但德国尚有法律在！"之后，怒气冲冲的他果然一纸诉状就把威廉一世告上了法庭。令人吃惊的是，地方法院的判决结果居然是威廉一世败诉：不但要把那个磨坊"恢复原状"，还必须赔偿由于拆毁磨房给磨坊主造成的一切损失。威廉一世最终还是服从了法院的判决。

这个故事告诉我们，法律不光是给老百姓制定的，它应当得到全社会所有人的遵守。

三、法律效力层次的规则

（一）法律的时间效力

法律的时间效力是指法律何时开始生效，何时终止效力，以及法律对其生效前的事件或者行为是否具有溯及力。时间效力设定了法律对人们行为约束的时间期限。在这个时间期限内，人们具有服从法律的义务；否则，人们就会解除服从法律的义务，恢复行为的自由选择的性质。

1. 法律的生效时间

在法律发展的不同阶段，法律生效时间的标志有过一定的变化。仅就目前情形而言，法律的生效时间一般是以公布作为主要标志，其他类型的生效时间只是"公布"这种生效时间标志的补充。

（1）法律自公布之日起生效。

除了在古代的"神秘法"阶段外，法律必须公之于众。作为一种明确的行为规范，法律必须为人们所知道；否则，人们的行为将会丧失确定的准则。因此，法律的公布时间就成为人们有义务遵守这个法律的时间标志。改革开放初期，由于我国立法理论尚不成熟，加之实践中的急需，我国许多法律是采取公布之日起即行生效的方式规定的。

（2）其他类型的生效时间。

1）法律本身规定具体的生效时间。某些法律，法律的公布时间并非其具有法律效力的时间，而是由该法具体加以规定。此类法律的生效除了公布这个条件外，还需要其他的辅助性条件。例如，《中华人民共和国刑法》于 1997 年 3 月 14 日由全国人民代表大会通过，同日由中华人民共和国主席公布，但生效日期是 1997 年 10 月 1 日。这是目前大多数法律规定生效时间的做法，目的是规定一个"预知期"，使得社会公众有一个合乎理性的心理准备期限，也是给相关的司法机关、执法机关、律师等法律从业人员以及规制对象一个必要的学习、掌握的期限。

2）参照其他法律确定本法律的生效日期。某些法律的目的在于辅助其他法律的应用，这些法律就需要比照其辅助的法律确定自身的生效时间。否则，这些法律很难顺利获得实际上的约束力。

3）自法律试行之日起生效。在完善市场经济法律体系的过程中，我国缺乏足够的立法经验，采用"试行"的办法来综合评价某一法律的实际效果，以便为正式的立法创造条件。所有试行的法律都是自试行之日起生效，试行日一般由该法律或法规自身规定或另行颁布法律法规加以规定为准。例如，1982 年 3 月 8 日全国人大常委会通过的《中华人民共和国民事诉讼法（试行）》就规定“自 1982 年 10 月 1 日起试行”。

4）自法律文件到达之日起生效。在交通、通信极为不便的时代，法律往往不能在公布之日到达全国，于是需要规定一个推定到达的日期。自推定到达的日期起，法律即在该地区生效。如《法国民法典》规定，在首都自公布的次日生效；外地则按距发布地的距离计算，每百公里增加一天。我国古代也有这样的规定。随着交通和通信条件的改善，各国已经很少采用这个生效标准。

2. 法律的失效时间

法律的失效也称法律的效力终止或法律的废止，是指法律的效力消灭，不能再加以适用的情况。表示法律失效的方式通常有两类：一类是明示的废止。在我国，明示的废止有两类：新法律取代旧法律，并同时宣布旧法律废止；有关机关颁发文件，宣布某个法律废止。另一类是默示的废止。在我国，默示的废止有以下情况：新的法律公布后，依据“（同类法律中）新法优于旧法”的原则，旧法律自然失去效力；法律调整的对象消失或法律明显不适应新的形势而在社会生活中不再发挥作用，自动失去效力；法律本身规定的有效期届满，法律即行废止。

3. 法律溯及力

法律溯及力又称法律溯及既往的效力，是指新的法律颁布后，对其生效以前所发生的事件和行为是否适用的问题。如果适用，新的法律就具有溯及力；如果不适用，新的法律就没有溯及力。一般来说，法律溯及力有两种情况：对法律生效之前的事件和行为不适用该法的，称为“不溯及既往”原则；与此相适应，如果法律追究生效之前的事件和行为，则称为“溯及既往”原则。法律溯及力的原则有以下四个：

（1）从新原则：新的法律颁布后，对其生效以前所发生的事件和行为一律适用。或者说，法律一律具有溯及力。

（2）从旧原则：新的法律颁布后，对其生效以前所发生的事件和行为一律不适用。或者说，法律一律不具有溯及力。

（3）从新兼从轻原则：新的法律颁布后，原则上，对其生效以前所发生的事件和行为一律适用，除非旧法处罚轻于新法处罚。或者说，原则上承认法律的溯及力。在旧法处罚轻于新法处罚的时候，反对法律的溯及力。简言之，即“原则上允许，例外时禁止”。

（4）从旧兼从轻原则：新的法律颁布后，原则上，对其生效以前所发生的事件和行为一律不适用，除非新法处罚轻于旧法处罚。或者说，原则上否认法律的溯及力。在新法处罚轻于旧法处罚的时候，肯定法律的溯及力。简言之，即“原则上禁止，例外时允许”。

关于法律的溯及力问题，不同的国家在不同的历史时期采用不同的原则。在近现代，各个国家从保护公民的权利和自由、维护社会关系的角度出发，法不溯及既往已成为大多数国家所采用的一个原则。

（二）法律的空间效力

法律的空间效力是指法律生效的地域范围，即在什么空间范围内可以发挥其效力。一般来说，一个国家的法律在其主权范围内都能产生效力；而在特殊情况下，一个国家的法律在其主权范围之外也能产生效力。前者为域内效力，后者为域外效力。

1. 法律的域内效力

法律的域内效力是基于国家主权而产生的，它意味着一国法律的效力可以及于该国主权管辖的全部领域，而在该国主权管辖以外的领域无效。一个国家的主权领域通常包括这个国家的领土、领海、领空，以及其他延伸意义上的领域（如驻外使馆、航行或停泊在任何地方的本国船舶及飞机内）。许多国家还有中央立法和地方立法之分，有一般区域和特殊区域的不同规范，在域内效力中，又可以进一步划分为在全国发生效力的法律、在地方发生效力的法律、在部分地区或区域内发生效力的法律等。

我国是“一国两制”的国家，同时实行二级立法体制。我国法律的域内效力具体表现为以下两种形式：

（1）在全国范围内生效。凡中央国家机关制定的法律在全国发生效力，如全国人民代表大会制定的宪法和基本法、全国人民代表大会常务委员会制定的基本法以外的其他法律、国务院制定的行政法规、国务院所属行政机关制定的部门规章均属全国性的法律，在全国范围内发生效力。有些法律虽然只在特定范围内适用，但因属普遍性规定，也是全国性法律。例如，我国国务院颁布的《中华人民共和国渔港水域交通安全管理条例》虽然只是针对沿海渔业的渔港和水域的有关规定，但由于该法律是中央国家机关制定的，对全国所有沿海渔业的渔港和水域均有约束力，因而属全国范围内生效的法律。

【小链接】

《中华人民共和国香港特别行政区基本法》是对香港特别行政区的政治、经济、文化、教育等社会制度的规定，而不是对其他地域的社会制度的规定。虽然该法有关香港社会制度的规定只能在香港这个区域实施，而不能在其他区域实施，但其作为全国人大制定的法律，是全国性法律。因此，这个法律应在全国范围内有效，全国的一切国家机关、社会团体、企事业单位和公民都必须遵守。

（2）在局部地区生效。凡是地方国家机关制定的地方性法规，只能在制定机关所管辖的范围内发生效力。如我国各省、自治区、直辖市人民代表大会及其常务委员会制定的地方性法规或自治条例，仅在相应地区发生效力。香港和澳门是我国的两个特别行政区，其法律分为基本法、港澳原有法律以及港澳特别行政区立法机关制定的法律三部分。两个基本法属全国性法律，在全国范围内发生效力。港澳原有法律和港澳特别行政区立法机关制定的法律则属局部地区生效的法律，只在香港、澳门两个特别行政区内发生效力。此外，我国经济特区的有关法律也属于在局部地区生效的法律。

2. 法律的域外效力

所谓法律的域外效力，是指法律的效力及于制定的机关所管理的领域之外。目前，有的法律不仅在国内生效，而且根据国家主权原则往往还规定适用于国外发生的特定事件和行为。例如，我国《刑法》规定：凡在中华人民共和国领域内犯罪的，除法律有特别规定的以外，都适用本法。这里所说的“特别规定”，主要是指下面的两种情况：一是对享有外交特权和豁免权的外国人的规定；二是对少数民族地区的特别规定。

由此可见，无论是中国人还是外国人，只要在中华人民共和国领域内犯罪，都适用我国《刑法》。这充分体现了我国的主权原则。此外，我国《刑法》从维护国家统一和国家主权原则出发，规定凡犯罪的行为或者结果有一项发生在中华人民共和国领域内，就认为是在中华人民共和国领域内犯罪。也就是说，我国《刑法》所列举的犯罪行为无论是在我国开始还是在他国完成，或者在他国开始而在我国完成，我国法院都可以行使管辖权。再如，我国公民和法人在域外所发生的民事关系，依照我国法律和我国所签订的国际条约或者依照国际惯例，应当适用本国法律的，也适用我国民事法律的规定。外国人、无国籍人和外国机构在我国领域内所发生的民事关系，除我国法律和我国所签订的国际条约另有规定的以外，适用我国民事法律的规定。这些规定，既维护了我国的主权，也符合国际惯例。

（三）法律的对人效力

法律的对人效力，是指一个国家的法律对哪些人有效的问题。这里所说的“人”，既包括自然人，也包括法人和非法人组织。

1. 对人效力的原则

任何一个国家，法律对自然人的效力问题都可能发生几种情况，即本国人在本国适用法律的问题；非本国公民在本国适用法律的问题；本国公民在外国侵犯了本国利益而适用法律的问题等。对这些问题，由于各个国家立法的原则不同，大体上有以下四种做法：

（1）“属人主义”原则，即法律对自然人的效力以国籍为准，适用于本国人，不适用于外国人。具体内容包括：本国人无论是居住在国内还是国外，本国法律均有效；外国人即使生活在本国领域内，也不适用本国法。这个原则的缺陷是：不约束生活在本国领域内的外国人；对生活在其他国家并且受到所在国法律约束的本国人而言，本国法虽然加以约束，实际上却难以实现。由于存在上述缺陷，这个原则只能在不同国籍人员之间不流动的基础上发挥作用。对目前的情形而言，这个原则的作用已经大为降低。

（2）“属地主义”原则，即法律对自然人的效力以地域为准，无论是本国人还是外国人，凡在本国领域内，一律适用本国法律；即使是本国人，只要不在本国领域内，也不适用本国法律。这个原则可以有效克服“属人主义”原则的上述两个缺陷，但是它仍然会存在下列问题：对身处外国的本国人缺乏有效的保护手段；对发生在本国以外的、侵犯本国利益的行为缺乏有效约束。这个原则同样具有某种缺陷，但是相对于属人主义原则，它具有更大的优势。

（3）“保护主义”原则，即以维护本国利益为根据，不管是什么国籍的人，在什么地方的行为，只要侵害了本国的利益，就适用本国的法律。这个原则强调了对本国利益的保护，但是却容易产生挑战其他国家主权的情形。

（4）“折中主义”原则。现代各国的法律多采用以“属地主义”为基础，“属人主义”为补充，兼及“保护主义”的“折中主义”原则。即居住在本国领域，一律适用居住国的法律，但有关公民义务，民法中的婚姻、家庭、继承，刑法中有特殊规定的某些犯罪，一般要适用国籍国法律。

参考案例

中国公民赖××犯走私罪，最后逃往加拿大

问题：请依据法律对人效力的四个原则，讨论在不同原则支持之下，赖××是否应当受到我国法律的约束。

提示：在属人主义原则下，因为赖××是中国公民，因而应受我国法律的约束；在属地主义原则下，赖××身处加拿大，因而应受加拿大的法律约束而不受我国法律约束；在保护主义原则下，赖××向我国境内走私商品，侵犯了我国的国家利益，因而应受我国法律约束；在折中主义原则下，应视具体规定情况而定。

2. 我国法律的对人效力

根据我国国家的主权原则和国际通用的惯例，我国法律对自然人的效力包括以下两个方面：

(1) 对中国公民的效力。凡是具有中国国籍的人，都是中国公民。中国公民，在中国领域内一律适用中国法律。中国公民在国外的法律适用问题，原则上仍适用中国法律，但当中国法律与所在国的法律发生冲突时，要区别不同的情况和具体的国际条约、协定及国内法的规定，来确定是适用中国法律还是适用外国法律。如《民法通则》规定，中国公民定居国外的，其民事行为能力可以适用居住国的法律。

(2) 对外国公民的效力。外国公民通常是指具有某一外国的国籍而不具有本国国籍的自然人，其中也包括无国籍人和多重国籍的人。中国法律对外国公民的适用包括两种情况：一是对在中国境内的外国公民的适用问题；二是对中国境外的外国公民的适用问题。外国公民在中国境内，除法律另有规定外，一般适用中国法律。所谓另有规定，一般是指法律上明确规定不适用中国法律的情形，如享有外交特权和豁免权的外国人，需要通过外交途径解决。外国公民在中国境外对中国国家或中国公民的犯罪，按中华人民共和国刑法规定的最低刑为3年以上有期徒刑的，可以适用中华人民共和国刑法，但是按照犯罪地的刑法不构成犯罪的除外。

【思考题】

1. 立法的概念以及特征是什么？
2. 我国的立法体制是怎样的？
3. 法律的效力范围有哪些？如何理解法律的时间效力、空间效力与对人效力？

【讨论与互动】

请利用书店、网络等途径，找到一些法律条文，看能否说出这些法律的时间效力、空间效力、对象效力的范围。目的是通过阅读法律条文，尝试把握一部法律的效力范围，并讨论一部法律的效力范围有什么重要的意义。

【推荐书目】

1. 朱力宇，张曙光．立法学［M］．3版．北京：中国人民大学出版社，2009.
2. 李培传．论立法［M］．北京：中国法制出版社，2013.
3. 杨炼．立法过程中的利益衡量研究［M］．北京：法律出版社，2010.

第十二章　执　法

【本章导读】

本章所讲的执法是指狭义的执法，仅指国家行政机关和法律授权的组织、行政机关委托的组织及其工作人员在行使行政管理权的过程中，依照法定职权和程序，贯彻实施法律的活动，即行政执法。执法的主体包括国家行政机关、法律授权的组织和行政机关委托的社会组织。我国的行政执法应遵循合法性原则和合理性原则。执法的主要特征有：执行主体的特定性、执法内容的广泛性、执法行为的单方性、执法行为的主动性以及执法活动的裁量性。

【学习目的】

掌握执法的意义、原则和特征。

第一节　执法概述

参考案例

2014 年 4 月 19 日上午 9 时，浙江省温州市苍南县灵溪镇 5 名城管人员在执法时，因为路人黄某用手机对其执法过程进行拍照，5 名城管人员上前对其拳打脚踢，并与围观群众发生冲突。因有人谣传“城管打死人了”，至中午有上千名群众赶到现场，最终导致 5 名城管人员被围殴，其中 2 人失血性休克，执法车辆和救护车辆被砸。公安机关立即对涉案人员抓捕调查，并对现场挑头闹事的人员和打人城管分别进行了查处。其中参与带头滋事的 15 名嫌疑人员，10 人因涉嫌寻衅滋事罪被采取刑事强制措施，4 人因寻衅滋事行为被行政拘留 15 日，1 人因阻碍执行职务行为被行政拘留 15 日，而参与殴打他人的 3 名城管工作人员也被依法行政拘留。

问题：什么是执法？本案中，公安机关对上述人员的处理，哪些属于行政执法？

提示：公安机关查处行政案件属于行政执法，而对刑事案件的查处不属于行政执法。所以，公安机关对涉嫌寻衅滋事罪的 10 名犯罪嫌疑人采取刑事强制措施不属于行政执法，但对构成寻衅滋事行为的 4 名违法人员、构成阻碍执行职务的 1 名违法人员以及对参与殴打他人的 3 名城管工作人员处以行政拘留属于行政执法。

一、执法的含义

执法有广义和狭义两种解释。广义的执法是指一切执行法律、适用法律的活动，包括国家行政机关、司法机关和法律授权的组织、行政机关委托的组织及其工作人员，依照法定职权和程序，贯彻实施法律的活动。狭义的执法仅指国家行政机关和法律授权的组织、行政机关委托的组织及其工作人员在行使行政管理权的过程中，依照法定职权和程序，贯彻实施法律的活动，即行政执法。换言之，广义的执法包括行政执法和司法，而狭义的执法仅指行政执法。本章所讲的执法，是指狭义的执法，不包括国家司法机关及其工作人员依照法定职权和程序，贯彻实施法律的司法活动。

执法的主体包括国家行政机关和法律授权的组织、行政机关委托的组织。

（一）国家行政机关

行政机关的执法是我国执法体系中最重要的执法，根据我国宪法和法律的规定，行政机关包括各级人民政府和县以上人民政府工作部门。

1. 各级人民政府

人民政府包括中央人民政府和地方各级人民政府。

中央人民政府即国务院，是最高国家权力机关的执行机关，是最高国家行政机关。它根据《宪法》和《国务院组织法》的规定，行使以下执法职权：根据宪法和法律，规定行政措施，制定行政法规，发布决定和命令；规定各部和各委员会的任务和职责，统一领导各部和各委员会的工作，并领导不属于各部和各委员会的全国性的行政工作；统一领导全国地方各级国家行政机关的工作，规定中央和省、自治区、直辖市的国家行政机关的职权的具体划分；改变或者撤销各部、各委员会发布的不适当的命令、指示和规章；改变或者撤销地方各级国家行政机关不适当的决定和命令等。中央人民政府的执法主要是宏观方面的执法，即制定行政法规，规范行政行为，领导全国性行政工作，贯彻执行宪法、法律。

地方各级人民政府是地方各级国家权力机关的执行机关，是地方国家行政机关。地方各级人民政府一般分为四级：省级人民政府，包括省、自治区、直辖市人民政府；市级人民政府，包括自治州、设区的市人民政府；县级人民政府，主要包括县、自治县、市辖区、不设区的市人民政府；乡级人民政府，主要包括乡、民族乡、镇人民政府。地方各级人民政府负有执行宪法、法律、行政法规和地方性法规的重要职能。自治区、自治州、自治县等民族区域自治地方人民政府还负有依照宪法、民族区域自治法和其他有关法律规定的权限行使自治权，根据本地方实际情况贯彻执行国家法律的职能。

2. 县以上人民政府工作部门

人民政府工作部门是各级人民政府的下属机构，包括中央人民政府即国务院工作部门和地方县级以上地方人民政府工作部门，乡级人民政府不设工作部门。我国有权执法的政府工作部门主要有：市场监督管理、公安、税收、物价、环境保护、技术监督、土地管理、地质矿产、电力、城建、林业、农业、渔业、水利、交通、铁路、民航、海关、金融、计量、统计、审计、外汇管理、烟草专卖、劳动、人事、教育、科学技术、文化、新闻出版、广播电影电视、卫生、计划生育等。这些政府工作部门根据法律规定，在自己的职权范围内行使执法权。

（二）法律授权的组织

法律授权的组织是指根据法律、法规、规章的具体授权而行使特定行政权力，在一定范围内执行法律的非国家机关组织。例如，《中华人民共和国行政处罚法》第17条规定，法律、法规授权的具有管理公共事务职能的组织可以在法定授权范围内实施行政处罚。我国法律、法规、规章授予执法权的组织主要包括以下几类。

1. 社会团体与行业协会

社会团体是指为一定目的而由一定数量的社会成员（包括自然人、法人）所组成的，并取得法人资格的社会组织，包括人民群众团体，社会公益团体和学术研究团体。在我国，社会团体大都带有准官方性质，虽然不是行政机关，但法律往往授权它们行使某些执法职能，如工会、妇联、残联、工商联等。行业协会是指介于政府、企业之间，商品生产者与经营者之间，并为其服务、咨询、沟通、协调、监督、自律的社会中介组织。如律师协会、消费者协会、互联网协会、钢铁工业协会等，它们依照法律的授权执行有关法律，管理本行业内的某些行政事务。

2. 企事业单位

企业单位是以营利为目的独立核算的法人或非法人单位。企业单位一般是行政管理的对象，但对于公有公共性企业，多由原政府行政主管部门改制而成的，如烟草公司、自来水公司、电力公司、燃气公司、热力公司等。事业单位是指由政府利用国有资产设立的，从事教育、科技、文化、卫生等活动的社会服务组织。通过法律授权，这些企事业单位有权针对消费者的违反法律强制性规定的行为，行使一定的行政执法权。如《中华人民共和国食品安全法》授权食品卫生监督站对食品卫生进行检查监督，对违反食品安全法的行政相对人给予行政处罚。

参考案例

1996年2月29日，北京某大学学生田某在参加考试时夹带相关资料，被监考教师发现，学校按照本校《关于严格考试管理的紧急通知》的规定，对田某按退学处理，但未给田某办理退学手续，田某仍以在校大学生的身份参加正常学习及学校组织的考试、论文答辩等活动。1998年6月，学校以田某不具有学籍为由，拒绝为其颁发毕业证和学位证。田某决定以学校为被告，向北京市海淀区人民法院提起行政诉讼。

问题：高等院校不是行政机关，能否成为行政诉讼被告？

提示：事业单位、社会团体虽然不属于行政机关，但是法律、法规赋予其一定的行政管理权。《中华人民共和国教育法》第22条规定："经国家批准设立或者认可的学校及其他教育机构按照国家有关规定，颁发学历证书或者其他学业证书。"《中华人民共和国学位条例》第8条规定："学士学位，由国务院授权的高等学校授予。"本案中北京某大学是从事高等教育事业的法人，田某诉请其颁发毕业证、学位证，正是由于其代表国家行使对受教育者颁发毕业证书、学位证书的行政权力时引起的行政争议，因此可以适用行政诉讼法予以解决。

3. 基层群众性自治组织

基层群众性自治组织是指根据宪法和有关法律的规定，在城市和农村按居民居住地区设立基层群众自我教育、自我管理、自我服务的城市居民委员会和农村村民委员会。居民委员会和村民委员虽然不是一级政权组织，但它们与地方行政机关有着密切的联系，受基层人民政府或其派出机关的指导，根据有关法律的授权，协助基层人民政府执行法律。

4. 技术检验、鉴定机构

对一些需要运用专门知识、专门技能、专门设备进行检验鉴定的执法事务，法律、法规通常授权由有关的技术性机构行使该项执法。如《中华人民共和国动物防疫法》第 8 条规定："县级以上地方人民政府设立的动物卫生监督机构依照本法规定，负责动物、动物产品的检疫工作和其他有关动物防疫的监督管理执法工作。"

（三）行政委托的社会组织

行政委托是指行政机关依法把一定的行政管理事务委托另一个行政机关或者其他组织办理的行为。例如，《行政处罚法》第 18 条规定，行政机关依照法律、法规或规章的规定，可以在其法定权限内委托符合该法第 19 条规定条件的组织实施行政处罚，行政机关不得委托其他组织或者个人实施行政处罚。第 19 条所规定的条件是：（1）依法成立的管理公共事务的事业组织；（2）具有熟悉有关法律、法规、规章和业务的工作人员；（3）对违法行为需要进行技术检查或者技术鉴定的，应当有条件组织进行相应的技术检查或者技术鉴定。需要注意的是，行政机关委托的组织虽然有权在委托范围内行使行政执法权，但并不是行政主体，其行为后果由委托的行政机关承担。

二、执法的意义

执法作为国家行政机关独立的职能，是近代民主政治制度的产物。在古代社会，国家权力均由最高统治者掌握，国家行政机关根据最高统治者的个人意志进行行政管理。资产阶级革命后，建构了立法、司法、行政三权分立的国家制度，确立了"依法行政"的法治原则，民主政治消除了个人对社会享有"至高无上"统治权的现象，避免了个人的独断专行。国家行政机关执行法律是人类法制文明进步的结果。

执法是法的实施的重要组成部分和基本实现方式。法律的生命力在于它在社会生活中的具体实施。国家制定法律就是要在社会生活中得到遵守和执行，否则将变成一纸空文，失去其应有的效力和权威，而执法使大多数法律在社会生活的各个领域发挥作用，使国家经济、政治、文化、社会公共事务等都能依法进行、有序运作。执法是最广泛的、最普遍的实施法律的活动，在我国法制建设中占有十分重要的地位，对实现法治国家、建设法治社会具有重要意义。

执法是实现政府职能最重要的手段。随着我国社会主义市场经济体制的建立和逐步完善，政府行为从本质上讲都将是一种法律行为，除了某些行政立法行为以外，其他的都与执法有着密切联系。政府从过去主要采取行政手段直接管理经济、管理社会转变为通过法律宏观管理、间接管理为主的宏观、微观相结合的管理模式，政府职能也从传统的计划、审批许可、指挥、组织产供销、命令，向规划、制定法规、运用经济杠杆、指导、协调、服务转变。在现代法治国家，政府职能要通过有效的执法活动来实现。执法对转变政府职能、规范政府权力、调整政府与市场主体的关系、促进经济社会发展是非常必要的。国家行政机关通过执法管理国家事务和社会公共事务，通过依法行政实现政府职能。

执法在分配社会资源、维护社会秩序、保障公民权利、推动社会进步方面起着重要的作用。特别是在现代社会，国家行政机关的职能膨胀，行政事务日趋庞杂，行政管理的范围日益广泛，执法在社会生活中的重要性更加突出。社会发展迅速、社会问题复杂，现代国家的立法机关为适应社会的变化而授权行政机关更为广泛的行政管理职权，行政机关的权限和职能有了极大扩张，往往集立法、司法、行政职能于一身，分权、依法行政管理原则的解释与适用日益朝宽泛方向发展。国家行政机关在社会发展中处于主导地位，通过执法调整社会关系，干预社会生活，影响社会成员，引领社会变化。

第二节 执法的原则

执法的原则是指行政执法主体在执法活动中所应遵循的基本准则。行政执法应遵循合法性原则和合理性原则。

一、合法性原则

参考案例

2012年8月1日，被告吴起县人民政府作出《关于中央红军长征胜利纪念园附属工程房屋征收决定》，对包括原告苏某某、侯某某、冯某在内的225户（352间）房屋进行征收并公告，要求被征收人在决定公告之日起45日内签订房屋征收补偿安置协议。因部分被拆迁人未签订房屋征收补偿安置协议，2013年4月27日，吴起县人民政府对包括原告在内的13户被征收人作出补偿决定，并告知被征收人不服该决定，可以在决定书送达之日起60日内申请行政复议或在3个月内向人民法院提起行政诉讼。2013年4月28日，征收补偿决定送达原告，原告拒收。2013年5月30日，原告的被征收房屋被强制拆除。2015年4月14日，原告向延安市中级人民法院提起行政诉讼，请求依法确认被告强制拆除原告房屋的行为违法。

问题：被告强制拆除原告房层的行为是否合法？

提示：《国有土地上房屋征收与补偿条例》第28条第1款规定，被征收人在法定期限内不申请行政复议或不提起行政诉讼，在补偿决定规定的期限内又不搬迁的，由作出房屋征收决定的市、县人民政府依法申请人民法院强制执行。《最高人民法院关于办理申请人民法院强制执行国有土地上房屋征收补偿决定若干问题的规定》第2条第3款规定，强制执行的申请应当自被执行人的法定起诉期限届满之日起3个月内提出。本案中，被告向原告作出房屋征收补偿决定后，在原告享有的法定申请复议或提起行政诉讼的期限尚未届满前，未依法申请人民法院强制执行即自行强制拆除原告房屋，不仅程序违法，而且超越了其法定职权，被告强制拆除原告房屋的行为违法。

合法性原则也就是依法行政原则，是法治原则在执法中的具体体现，是现代法治国家对执法的基本要求，也是执法最重要的一项原则。合法性原则指执法主体必须在法律规定的范围内行使行政权力。

（1）执法主体要合法。执法主体的设立及其职权的设定必须有法律依据，必须具备法律直接或间接赋予的职权能力和行为能力，同时执法主体必须在法律规定的范围内行使职权，不可超越法律。行政授权和委托也必须有法律依据，符合法律要旨。

（2）执法内容要合法。执法必须根据法律的规定作出，没有法律规定，执法主体不得作出影响公民、法人和其他组织的合法权益或者义务的决定。执法必须以事实为根据，以法律为准绳，做到认定事实清楚，适用依据正确。

（3）执法程序必须合法。执法主体要严格遵循法定程序，依法保障行政相对人、利害关系人的知情权、参与权和救济权，必须按照各自不同的执法内容来决定所适用的程序，不能任意简化、改变、调换和省略程序。执法程序要符合法定的步骤、顺序、方式和时限。

（4）执法主体违法或者不当行使职权，应当依法承担法律责任，实现权力与责任的统一。

行政执法遵循合法性原则的意义在于：第一，“依法行政”是依法治国的核心和基础。作为国家权力机关的执行机关和公共事务的组织管理协调服务者，行政机关担负着实现国家行政职能、保障法律实施的重要职责。执法不仅涉及面广、事务繁杂，而且关系到社会和民众的各项切身权益，比立法、司法更具有普遍性和社会性。行政执法本身的合法性对形成良好的行政管理秩序、树立执法的权威，进而实现全社会的法治秩序是极为关键的，如果依法行政不能取得成效，则依法治国最终也难以实现。第二，行政权力具有相对集中的命令与服从的特点，执法活动的繁杂性和紧迫性，要求执法主体必须强调办事速度，强调效率，并给予较大的自由权，但因此也容易产生行政执法主体滥用权力、寻求私利和侵犯国家、社会和公民利益等腐败现象。因此，必须以法律约束行政机关正确行使职权，限制行政权力的滥用，并对执法主体进行有效的监督和制约。在执法中贯彻合法性原则，实现依法行政，这是现代法治国家行政机关行使权力时所普遍奉行的基本准则，反映了社会从“人治”向“法治”转变的历史进程，对保证行政机关的廉洁是非常必要的，特别是在行政职能扩大、行政权力扩张的当代社会，更具有现实意义。

二、合理性原则

参考案例

2017年9月1日，一起警察执法的视频引爆了各大媒体和微信朋友圈。经查：当日上午10时30分许，上海市公安局松江分局交警支队民警朱某带领一名辅警在松江涞坊路、九杜路路口东200米处，对一辆停留在人行道上的小轿车开展违法停车整治。朱某按规定拍照取证、开具罚单时，车主张某（女）怀抱一儿童过来阻止。在朱某继续开出罚单后，张某开始纠缠民警，并将张贴在车上的罚单撕下捏在手中。朱某告知张某如不服处罚可提请行政复议后，带领辅警驾车欲驶离现场。张某追至警车旁，采取扒车门、拉扯后视镜、用身体顶住副驾驶车门等方式阻止警车驶离。朱某即下车警告张某不得阻碍人民警察执行职务，张某不听劝告开始威胁并推搡执法民警。民警朱某警告未果，在张某第三次推搡民警时，未顾及张某手中怀抱儿童的安全，采用粗暴的方式将张某控制，致使张某怀中的儿童跌落在地。朱某和辅警合力将张某控制后，朱某才抱起跌落的儿童。事后，警方即将儿童和张某送医，经上海市第一人民医院和闵行区中心医院医生全面检查，儿童手臂表皮擦伤，张某面部、颈部软组织挫伤。

事发后，张某因阻碍执行职务，被公安机关依据《中华人民共和国治安管理处罚法》第 50 条之规定，给予警告的行政处罚。民警朱某也被松江分局依据《公安机关人民警察纪律条令》第 20 条第 1 款之规定，给予行政记大过处分。

问题：张某的行为既然已经构成违法，民警朱某为什么会受到行政处分？

提示：张某在民警执法过程中，无理纠缠、威胁，甚至使用推搡动作阻挠民警正常执法，其行为已构成阻碍执行职务，朱某有权依法采取措施予以制止，但该事件中，朱某反应过度，未顾及张某怀中儿童的安全，采用了过激的控制方式，超出了合理限度，违反了执法的合理性原则。

合理性原则是指执法主体在执法活动中，特别是在行使自由裁量权进行行政管理时，必须客观、适度、合乎理性。具体来说，首先，执法主体在执法活动中要平等对待行政相对人，公平、公正、不偏私、不歧视，对实施了同样或类似行为的行政相对人给予公平对待处理；其次，行使自由裁量权时要以法律精神为指导，符合法律目的，考虑相关因素，排除不相关因素的干扰；再次，执法时所采取的措施和手段应当必要、适当，可以采用多种方式实现行政目的的，应当避免采用损害当事人权益的方式；最后，对法律只有原则规定或没有规定的，遵循与社会生活公理相一致的原则，公平合理地处理，并符合当地的善良风俗。

合理性原则的确立与行政自由裁量权的存在和发展是密切相关的。行政管理是一项范围广泛、内容复杂的活动，法律不可能都作出具体规定，在许多领域只能规定基本原则、基本规则，给行政主体留有较大的自由裁量的空间，因此行政自由裁量权是必不可少的。但随着行政自由裁量权的日益扩张，为避免滥用，对行政自由裁量权的行使加以必要的控制也就成为必然要求，而仅以合法性原则难以达到全面控制自由裁量权的效果，合理性原则因此得以确立。

执法遵循合理性原则还要恰当处理“合理”与“合法”的关系，在某一项法律规范已不适合社会实际情况，但国家又未明令废止时，行政执法机关可根据法律精神，依据法定程序进行一定的变通，以适应社会需要。

第三节　执法的特征

与司法相比，执法具有如下特征。

一、执行主体的特定性

执法权是宪法和法律赋予行政机关的职权。在我国，只有国家行政机关及其工作人员、法律授权的组织及其工作人员、行政机关委托的组织才能作为执法的主体，其他任何组织或个人都不能构成执法的主体。司法权在我国则专属于人民法院和人民检察院。

二、执法内容的广泛性

执法是以国家名义对社会实行全方位的组织和管理，它涉及国家社会、经济生活的各个方面，包括政治、经济、外交、国防、财政、文化、教育、卫生、科学、工业、农业、商业、交通、建设、治安、社会福利、公用事业等各个领域，内容十分广泛。特别是在现代社会，社会事务越加复杂，行政管理的范围更为广泛，执法的范围也日益扩大，执法对社会生活的影响也日渐深刻。而司法管辖的范围则限于刑事、民事和行政纠纷。

三、执法行为的单方性

在行政法律关系中，行政机关既是一方当事人，又是执法者。它代表国家，在行政法律关系中居支配地位，其意思表示和处分行为对该法律关系具有决定意义，执法机关只要是在法律规定和授权的范围内，即可自行决定和直接实施执法行为，无须相对人的同意。例如，国家行政机关依法对市场进行监督检查、依法命令企业遵守环境保护法规等。司法则由司法机关以第三者身份居间裁判，解决当事人之间的各项纠纷，不具备单方性特征。需要指出的是，行政权关作出的行政复议、行政裁决、行政仲裁、行政调解等准司法行为以及行政合同等行政执法行为不具有单方性。

四、执法行为的主动性

执法是行政机关的法定职责，行政机关在执法时，一般都采取积极主动的行动去履行职责，保证法律的贯彻实施，不需要行政相对人的意思表示。依行政相对人申请的执法行为如行政许可、行政给付等，虽然程序启动上行政机关是被动的，但在决定实体性内容时，执法机关仍然是主动的。而司法一般是被动的，特别是在民事和行政诉讼以及刑事自诉中，“不告不理”是其基本原则。

五、执法活动的裁量性

执法所涉及的社会生活范围很广，加之社会生活的复杂性和社会发展的不平衡性，法律不可能都作出明确而严格的规定，一般只作概括性的规定或原则性的规定，由行政机关根据具体情况决定，因而执法具有较大的灵活性。国家行政机关在执法活动中享有较大的自由裁量权，可以充分运用其主观能动性，积极、灵活地执法，实现立法目的。

【思考题】

1. 执法的特征有哪些？
2. 执法应遵循哪些原则？

【讨论与互动】

王某大学毕业后无工作，于是和两个在地铁公司工作的朋友杨某、李某商定卖地铁一卡通充值发票，并在网络上发布了出售信息。某日，王某接到一男子电话，称想购买400张50元面额的发票，出售价是每张1元。王某与朋友按约定于当晚8点左右在地铁口与该男子见面，民警在其交易时将王某等人抓获。公安机关认为，王某非法出售发票，对其作出拘留9天的行政处罚。王某在派出所接受讯问时发现与其交易的男子是该派出所的辅警黄某，认为自己被抓是派出所的一次“钓鱼执法”，于是把该派出所所属分局起诉至法院，请求撤销行政处罚决定，并且要求获得因被违法拘留9天的国家赔偿金。

请讨论本案是否属于“钓鱼执法”。

【推荐书目】

1. 张文显．法理学［M］.4版．北京：高等教育出版社，北京大学出版社，2012.

2. 胡锦光，刘飞宇．行政法与行政诉讼法［M］.7版．北京：中国人民大学出版社，2015.

第十三章　司　法

【本章导读】

司法又称法的适用，通常是指国家司法机关依据法定职权和法定程序，具体应用法律处理案件的专门活动。司法被人们称为“正义的最后防线”。司法不同于其他国家机关、社会组织和公民实施法律的活动，它有自身的一些特点：专门性、严格的程序性、国家强制性和权威性，必须有表明法的适用结果的法律文书。司法的原则是指在司法过程中必须遵循的基本原则，司法原则的目的在于引导法官审判，保障司法公正。司法原则具体包括以下四个原则：以事实为根据，以法律为准绳原则；公民在适用法律上一律平等原则；司法机关依法独立行使职权原则；司法责任原则。司法体系也称“司法体制”，是指国家司法机关在司法活动中的职能划分、组织结构、活动原则和工作内容等方面的制度、规定的总称。法院系统和检察院系统共同构成了我国的司法体系，这两个系统在宪法的约束下本着正确、合法、及时、独立、公正、平等的原则完成国家的司法活动，使国家的正常法律生活得以正常进行。

【学习目的】

掌握司法的概念；掌握司法的基本原则；掌握司法体系的概念以及我国的司法体系。

第一节　司法概述

参考案例

河北省石家庄市中级人民法院审理石家庄市人民检察院指控原审被告人聂树斌犯故意杀人罪、强奸妇女罪一案，于 1995 年 3 月 15 日作出刑事附带民事判决，以故意杀人罪判处被告人聂树斌死刑，剥夺政治权利终身；以强奸妇女罪判处聂树斌死刑，剥夺政治权利终身，决定执行死刑，剥夺政治权利终身。1995 年 4 月 25 日，河北省高级人民法院作出刑事附带民事判决，维持对聂树斌犯故意杀人罪的定罪量刑，撤销对聂树斌犯强奸妇女罪的量刑。1995 年 4 月 27 日，聂树斌被执行死刑。2005 年 1 月 17 日，涉嫌犯故意杀人罪被河北公安机关网上追逃的王书金，被河南省荥阳市公安机关抓获后自认系本案真凶。此事经媒体报道后，引发社会关注。

2007 年 5 月，申诉人张焕枝等人提出申诉，请求宣告聂树斌无罪。2014 年 12 月 4 日，根据河北省高级人民法院请求，最高人民法院指令山东省高级人民法院复查本案。山东省高级人民法院经复查后建议启动审判监督程序重新审判，并报请最高人民法院审查。最高人民法院经审查于 2016 年 6 月 6 日作出再审决定，提审本案。2016 年 12 月 2 日，最高人民法院作出刑事判决，改判聂树斌无罪。该判决已生效。

资料来源：法制网．最高法央视联合评选：2016 年推动法治进程十大案件．(2017-04-20)．[2017-07-27]．http://www.legaldaily.com.cn/judicial/content/2017-04/20/content_7116676.htm?node=80570.

问题：本案从立案侦查到最后的审判都涉及司法活动，涉及哪些司法机关？本案的审理体现了司法的哪些原则？

提示：聂树斌案是典型的疑罪从无案件，充分彰显了对人权司法保障的高度重视，是坚持以人民为中心的执政理念在司法领域的具体贯彻；是努力让人民群众在每一个司法案件中都感受到公平正义工作目标的有效落实，充分展示了党的十八大以来全面深化司法改革的实际成效，充分体现了司法的平等以及司法权的独立原则。

一、司法的概念

“司法”一词在我国很早便产生了。据考证，我国早在奴隶社会便有“听讼断狱”的“司寇”官职，到了封建社会的唐朝地方官体系中，在州一级设“法曹参军”，又称“司法参军”，县设“司法佐、吏”。由于奴隶社会和封建社会行政与司法不分，司法归于行政，上述所谓的“司法”都与现代司法的含义相去甚远。在中国传统文化中，司法的标志是一个威严的“独角兽”，它有锐利的眼光，能够分清是非、惩罚邪恶。在西方法律文化中，司法的代言人是“正义女神”，她身穿白裙，一手持剑，一手持天平，评判人类行为的对错，呵护着人间的公平正义。“法律有时入睡，但绝不死亡”，人们相信，只要司法存在，法律的正义和公道就永远存活。① 即便是在现代国家中，由于法的历史传统不同、社会制度的不同以及政治结构的不同，“司法”一词在不同的国家也会产生不同的理解。英文中的司法机关（judiciary）仅指法院，不包括独立的检察院。在美国，司法权就是审判权、裁判权，不包括检察权。在法国这样的大陆法系国家，检察机关也是司法机关的一部分，检察官就被派驻在法院。现在的俄罗斯仍然保留原体制，但法律监督权已从检察权中剥离出来，并成立了宪法法院专施法律监督之责。

对“司法”一词，我国出版的《法学词典》及《大百科全书》均未确定其含义。学理上的解释也不尽相同。一种观点认为，司法是对国家法律的适用，是运用国家法律处理诉

① 李宏勃．浓缩法学［M］．北京：法律出版社，2008.

讼案件或非诉讼案件。就其实质内容而言，司法即居中而断。还有一种观点认为，司法是国家的一种特殊职能，是一种特殊的执法活动。司法仅指国家司法机关和法律授权的专门组织处理诉讼案件和非诉讼案件的活动。在我国，无论是1982年《宪法》及以后的修正案，还是1983年的《中华人民共和国人民法院组织法》（以下简称《人民法院组织法》）及其修正案都没有规定司法机关的总体概念，只是分别规定人民法院是国家的审判机关，依法独立行使审判权；人民检察院是国家的法律监督机关，依法独立行使检察权。党的十六大报告指出，推进司法体制改革，从制度上保证司法机关依法独立公正地行使审判权和检察权。据此，有些学者推论，我国的司法机关由法院和检察院组成，司法权就等于审判权加检察权，这与苏联的司法制度基本一样。而对司法的概念，我国法学界的通说认为司法又称为法的适用，通常是指国家司法机关依据法定职权和法定程序，具体应用法律处理案件的专门活动。要正确把握这一概念，必须注意以下几个方面：

（1）何谓司法机关，或者司法机关所指为何。在我国，人民法院和人民检察院是代表国家行使司法权的专责机关，其他任何国家机关、社会组织和个人都不得从事这项工作。

（2）司法是法的适用活动。在我国，司法权包括审判权和检察权。审判权即适用法律处理案件，作出判决和裁定；检察权包括代表国家批准逮捕、提起公诉、不起诉、抗诉等。司法是司法机关将法适用于具体的人或事项的活动。这里的人既包括法人，也包括自然人。这种活动实际上也就是依法处理案件的活动。如果不在此范围内的司法机关的其他活动，则不是司法。司法机关作为一个机关法人，有除了司法工作之外的活动。如司法机关为了维持日常工作对必需的办公设备的购买等，虽然是由司法机关作出的，但它不是司法活动。

（3）司法是国家的特殊活动。司法机关依照法律代表国家独立行使职权，不受行政机关、社会团体和个人的干涉。司法权是国家司法机关的专有权力，行使司法权的活动即司法。司法权只属于国家，而且只属于国家的司法机关，其他任何组织都无权行使司法权。司法权的专属性是司法神圣的重要原因。司法权普通到了谁都可以行使的地步，司法也就毫无权威可言了。司法权是国家的特定权力，其他任何机关或者个人对此权力的侵犯或僭越都是违法甚至犯罪的行为。

二、司法的特征

司法不同于其他国家机关、社会组织和公民实施法律的活动，它有自身的一些独有特点。

（一）专门性

司法是享有司法权的国家司法机关及其司法人员依照法定职权和法定程序运用法律处理案件的专门活动，也就是以国家名义行使司法权的活动。这项权力只能由享有司法权的国家司法机关及其司法人员行使，其他任何国家机关、社会组织和个人都不能行使此项权力。司法权是一种专有权，并且是排他的。此外，并不是国家司法机关的所有工作人员都享有和行使司法权，而只能是享有司法权的工作人员——司法人员才能行使这项权力。在我国，具体指法官和检察官，他们才是有资格享有和行使司法权的人员。司法机关中的行政人员、后勤人员等不能行使司法权。

（二）严格的程序性

为了保证结果公正，司法审判要严格依据法定程序进行。现代司法类似于戏剧表演和宗教仪式，特别强调遵守法定的步骤、方法、模式，任何一个环节都不可以忽略。西方刑事诉讼提出了著名的“毒树之果”原则：凡是有毒的树上结出的果子必然是有毒的，与此同理，凡是违背了程序的司法裁判必然也是错误和荒谬的。

司法是司法机关严格按照法定职权和法定程序所进行的专门活动，因此，程序性是司法最重要、最显著的特点之一。司法权的程序性是指司法权的运作是依据程序性法律所规定的顺序、步骤、程式所开展的表现形态。司法权的程序性是非常明显的，我国三大诉讼法即刑事诉讼法、民事诉讼法、行政诉讼法均是程序性法律，其所系统地规定的各种诉讼程序，如一审程序、二审程序、执行程序、特别程序、审判监督程序等，无不体现出司法权行使的程序性和规范性。这些诉讼法是保证司法公正、公平的重要条件。离开了这些法定程序，就难以保障诉讼当事人的合法权益，也难以保证法律的正确适用。

（三）国家强制性和权威性

司法是享有司法权的国家司法机关以国家强制力为后盾，以国家的名义运用法律于案件的专门活动，它所作出的裁决具有极大的权威性和强制性，即司法机关依照法定职权和法定程序对案件所作出的裁决是具有法律效力的裁决，任何组织和个人都必须执行，不得擅自修改和违抗。司法的权威性正是司法能够有效运作并能发挥其应有作用的基础和前提。司法权威至少有两个要素：一是司法裁决应当得到普遍的认同或者服从；二是作出裁决的司法机关强大有力，司法人员具有崇高的威望，受到社会普遍尊重与信任。

参考案例

浙江省平阳县人民法院于2012年12月11日作出（2012）温平鳌商初字第595号民事判决，判令被告人毛建文于判决生效之日起15日内返还陈先银挂靠在其名下的温州宏源包装制品有限公司投资款200 000元及利息。该判决于2013年1月6日生效。因毛建文未自觉履行生效法律文书确定的义务，陈先银于2013年2月16日向平阳县人民法院申请强制执行。立案后，平阳县人民法院在执行中查明，毛建文于2013年1月17日将其名下的浙CVU661小型普通客车以150 000元的价格转卖，并将所得款项用于个人开销，拒不执行生效判决。毛建文于2013年11月30日被抓获归案后如实供述了上述事实。

裁判结果：浙江省平阳县人民法院于2014年6月17日作出（2014）温平刑初字第314号刑事判决：被告人毛建文犯拒不执行判决罪，判处有期徒刑10个月。宣判后，毛建文未提起上诉，公诉机关未提出抗诉，判决已发生法律效力。

资料来源：最高人民法院网．指导案例71号：毛建文拒不执行判决、裁定案．（2017－01－03）．[2019－02－15]．http：//www.court.gov.cn/shenpan－xiangqing－34282.html.

问题：根据该案理解我国当代维护司法权威的意义。

提示：司法权威是司法有效运作并发挥其作用的基础和前提。

（四）必须有表明法的适用结果的法律文书

表明法的适用结果的法律文书包括判决书、裁定书和决定书等。这些法律文书具有法律约束力。它们也可以作为一种法律事实，引起具体法律关系的产生、变更和消灭。如果对它们的内容不服，可以依据法定程序上诉或申诉，但是任何人都不得抗拒执行已经发生法律效力的判决、裁定或决定。

三、司法的意义

【微语录】

一次不公正的审判，其恶果甚至超过十次犯罪。因为犯罪虽是无视法律——好比污染了水流，而不公正的审判则毁坏法律——好比污染了水源。

——培根

在现代法治国家，司法具有特殊的地位，它是最权威的纠纷解决方式，被人们称为"正义的最后防线"。司法的意义在于实现法或者法律。实现法或法律是司法最本质、最直接的要求。不以法的实现作为目的的司法就不是严格意义的司法。至于维护社会秩序、实现社会公正等司法目的，则是在实现法或法律之上的目标和价值追求。它们也是建立在法的实现的基础之上的。即使是司法公正的实现，也同样是以法的实现作为前提的。没有法的实现，根本就谈不上司法公正与否的问题。司法与法治的内在关联，在理论上不言而喻：法治为司法活动提供制度保障，司法则成为法治对抗强权、维持正义的常规形式；法治成为司法活动的价值归宿，司法则将法治的精神送入百姓的日常生活。这也是为什么西方发达国家在拥有悠久的法治传统的同时，也往往拥有同样悠久的司法传统。司法是法律实现的常规形式。司法作为法的实现的一种权威途径，能够以法定程序将法律正义从制度规范形态转化为社会生活事实。正如拉德布鲁赫所说，司法使法律降临人间。"法之不行与无法同"，司法在一般意义上的重要性早已为古今中外的人们所强调。

第二节　司法的基本要求和基本原则

参考案例

2016 年 4 月 14 日，一位 22 岁的男子于欢，在母亲苏银霞和自己被 11 名催债人侮辱长达一小时后，情急之下用水果刀刺伤了 4 人。其中，被刺中的杜志浩自行驾车就医，却因失血过多休克死亡。2017 年 2 月 17 日，山东省聊城市中级人民法院一审以故意伤害罪判处于欢无期徒刑。宣判后，附带民事诉讼原告人杜洪章、许喜灵、李新新等人和被告人于欢不服一审判决，分别提出上诉。2017 年 3 月 24 日，山东省高级人民法院受理此案。该案于 2017 年 5 月 27 日二审公开开庭审理。2017 年 6 月 23 日，于欢案二审宣判，山东省高级人民法院认定于欢属防卫过当，构成故意伤害罪，判处有期徒刑 5 年。

资料来源：http：//www.baike.com/wiki/%E8%BE%B1%E6%AF%8D%E6%A1%88&prd=shouye_hotlist.

问题：从该案分析司法独立与民意。

提示：一方面要坚持依法独立审判的司法原则，对案件的处理做到实事求是，决不能做出违反事实和法律的裁判；另一方面要坚持司法的民主性，在人民群众的参与、见证和监督下以真诚善意的态度，审慎行使司法审判权，努力让人民群众真切感受司法机关的公正无偏。

在中国，司法的基本要求是正确、合法、及时。它是衡量适用法律工作质量和效率的标准。在处理刑事案件时，正确是指适用法律时事实要清楚，定性、量刑要准确；合法是指定性、量刑以及司法机关的工作程序要符合法律规定；及时是指司法活动的每个环节要符合严格的时间要求，提高办案效率。正确、合法、及时是统一的整体。

司法的原则是指在司法过程中必须遵循的基本原则。司法原则的目的在于保障司法公正。我国 1954 年《宪法》明确规定，中华人民共和国公民在法律上一律平等。这就奠定了我国司法原则的基础，此后，随着我国法律制度的逐渐健全，在由法制国家向法治国家进程的推进中，我国当代的司法原则逐渐完善为司法依法原则、司法平等原则、司法独立原则、司法责任原则四项基本司法原则。

一、司法依法原则：以事实为根据，以法律为准绳

事实和法律是司法机关审理案件的两个关键问题。事实是正确处理案件的前提和依据，法律是正确处理案件的标准和尺度。事实弄不清楚，就会作出糊涂的判决；而抛开了法律，司法就沦落为法官的独裁。

参考案例

张某向王某借了 3 万元，承诺一年之后偿还，并给王某打了一个借款欠条。后来，王某不慎将借款欠条丢失。一年之后，王某要求张某偿还欠款，张某要求王某出示欠条，王某拿不出欠条，张某拒绝还钱。王某遂诉至法院。在法院审理案件期间，张某拒不承认曾经向王某借钱，而王某也拿不出张某借钱的证据。法院最后判决王某败诉，对其主张不予支持。

问题：法院判决王某败诉的依据是什么？

提示：在该案中，就客观事实来讲，张某的确向王某借过钱。但法官在审理过程中，只能依据证据来认定事实，由于王某将欠条丢失，他无法证明张某借钱这件事。法官只能依据举证规则认定张某没有向王某借过钱，并依据所认定的这个事实判决案件。

所谓以事实为根据中的“事实”，只能理解为是被合法证据证明了的事实和依法推定的“裁判事实”，而裁判事实有可能符合客观事实，也可能不符合客观事实。

以法律为准绳，就是指司法机关在司法过程中，要严格按照法律规定办事，把法律作

为处理案件的唯一标准和尺度。当然，以法律为准绳并不意味着排除其他社会规范在司法中的运用，起码在民事审判中，法官有时候还需要运用风俗习惯和法理学说。

为了贯彻这项原则，在司法工作中应当坚持实事求是、从实际出发的思想路线，重证据，重调查研究，不轻信口供；坚持维护社会主义法律的权威和尊严，不但严格按照实体法的规定，而且严格执行程序法的各项规定；正确处理依法办事与坚持党的政策的指导的关系。

二、司法平等原则：公民在适用法律上一律平等

参考案例

2005年12月15日凌晨6时，正在重庆市郭家沱农贸市场叫卖的何青志、谌登兰夫妇得知噩耗，14岁的女儿何源，当天同两名好友坐三轮车去学校时，被一辆货车撞翻，3个鲜活的生命就这样凋亡。事故发生后，另外两家先后与肇事司机挂靠单位——重庆铺金公路运输有限公司私了，各自得到20余万元的赔偿。但何青志夫妇被告知，如果按规定的条款一笔笔清算，只能给他们赔偿金5.07万元，加上丧葬费等费用，顶多赔偿5.8万余元。何青志夫妇得到的权威解释是，2003年12月4日通过的《最高人民法院关于审理人身损害赔偿案件适用法律若干问题的解释》（以下简称《解释》）中明确规定：死亡赔偿金按照受诉法院所在地上一年度城镇居民人均可支配收入或者农村居民人均纯收入标准，按20年计算。《解释》自2004年5月1日起施行。

资料来源：三少女同遇车祸亡，赔偿金同命不同价．（2006-01-25）．[2017-07-27]．http://www.southcn.com/tech/nfjk/jkxw/jdyw/200601250124.htm.

问题： 从司法平等的角度分析“同命不同价”现象合理吗？

提示： 司法实践中，人身损害民事赔偿上的“同命不同价”现象近年来争议颇大，再度成为社会公众热议的焦点。“法律面前人人平等”，强调的主要是作为“人”的法律主体在法律面前的平等，而不是“人”背后的权势、地位、身份、收入、地域等可以换算出来的数据平等。这种标准，形成了对人的区别对待，重视保护有钱人的利益，越有钱越被重视，没有钱或是缺少钱的人，就不被重视。以至于有人提出了这样一个假设命题：“驾车撞上比尔·盖茨该怎么办呢?”这是值得我们认真探讨的问题。

追求平等源于人的天性，而维护平等是现代法律的根本使命。法国作家巴尔扎克在他的《人间喜剧》中讲道：“法律是蜘蛛网，大苍蝇穿网而过，小苍蝇落于网中。”这是文学家对现实生活中司法不公正现象的讽刺与控诉。人和人之间可能在诸多方面存在差异，如财产、知识、职业等，但是在司法审判面前，在神圣的法庭之上，每一个人都是平等的。司法平等的原则是法律平等原则在司法过程中的具体体现。

在法的适用领域，“公民在法律面前一律平等”的基本内涵如下：

（1）在我国，法律对全体公民，不分民族、种族、性别、职业、社会出身、宗教信仰、财产状况等，都是统一适用的，所有公民依法享有同等的权利，并承担同等的

义务。

（2）任何权利受到侵犯的公民一律平等地受到法律保护，不能歧视任何公民。

（3）在民事诉讼和行政诉讼中，要保证诉讼当事人享有平等的诉讼权利，不能偏袒任何一方当事人；在刑事诉讼中，要切实保障诉讼参加人依法享有的诉讼权利。

（4）对任何公民的违法犯罪行为，都必须同样地追究法律责任，依法给予相应的法律制裁，不允许有不受法律约束或凌驾于法律之上的特殊公民，任何超出法律之外的特殊待遇都是违法的。

公民在法律面前一律平等原则在我国法的适用上具有重要的意义。首先，实行这项原则是发展社会主义市场经济的必然要求；其次，实行这项原则是建设社会主义民主政治的重要保证；再次，实行这项原则是社会主义精神文明的必要条件；最后，实行这项原则是建设社会主义法治国家的应有之义。依照法治原则的要求，法律具有普遍性，普遍性的一个重要内容是法律面前人人平等，只有做到这一点，才能真正做到有法可依、有法必依、执法必严、违法必究，真正树立起社会主义法律的尊严。

三、司法独立原则：司法机关依法独立行使职权

参考案例

求情公函，你让司法独立“情何以堪”？

2010年10月30日，太原市晋源区古寨村发生违法强拆事件，一村民被强拆者棒击致死。事发后，太原市中级人民法院一审判决武瑞军等17人获刑，被告人不服，进行上诉。2013年9月，太原市中级人民法院依山西省高院裁定重审此案。死者家属在庭审时发现了两份由太原市晋源区政府发给两级法院的函。盖有政府公章的函件称，“为了维护社会稳定，经区委区政府研究，特恳请法院对武瑞军重审量刑时，依法对当事人家属的诉求予以考量”。

资料来源：公函求情，人情背后是权力任性．（2015－10－22）．［2017－07－27］．http：//xh. xhby. net/mp2/html/2015－10/22/content _ 1325058. htm.

问题：司法机关依法独立行使职权在我国有什么重要意义？

提示：从以上案例可以看出，在我国个别政府机关仍缺乏“司法独立”的概念，讲究人情、崇拜权力者更是大有人在。领导的批示、政府的公函，甚至是私下的贿赂在干涉我国独立司法权的同时，也妨碍了我国的司法公正。当地政府作为与司法机关平行的行政主体，无权干涉司法机关断案，应由法院根据法律条文来作出公正、公平的审判。

司法独立原则，是指司法机关在办案过程中，依照法律规定独立行使司法权。这是我国宪法规定的一条根本性原则，也是我国有关组织法和诉讼法规定的司法机关适用法律的一个基本原则。该原则有以下几点要求：

（1）要求国家的司法权只能由国家的司法机关统一行使，其他任何组织和个人都无权行使此项权力。

（2）要求司法机关行使司法权只服从法律，不受行政机关、社会团体和个人的干涉。具体来说，至少应包括如下三方面：

1）人民法院依法独立行使审判权仅服从法律。马克思说过，法官除了法律就没有别的上司。人民法院行使审判权必须遵循法律，以事实为根据，以法律为准绳。独立审判并不是随意性的，而是依据法律的规定行使审判权，依法审判是独立审判的核心。

2）外部独立。这是指人民法院在依法行使审判权的过程中，不受行政机关、社会团体和个人的干涉。我国《宪法》第 131 条主要是对外部独立的规定。这就要求人民法院不仅在机构设置上应当与行政和立法部门独立，而且在依法独立行使审判权的方面，不受其他部门的干预。具体来说，第一，司法机关必须与行政机关相分离，司法不能隶属于行政，行政不能领导和代替司法。第二，司法机关在依法独立行使职权过程中，不受行政机关的干预。各级行政部门的领导不应干预司法审判事务，妨碍司法机关正常行使职权。第三，司法权必须保持统一，不应受到地方政府的干预。司法机关的经费来源、财政预算、法院院长确定及法官的人选等方面不应当由行政机关控制或由行政机关管理。

3）内部独立。这是指在法院内部，法官应依法独立行使审判权。一方面，它是指法官通过独任和合议制形式审理案件，只服从法律，而不应受到法院内部的其他法官的不正当的干涉；另一方面，下级法院的法官应依法独立行使审判权，不受来自上级法院的不正当的干预。

（3）要求司法机关行使司法权时，必须严格依照法律规定和法律程序办事，准确适用法律。

司法独立原则，并不意味着司法机关行使司法权可以不受任何监督和约束。对司法权的监督表现在以下几个方面：第一，司法权要接受党的领导和监督，这是司法权正确行使的政治保证；第二，司法权要接受国家权力机关的监督；第三，司法机关的上、下级之间以及同级之间也存在监督和约束，这种监督和约束是通过司法制度中的一系列制度来体现和实现的；第四，司法权要接受行政机关、企事业单位、社会团体、民主党派和人民群众的监督，还要接受舆论的监督。

司法独立是法治社会的内在要求，对保证司法裁判的公平、正义，维护社会秩序，满足社会成员对效益的需求具有重要的意义。司法独立的意义在于：首先，这是司法机关公正解决人们争议问题的需要。如果司法成为行政的一个组成部分，法律就不再能够公正地处理问题，它就会使自己的立场偏向于政府。其次，司法独立是人们对司法机关信任的前提。正是由于相信司法机关是不受政府干预地处理人们的争议，人们才愿意把自己的争议交给司法机关处理，否则，人们就会另外寻找独立的机关去处理问题。当然，司法独立绝不是法官的任意自由裁决，相反，它规定法官必须严格依法办事。最后，司法独立的意义和价值在于使人们在心理上能接受审判的结果。在司法不独立的情况下，即使审判的结果是公正的，人们仍然对审判过程的公正性表示怀疑，如此一来，司法不但丧失了权威，也失去了人们对它的信任。而当司法具有独立的品格时，哪怕作出的是对自己不利的审判，人们也能自愿地接受。因此，司法独立更能实现平息纠纷、恢复权利、实现救济的目的。

四、司法责任原则

参考案例

2017 年 3 月 30 日，河北省高级人民法院发微博表示，河北省高院就聂树斌父母申请国家赔偿作出赔偿决定，作为赔偿请求人的聂树斌父母聂学生、张焕枝，获得了总额为 2 681 399.1 元的国家赔偿。张焕枝在收到决定书后，表示不再申诉。

聂树斌父母所获国家赔偿中，包括人身自由赔偿金 52 579.1 元、死亡赔偿金和丧葬费 126.482 万元、张焕枝个人的抚养费 6.4 万元，以及精神损害抚慰金 130 万元。

资料来源：聂树斌案获赔 268 万，精神赔偿“创纪录”.（2017－03－31）.［2017－07－27］. http：//news. sohu. com/20170331/n485708134. shtml.

问题：司法不仅是权力，也是一种责任，为什么司法责任原则是司法的一项重要原则？

提示：就本案而言，除了对当事人进行赔偿外，最重要的莫过于对相关司法机关和相关人员进行责任追究。只有这样，才能更好地增强司法机关和司法人员的责任感，防止司法过程中的违法行为，维护司法权威。

司法责任原则，是指司法机关和司法人员在行使司法权过程中侵犯公民、法人和其他社会组织的合法权益，造成严重后果而承担相应责任的一种制度。司法责任原则是权力与责任相统一的法治原则在司法领域的体现。司法责任作为司法权力的约束机制，司法机关和司法人员接受人民权力的委托，行使国家的司法权，负有重大的职责和权力。按照权力和责任相一致的原则，一方面对司法机关和司法人员行使国家司法权给予法律保障，另一方面对司法机关及司法人员的违法和犯罪行为给予严惩。只有将司法权力与司法责任结合起来，才能更好地增强司法机关和司法人员的责任感，防止司法过程中的违法行为，并对违法行为进行法律制裁，更好地维护社会主义司法的威信和社会主义法制的权威与尊严。在我国，已经颁布的《国家赔偿法》、《中华人民共和国法官法》（以下简称《法官法》）、《中华人民共和国检察官法》（以下简称《检察官法》）等法律确立了司法责任制度，对实现司法公正、廉洁必将产生深远影响。

第三节 司法体系

一、司法体系的概念

司法体系也称“司法体制”，是国家司法机关在司法活动中的职能划分、组织结构、活动原则和工作内容等方面的制度、规定的总称。必须指出的是，在当代中国“一国两制”的情况下，中国香港、澳门和台湾地区与内地（大陆）实行不同的司法体制，它们各有其特点，但都统一于中华人民共和国的法律体系之中，司法体制的不同并不影响一国法律体系的统一。

二、我国的司法体系

我国现在的司法体制以西方国家的司法体制为基本模式，其设置几经变化。我国司法体制的特点是审判与行政分立、实行检察制度和辩护制度、废止司法监察制度。把审判和检察机关的建制从行政机关中独立出来，在司法体制上是重大的进步。独立审判制度、辩护制度、合议制度、审判公开制度以及检察制度的建立，为法律的正确适用确立了主要的基础，也保证了某种程度上的司法公正。根据宪法和有关法律，当代中国的司法体制：一个是审判系统（即法院系统），另一个是检察系统（即检察院系统）。公安机关和司法行政管理机关（即司法局）是典型的行政执法机关，我们可以称这两个机关是政法机关，但不能称这两个机关是司法机关。

（一）审判系统

审判系统就是法院系统，包括法院的设置、法官、审判组织和活动等。根据现行《宪法》和《人民法院组织法》的规定，人民法院是国家审判机关，其组织体系是：地方各级人民法院、专门人民法院和最高人民法院。各级各类人民法院的审判工作统一接受最高人民法院的监督。地方各级人民法院根据行政区划设置，专门人民法院根据需要设置。

1. 地方各级人民法院的组织和职权

地方各级人民法院分为：基层人民法院、中级人民法院、高级人民法院。

（1）基层人民法院。

根据《人民法院组织法》的规定，基层人民法院包括县、自治县人民法院和不设区的市、市辖区人民法院。其职权主要有：

1）审判刑事、民事和行政案件的第一审案件，法律另有规定的除外。对所受理的案件，认为案情重大应当由上级人民法院审判的时候，可以请求移送上级人民法院审判。

2）处理不需要开庭审判的民事纠纷和轻微的刑事案件。

3）指导人民调解委员会的工作。

为便利人民诉讼，由基层人民法院设若干人民法庭，作为派出机构，但人民法庭不是一个审级。其职权是审理一般民事和轻微刑事案件，指导人民调解委员会的工作，进行法制宣传，处理人民来信，接待人民来访。它的判决和裁定就是基层人民法院的判决和裁定。

（2）中级人民法院。

中级人民法院包括在省、自治区内按地区设立的中级人民法院，直辖市的中级人民法院，省、自治区、直辖市和自治州中级人民法院，其职权主要有以下几点：

1）审判下列案件：

第一，法律规定由它管辖的第一审案件。按照《刑事诉讼法》的规定，中级人民法院管辖的第一审刑事案件是：危害国家安全的案件；可能判处无期徒刑、死刑的普通刑事案件；外国人犯罪或者我国公民侵犯外国人合法权益的刑事案件。按照《中华人民共和国民事诉讼法》（以下简称《民事诉讼法》）的规定，中级人民法院管辖的民事案件是重大的涉外案件、在本辖区内有重大影响的案件、最高人民法院指令中级人民法院管辖的案件。按照《行政诉讼法》的规定，中级人民法院管辖的第一审行政案件是：确认发明专利权案件；海关处理案件；对国务院各部门或者省、自治区、直辖市人民政府所作的具体行政行为提起诉讼的案件；本辖区内重大、复杂的案件。

第二，基层人民法院移送的第一审案件。

第三，对基层人民法院判决和裁定的上诉案件和抗诉案件。

中级人民法院对它所受理的刑事、民事和行政案件，认为案情重大应当由上级人民法院审判的时候，可以请求移送上级人民法院审判。

2）监督辖区内基层人民法院的审判工作。对基层人民法院已经发生法律效力的判决和裁定，如果发现确有错误，有权提审或者指令基层人民法院再审。

（3）高级人民法院。

根据《人民法院组织法》的规定，高级人民法院设于省、自治区、直辖市，其职权主要有以下几点：

1）审判下列案件：

第一，法律规定由它管辖的第一审重大或复杂的刑事案件、民事案件和行政案件。

第二，下级人民法院移送审判的第一审案件。

第三，对下级人民法院判决和裁定的上诉案件和抗诉案件。海事法院所在地的高级人民法院有权审判对海事法院的判决和裁定的上诉案件。

第四，人民检察院按照审判监督程序提出的抗诉案件。

2）复核中级人民法院判处死刑的、被告人不上诉的第一审刑事案件，其中同意判处死刑的，报请最高人民法院核准，不同意判处死刑的，可以提审或者发回重审。

3）复核中级人民法院判处死刑缓期两年执行的案件。

4）根据最高人民法院的授权，核准部分死刑案件。

5）监督辖区内下级人民法院的审判工作。对下级人民法院已经发生法律效力的判决和裁定，如果发现确有错误，有权提审或者指令下级人民法院再审。

2. 专门人民法院的组织和职权

专门人民法院即根据实际需要在特定部门设立的审理特定案件的法院，目前我国设有军事法院、海事法院、知识产权法院等专门人民法院。

（1）军事法院。

军事法院设三级：基层军事法院、中级军事法院、高级军事法院（即中国人民解放军总直属军事法院）。

中国人民解放军总直属军事法院是军内的最高审级。

（2）海事法院。

海事法院是为行使海事司法管辖权而设立的专门审判一审海事、海商案件的专门人民法院。1989 年 5 月最高人民法院作出《关于海事法院收案范围的规定》，规定海事法院受理中国法人、公民之间，中国法人、公民同外国或地区法人、公民之间，外国或地区法人、公民之间的海事、商事案件，包括 5 大类 14 种。

（3）知识产权法院。

知识产权法院是为了加强知识产权运用和保护，健全技术创新激励机制而设立的审判机构。2013 年《中共中央关于全面深化改革若干重大问题的决定》中提出“探索建立知识产权法院”。2014 年 8 月 31 日，十二届全国人大常委会第十次会议代表通过了全国人大常委会关于在北京、上海、广州设立知识产权法院的决定，并于 2014 年 10 月 31 日由最高人民法院公布了《知识产权法院案件管辖规定》，明确了知识产权法院的案件管辖及审级关系，包括一审管辖、跨区域管辖、专属管辖、二审管辖、上诉管辖及未结案件处理等。根据全国人大常委会《决定》的精神，彻底实现了知识产权法院及其所在地高级人民法院民事和行政审判“二合一”，即由知识产权法院及其所在地高级人民法院知识产权审判庭统一管辖和审理涉及知识产权的全部民事和行政案件。

3. 最高人民法院的组织和职权

最高人民法院设于首都北京。它是国家的最高审判机关，依法行使国家最高审判权，同时监督地方各级人民法院和专门人民法院的工作。最高人民法院由院长一人，副院长、庭长、副庭长和审判员若干人组成。最高人民法院行使下列职权：

（1）监督地方各级人民法院和专门人民法院的工作。对地方各级人民法院和专门人民法院已经发生法律效力的判决和裁定，如果发现确有错误，有权提审或者指令下级人民法院再审。

（2）审判下列案件：

1）法律规定由它管辖的和它认为应当由自己审判的第一审案件。《刑事诉讼法》规定，它管辖的第一审刑事案件是全国性的重大刑事案件。《民事诉讼法》规定，它管辖的第一审民事案件和经济纠纷案件是全国范围内有重大影响的案件。《行政诉讼法》规定，它管辖的第一审行政案件是全国范围内重大、复杂的案件。

2）对高级人民法院、专门人民法院判决和裁定的上诉案件和抗诉案件以及最高人民检察院按照审判监督程序提出的抗诉案件。

3）核准判处死刑的案件。

4）设巡回法庭，审理最高人民法院依法确定的条件。

（3）进行司法解释。即对人民法院在审判过程中如何具体应用法律、法令的问题进行解释。

（4）领导和管理全国各级人民法院的司法行政工作事宜。

（二）检察系统

根据《宪法》和《中华人民共和国人民检察院组织法》（以下简称《人民检察院组织法》）的规定，人民检察院是国家的法律监督机关，行使国家的检察权。人民检察院由同级人民代表大会产生，向人民代表大会负责并报告工作。人民检察院分为最高人民检察院、地方各级人民检察院和军事检察院等专门人民检察院。这种自上而下的排列反映了检察机关上下级是领导和被领导的关系及集中统一的特点，这与人民法院上下级之间监督与被监督的关系有显著不同。为了维护国家法制的统一，检察机关必须一体化，必须具有很强的集中统一性。最高人民检察院是国家最高检察机关，领导地方各级人民检察院和专门检察院的工作。地方各级人民检察院包括省、自治区、直辖市人民检察院；省、自治区、直辖市人民检察院分院，自治州和省辖市人民检察院；县、市、自治县和市辖区人民检察院；军事检察院等专门人民检察院。各级人民检察院都是与各级人民法院相对应而设置的，以便依照《刑事诉讼法》规定的程序办案。

1. 人民检察院的职权

根据《人民检察院组织法》和有关法律规定，人民检察院行使下列职权：

（1）依照法律规定对有关刑事案件行使侦查权。

（2）对刑事案件进行审查，批准或者决定是否逮捕犯罪嫌疑人。

（3）对刑事案件进行审查，决定是否提起公诉，对决定提起公诉的案件支持公诉。

（4）依照法律规定提起公益诉讼。

（5）对诉讼活动实行法律监督。

（6）对判决、裁定等生效法律文书的执行工作实行法律监督。

（7）对监狱、看守所的执法活动实行法律监督。

（8）法律规定的其他职权。

2. 人民检察院的组织机构

人民检察院根据检察工作需要，设必要的业务机构。检察官员额较少的设区的市级人民检察院和基层人民检察院，可以设综合业务机构。人民检察院还可以根据工作需要，设置必要的检察辅助机构和行政管理机构。

3. 检察工作制度

检察工作制度是根据检察业务的范围和活动而形成的一些规章制度，主要有：

（1）侦查监督制度。

侦查监督制度，即人民检察院对公安机关（包括国家安全机关）的刑事侦查活动实行的监督制度。

1）审查批准逮捕。我国《宪法》规定，任何公民，非经人民检察院批准、决定或人民法院决定并由公安机关执行，不受逮捕。

2）审查起诉。人民检察院对公安机关侦查终结、移送起诉的刑事案件以及监察机关移送的案件，经审查作出是否起诉的决定。

3）对侦查活动的监督。即对公安机关的侦查活动是否违法进行的监督，包括是否刑讯逼供、变相刑讯逼供或诱供、骗供，侦查人员应否回避等内容。

（2）自侦制度。

自侦制度指人民检察院直接受理案件并立案侦查的制度。它主要适用于以下案件：

1）国家机关工作人员利用职权实施的侵犯公民人身权利和民主权利的犯罪案件，包括非法拘禁案、非法搜查案、刑讯逼供案等。

2）国家机关工作人员利用职权实施的其他重大的犯罪案件，需要由人民检察院直接受理的时候，经省级以上人民检察院决定，可以由人民检察院立案侦查。

（3）公诉制度。

根据我国《刑法》和《刑事诉讼法》的规定，除少数亲告罪可以自诉外，其他犯罪实行公诉制度。凡需公诉的案件，一律由人民检察院向有管辖权的人民法院提起公诉。对公安机关移送起诉的案件，一律由人民检察院进行审查，一个月内作出是否起诉的决定，重大、复杂的案件，可以延长半个月。经审查认为犯罪嫌疑人的犯罪事实已经查清，证据确凿、充分，依法应当追究刑事责任的，应向有管辖权的人民法院提起公诉。

（4）审判监督制度。

审判监督制度即人民检察院对人民法院的民事、刑事、行政等审判活动进行监督的制度。如在刑事审判活动中，检察官出庭既是为支持公诉，又是以国家法律监督者的身份出庭监督法庭的审判活动。同时，检察院还有权对错误的刑事判决和裁定提出抗诉。

（5）对刑事判决的执行和监所的监督制度。

这主要包括：

1）对执行死刑判决的监督。执行死刑时，人民检察院应派员临场监督、验明正身，防止错杀。

2）对监所执行刑罚的监督。这包括减刑、假释、保外就医、监外执行缓刑等是否违法的监督。

3）对看守所的活动是否违法进行监督。

法院系统和检察院系统共同构成了我国的司法体系，这两个系统在宪法的约束下本着正确、合法、及时、独立、公正、平等的原则完成国家的司法活动，使国家的法律生活得以正常进行。

三、司法体制改革

司法体制是指以司法为职能目的而形成的组织体系与制度体系，是司法机构组织体系和司法制度的统称。司法体制是国家法律制度的重要组成部分，也是国家政治体制的重要组成部分。司法体系、司法组织体系由各级司法机构（机关）构成，包括最高国家审判机关、最高国家检察机关和地方各级国家审判机关、检察机关；也包括具有司法职能的中央和地方各级国家司法行政机关、公安（警察）机关、安全机关以及这些机关的内部机构设置，它们一同构成了中国特色社会主义司法体系。

司法体制改革是指国家司法机关（组织体系）和国家司法制度（法律制度），在宪法规定的司法体制基本框架内，实现自我创新、自我完善和自我发展，建设中国特色社会主义现代司法体系和司法制度。司法体制改革的概念与内涵，涵盖了国家司法机关（组织体系）、国家司法制度（法律制度）、宪法规定的司法体制基本框架、司法体制的自我创新、自我完善、自我发展，建设中国特色社会主义现代司法体系和司法制度等各项要素。

党的十五大提出依法治国是党领导人民治理国家的基本方略，站在从制度上保证司法机关依法独立公正行使司法权的高度，首次提出“推进司法改革，从制度上保证司法机关依法独立公正地行使审判权和检察权，建立冤案、错案责任追究制度”。从那时起，司法改革就成为不断发展完善中国特色社会主义司法制度的关键环节。

党的十八大以来，在以习近平同志为核心的党中央着力破解影响司法公正、制约司法能力的深层次问题，在前期司法改革的基础上，对深化司法改革作出了系统化的顶层设计，把我国司法体制改革推进到了一个新的历史阶段。党的十九大从发展社会主义民主政治、深化依法治国实践高度，作出深化司法体制综合配套改革、全面落实司法责任制的重要战略部署。

（一）深化司法体制改革的重大意义

1. 深化司法体制改革是全面推进依法治国、加快建设社会主义法治国家的关键举措

目前，中国特色社会主义法律体系已经形成，我国法治建设中存在的主要问题是没有完全做到有法必依、执法必严、违法必究，法律缺乏必要的权威，得不到应有的尊重和有效的执行。因此，保证宪法和法律得到统一、正确、严格实施，已经成为全面落实依法治国基本方略的关键。建设公正高效权威的社会主义司法制度是今后一个时期推进法治建设

的重点。司法机关作为执行法律的专门力量，不仅自身应该严格依照法定权限、程序行使权力，保证公正司法，而且应该监督行政机关依法用权、公民依法办事，推进依法行政、全民守法。建设公正高效权威的社会主义司法制度，既是全面推进依法治国的重要内容，也是建设社会主义法治国家的重要保障。只有深化司法体制改革，确保审判机关、检察机关依法独立公正行使审判权、检察权，才能在全社会建立“有权必有责、用权受监督、违法受追究、侵权须赔偿”的法治秩序，才能切实维护国家法制统一、尊严、权威。

2. 深化司法体制改革是实现社会公平正义、维护社会和谐稳定的必然要求

公平正义，是司法工作的生命线，也是社会和谐稳定的基石。只有维护社会公平正义，才能实现长久稳定的和谐。当前，我国社会大局总体稳定。同时，必须看到，我国正处于社会转型的特殊历史时期，社会矛盾高发的局面短期内难以根本扭转，影响社会和谐稳定的因素大量存在，迫切需要发挥司法权利救济、定纷止争的作用。多年来，司法机关为维护社会稳定、化解社会矛盾、促进社会公平正义作出了重要贡献，赢得了群众广泛认可。但是，也要看到，司法不严格、不规范、不公正的问题仍然存在，办关系案、人情案、金钱案的现象时有发生，造成了恶劣影响，损害了司法权威。必须加大司法体制改革力度，拓展司法体制改革深度，不断提高司法公信力，努力让人民群众在每一起案件中都能感受到公平正义，让司法成为维护社会公平正义的最后一道防线。

3. 深化司法体制改革是满足人民群众日益增长的司法需求、维护人民群众根本利益的迫切需要

实现好、维护好、发展好最广大人民根本利益，是司法工作的根本出发点和落脚点。这是由我们党的根本宗旨和我们国家政权的社会主义性质所决定的。随着我国民主法制建设的推进，公民的权利意识、民主意识不断增强，法律手段成为调节社会关系的主要手段。社会公众对司法工作的要求越来越高，不仅要求维护社会稳定，而且要求尊重和保障人权；不仅要求实体公正，而且要求程序公正；不仅要求享有知情权、表达权，而且要求享有参与权、监督权。人民群众日益增长的司法需求与司法能力不相适应的矛盾，已经变得十分尖锐，如何解决好这个问题，也是对我们党执政能力的考验。必须以时不我待、只争朝夕的责任感、紧迫感，加快司法体制改革步伐，深化司法公开，推进司法民主，完善保障人权的司法制度，切实满足人民群众的司法需求和对社会公平正义的期待。

（二）深化司法体制改革遵循的基本原则

司法体制改革是我国政治体制改革的重要组成部分，具有很强的政治性、政策性、法律性。为确保改革不入歧途、不走弯路，确保中国特色社会主义司法制度始终顺应改革开放的潮流健康发展，始终随着法治建设的步伐不断推进，始终与人民群众对公平正义的呼唤同步深化，必须坚持以下基本原则。

1. 坚持党的领导

党的领导，是社会主义法治的根本保证。坚持党的领导，是我国司法体制的政治优势和重要特征，也是司法体制改革攻坚克难的重要保障。深化司法体制改革，必须在党中央的领导下，坚持科学决策、民主决策、依法决策，实现党的领导、人民当家做主和依法治国的有机统一。

2. 坚持中国特色社会主义法治道路

中国特色社会主义，是当代中国发展进步的根本方向，是司法体制改革必须坚持的基本

指导思想。深化司法体制改革，必须坚定不移地走中国特色社会主义法治道路，既不走封闭僵化的老路，也不走改旗易帜的邪路。必须符合人民民主专政的国体和人民代表大会制度的政体，坚持以社会主义法治理念为指导，推动中国特色社会主义司法制度自我完善和发展。

3. 坚持人民主体地位

中国特色社会主义是亿万人民自己的事业。群众路线是党的生命线和根本工作路线。司法体制改革作为政治体制改革的重要组成部分，必须紧紧依靠人民群众，尊重人民首创精神，充分听取人民群众意见，充分体现人民群众意愿，从群众反映最强烈的问题入手，着力解决好人民最关心、最直接、最现实的公平正义问题。自觉接受人民群众的监督、评判，把人民满意不满意作为衡量改革成败得失的尺子，真正做到改革为了人民、改革依靠人民、改革成果由人民共享。

4. 坚持从中国国情出发

一个国家实行什么样的司法制度，归根结底是由这个国家的国情决定的。世界上没有也不可能有“放之四海而皆准”的司法制度。我国的司法体制改革必须立足于我国仍处于并将长期处于社会主义初级阶段的基本国情，既认真研究和吸收借鉴人类法治文明的有益成果，又不照抄照搬外国的司法制度和司法体制；既与时俱进，又不超越现阶段实际提出过高要求。

5. 坚持遵循司法规律

司法活动有其固有的规律性，只有正确地认识、把握、遵循和运用司法规律，才能实现预期的改革目标。司法体制改革只有遵循司法活动的客观规律，体现权责统一、权力制约、公开公正、尊重程序、高效权威的要求，才能建设公正高效权威的中国特色社会主义司法制度，为人类法治文明发展进步作出应有的贡献。

6. 坚持依法有序

深化司法体制改革涉及司法权力调整和司法资源配置，事关重大，必须依法有序推进。在落实各项改革措施过程中，既要在实践中积极探索，又要按照中央统一部署稳步实施。重大改革都要于法有据，需要修改法律的，在完善法律制度后再全面推开。有的重要改革举措，需要得到法律授权的，要按法律程序进行，以确保法制的统一和权威。

7. 坚持统筹协调

司法体制改革必须立足于提高司法机关履行法律赋予的职责使命的能力，统筹协调中央和地方、司法机关和其他部门、当前和长远的关系，统筹司法机关上下级之间、司法机关之间的关系，兼顾公正和效率，确保各项改革措施既适应我国经济社会发展、民主政治建设、公民法律素养的要求，又适应司法职业特点，做到整体规划、科学论证，确保改革积极稳妥推进。

（三）深化司法体制改革的基本要求

司法体制不同于行政体制，有其自身固有的特点和运行规律。世界各国都十分重视司法体制的建设。无论是大陆法系国家还是英美法系国家，都是根据本国国情、历史文化传统和经济、政治生活的需要，来设计、改革本国的司法体制；同时，各国也比较注意不断吸收、借鉴其他国家的有益经验，健全、完善本国的司法体制。

党的十八大报告提出，要“进一步深化司法体制改革，坚持和完善中国特色社会主义司法制度，确保审判机关、检察机关依法独立公正行使审判权、检察权”。这是我们党从发展社会主义民主政治、加快建设社会主义法治国家的高度，作出的重要战略部署。党的十八届三中全会通过的《中共中央关于全面深化改革若干重大问题的决定》进一步明确了深化司法体制改革的具体要求。党的十八届四中全会通过的《中共中央关于全面推进依法治国若干重大问题的决定》从全面推进依法治国的战略高度，提出“完善司法管理体制和司法权力运行机制”的改革要求。这是党中央在全面深化改革的新形势下，对深化司法体制改革提出的新的重大任务。

党的十九大报告明确指出：“深化司法体制综合配套改革，全面落实司法责任制，努力让人民群众在每一个司法案件中感受到公平正义。”按照党的十九大提出的要求，今后一个时期，司法体制改革的任务是深化司法体制综合配套改革，全面落实司法责任制，努力让人民群众在每一个司法案件中感受到公平正义。我们应深刻把握新时代司法体制改革的新要求，坚持以习近平新时代中国特色社会主义思想为指导，完善员额制，细化权力运行规范，优化审判资源配置，扎实推进以审判为中心的刑事诉讼制度改革，全面落实司法责任制；健全完善司法组织体系，为公正司法提供组织保障；持续深化司法公开，提升司法公开质量，完善司法与媒体良性互动机制，以阳光司法增强司法公信力，以司法公正引领社会公正，彰显中国特色社会主义司法制度的优越性。

【思考题】

1. 司法的基本原则是什么？

2. 试述我国的司法体系。

3. 司法与传媒之间既有合作也有冲突，认真思考并尝试设计出一种合理的制度，既可以保证传媒对司法的有效监督，又不干预司法机关的独立判案。

【讨论与互动】

林森浩，复旦大学上海医学院 2010 级硕士研究生，在中山医院见习期间，涉嫌复旦大学医学院研究生黄洋被投毒死亡案。2013 年 4 月 16 日，警方初步认定同寝室的林森浩存在重大作案嫌疑，林森浩被刑事拘留。2014 年 2 月 18 日，上海市第二中级人民法院一审以故意杀人罪判处林森浩死刑。2014 年 12 月 8 日此案二审开庭。2015 年 1 月 8 日，上海市高级人民法院宣判，驳回上诉，维持原判，死刑判决依法报请最高人民法院核准。2015 年 12 月 9 日，最高人民法院下发核准林森浩死刑的裁定书。11 日，林森浩被依法执行死刑。

在上述案例创设的情境下，由学生分别扮演法官、检察官、律师，以及被告人、被害人家属等不同角色，由教师向学生提供组织模拟法庭的有关程序以及资料收集的方向，由学生自己组织林森浩案件的模拟法庭。

【推荐书目】

1. 托马斯·弗雷纳．司法机关的独立性［M］．白尔恩，译．北京：中国方正出版社，2009.

2. 郑成良，等．司法推理与法官思维［M］．北京：法律出版社，2010.

第十四章　守　法

【本章导读】

亚里士多德曾有一句名言：我们应当注意到邦国虽有良法，要是人们不能全部遵循，仍然不能实现法治。可以看出，在加强和改进立法、完善法律的前提下，守法是关系到实现法治的关键。一个国家的法律，如果没有得到足够的尊重和严格的遵守，那么再健全的法律系统也将名存实亡，这不仅会大大降低立法的效果，司法和执法也将陷入困难重重的境地，因此，自觉遵守法律是实现法治的重要保证，也是现代法治的重要标志。从一定意义上讲，守法就是要求一切个人和组织都应以宪法和法律作为自己的行为准则，依法办事，任何行为都不能超越宪法和法律所界定的范围。只有具备良好的守法意识，才能实现严格依法办事；只有严格依法办事，才能保证国家的各项工作皆依法进行，依法治国的理想才能成为现实。

【学习目的】

掌握守法的概念；掌握守法的理由和条件；了解守法的意义；了解法律意识。

第一节　守法概述

一、守法的概念

守法又称法的遵守，是指各国家机关、社会组织和公民依照法律的规定去行使权利和履行义务的活动。守法是法的实施的基本要求，也是法的实施的最基本、最普遍的形式。立法者制定法律的目的，就是要运用法律来进行对社会的调整，维护一定的社会关系和社会秩序。任何法律一经制定，就必须付诸实施。如果一个国家制定了大量的法律，却不能在社会生活中得到遵守和实施，就失去了立法的目的和意义，也就失去了法律的权威和尊严。守法意味着一个国家和社会的各个社会主体严格依照法律办事的活动状态。

守法是法律实施的基本要求，在不同性质的国家，其内涵是不同的。在奴隶制、封建制国家，守法被认为是被统治者应承担和履行的义务，而统治者可以不受法律约束，在社会生活的很多方面，法律上的权利和义务是分离的，统治者享有权利、行使权利，被统治者承担义务并履行义务。资产阶级首先提出“法律面前人人平等”的口号，强调社会主体都必须守法，这是人类历史上的进步，也是现代法治的应有之义和重要的法律原则。当代我国法的遵守是指一切国家机关、社会组织和公民都必须自觉遵守国家现行的法律，严格依法办事。我国宪法也将遵守宪法和法律作为公民的一项法定义务。

对于守法的概念，可以从三个方面去认识，即守法的主体、守法的范围和守法的内容。

（一）守法的主体

守法的主体是全方位的、广泛的。

首先，它包括一切国家机关、武装力量、政党、社会团体、企事业组织。其中首要的是共产党和国家机关必须守法。共产党是执政党，在国家生活中居于领导地位，党的组织和党的工作人员，特别是党的各级领导人必须模范地遵守法律，在宪法和法律范围内活动，为其他各社会组织和全体公民的守法树立榜样。国家机关代表人民行使国家权力，执行国家职能，对社会的政治、经济、文化、军事和外交等活动进行全面管理。国家机关的性质及其在国家生活中所占的重要地位，要求国家机关及其工作人员必须时时处处自觉维护法制的尊严和权威，带头遵守和执行法律，严格依法办事。

其次，它包括全体公民。这是守法主体中最广泛、最普遍的主体。公民守法是现代法治社会的普遍要求，也是建立法治国家的基本要求。我国社会主义法的本质决定了公民必须守法。在社会主义国家，人民是国家的主人，也是法律的主人。社会主义法是人民通过自己的国家政权制定的，集中体现了人民的意志和利益，是人民自己的法律。守法对人民来说，实际上是维护他们自己的意志和利益。在我国，公民是组成人民这一政治集合体的基本元素，绝大多数公民都是人民的范畴。这也就决定了全体公民应当以“主人翁”的态度和责任感自觉地遵守法律。

最后，它还包括在我国领域内的外国组织、外国人和无国籍人。他们应在我国法律允许的范围内活动，这是维护我国主权和利益的体现。

（二）守法的范围

守法的范围是遵守特定国家机关制定的所有规范性法律文件和非规范性法律文件。在我国，守法的范围包括宪法、法律、行政法规、地方性法规、民族区域自治地区法规、特别行政区的法律，以及我国参加或同外国缔结的国际条约和我国承认的国际惯例等。此外，执法、司法机关所制定的非规范性法律文件，如人民法院的判决书等，对有关组织和个人也具有法律效力，遵守这类法律文件也视为守法。

（三）守法的内容

守法的内容，简而言之，就是依照法律办事。其包含两层含义：一是依照法律享有权利并行使权利；二是依照法律承担义务并履行义务。因此，我们不能将守法理解为只是承担义务和履行义务，它也包含着享有权利并行使权利，二者相互统一、不可偏废。

二、守法的类型：服从与遵守

服从法律与遵守法律都是广义守法概念的内容，它们之间存在着外在行为与规范目的之间的一致性。在保持外在行为与规范目的一致的动机上，二者又存在区别。

服从法律强调的是对法律作为一种权威性指令的认知、接受与遵守，行为人保持着以法律为标准对自身行为的反省。在这种情况下，行为人不但保持着行为与规范目的的一致性，还会将这个规范提供的行为标准作为评价自身行为及他人的准则。或者说，“服从法律”必然需要具有对法律规范的“接受”态度，如果缺乏这个态度，即使保持外在行为与规范目的的一致性，也不足以将这种行为称为“服从法律”。

与之相反，遵守法律仅从外在行为入手，观察行为与规范目的之间是否保持一致性。行为人并不认知或者接受法律的单纯遵守——行为上的不违反，同样也可以视为遵守法律的行为。即使行为人基于对惩罚或者强制的恐惧而保持行为与规范目的的一致性，仍然属于遵守法律。此外，相对于“服从法律”而言，遵守法律所包含的内容更加广泛。

上述区别的意义：守法涉及的是行为人的行为与规范之间的关系。在“遵守法律”的结构下，虽然行为人的行为表面上保持了与规范（目的）之间的一致，但是这种一致性更可能是由于行为人不知道法律或者基于对惩罚的恐惧而获得的。显然，在行为人不知法或者出于对惩罚的恐惧之类的心理状态下，行为人并没有义务来服从法律，因为“无知”与“被迫”无法产生义务；一旦存在义务，就意味着行为人的相反行为将会使行为人本身产生“不正当”的感觉。虽然在“服从法律”的结构下，行为人的外在行为仍然保持了与规范目的的一致性，但是它的出现还需要义务观念。在此种情形下，行为人保持着对法律规范的反思态度，并将其作为判断自身及其他人的行为的准则，并据此作出行为是否适当的判断。服从法律其实就等于遵守法律情形中具备义务观念的特例。

【小链接】

腾讯微信回应被调查：严格自查自纠，呼吁广大用户守法

2017 年 8 月 11 日，“微信派”微信公众号发布消息，腾讯微信团队收到国家网信办发布的通知公告，对平台进行了严格自查自纠，并积极配合广东省网信办调查。

一直以来，暴力恐怖、虚假谣言、淫秽色情等网络不良信息屡禁不止，严重败坏社会风气，微信团队和社会各界一样都对此深恶痛绝。微信团队在技术和规则等方面，采取了一系列策略措施应对上述行为，一经发现，坚决打击。

在此，对于给用户带来的困扰，我们深表歉意，同时也呼吁广大用户遵守相关法律法规，尊重社会公众道德底线，共同抵制谣言、色情、暴力等违法违规信息，共同建设健康、安全的网络环境。

资料来源：腾讯微信回应被调查：严格自查自纠，呼吁广大用户守法．(2017－08－11)．[2017－08－25]．http：//news. eastday. com/eastday/13news/auto/news/china/20170811/u7ai7007026. html.

三、守法的意义

（一）守法是建设社会主义法治国家的必要条件

中国共产党第十五次全国代表大会将“依法治国，建设社会主义法治国家”作为党领导人民治理国家的基本方略，为了实现这个基本方略，不仅普通公民要守法，党的各级领导干部和国家公职人员更要严格守法，依法办事。原因在于：一方面，他们手中握有一定的公共权力；另一方面，他们的行为在人民群众的心目中具有一种示范或榜样的作用。

（二）守法是组成并维系人类社会的基本保障

在现有条件下，没有守法，人类将陷入极度混乱、无序和自相残杀的状态之中，维系人类生存的起码的基本生活秩序和正义秩序就不能具备，人类的生存将受到严重威胁，“社会”这种组织形式将不复存在，更谈不上谋求发展。可以说，守法是人类进一步发展的基石之一。

（三）守法是全体人民统一意志、协调行动的重要方式

在国家的现代化建设中，只有统一全体人民的意志和行动，才可能集中精力创造和巩固安定团结的政治局面，促进经济建设的顺利发展。我国社会主义法是全体人民共同意志的体现，反过来又指引和协调着全体人民在社会生活中的行为。只有全体人民自觉守法，社会主义法所体现的共同意志才能转化为全体人民的统一行动。

（四）守法是减少和解决社会矛盾的积极措施

在人民群众中难免会存在这样或那样的矛盾，对这些矛盾如果没有正确的解决办法，就可能使其恶化，给人民和国家造成损失。人民群众自觉守法，把法律作为自己的行为准则，许多矛盾就不会产生，起到减少矛盾的作用。有的矛盾一旦产生，自觉守法的人民群众也能运用法律手段予以解决。

（五）守法是制约权力滥用、防止腐败的有效手段

全体社会成员积极守法，自觉依法办事，国家机关严格按照法律规定行使权力、履行职责，就能保障权力始终在法律的轨道上运行，有效地制约或监督权力的滥用，防止权力异化。

第二节　守法的理由

社会成员各自所处的环境、自身素质等因素的差异，决定了他们守法的动机、守法的理由不完全相同。在不同情况下，社会成员守法的理由也不一样，有时往往是多种因素混合在一起。概括起来，守法的理由有以下几个方面。

一、法律的权威性

法律由国家制定或认可，由国家强制力保障实施，具有至上权威。国家法律一经颁布生效，不管社会成员的主观愿望如何，人人都必须遵守，否则将招致国家的干预，受到相应的法律制裁。法律的这种至上权威性，迫使人们在选择自己的行为方式时，不得不选择符合法律规定的行为模式。当然，某种非法行为所导致的结果的诱惑足以使行为人无视国家强制力的存在时，属于例外。

如果社会上绝大多数人守法纯粹是法律的强制力使然，那至少可以表明这个国家的法律与社会成员的利益要求是脱节的，或者表明这个国家阶级矛盾十分尖锐，利益矛盾十分突出。从广大社会成员的角度说，这样的法是“恶法”。同时，这种状态下的守法是暂时的、消极的、靠不住的。

二、社会压力

出于社会的压力也是人们守法的原因之一。社会是由无数互相连锁的行为模式组成的，不遵从某些行为方式，不仅会使依赖它的其他人失望，而且会在某种程度上瓦解社会的组织，这种内在的依赖关系产生了使人守法的强大压力。当周围人都依法办事并鄙视不安分守己者时，每个人都会产生“不如此就会受到责难”的压力。有学者认为这种压力的有效性甚至超过制裁的压力。不过，我们应注意，这种压力与社会机制是密切关联的，如果一种社会分配制度、社会合作机制是良性的，那么遵守法律、履行义务的这种社会压力就是有效的，反之则不会形成这种社会压力。

三、服从的习惯

绝大多数人从小就被教导尊重父母、知识、地位、权威和法律，尤其权威和法律被认为合理时更是如此。结果，在社会化的过程中，服从包括服从法成为人们心理的组成要素和习惯。守法是出于心理上的惯性，对此英国法学家布赖斯曾有论述：出于惯性（惰性）是民众守法的首要原因。民众从小就养成了模仿他人所为的习惯，包括按照别人的样子守法的习惯。这是因为这样做是便利的，或者感到不这样做是错误的。越是下层的民众，越是缺乏社会知识的人，惯性因素在守法中所起的作用就越大。心理上的惯性问题涉及法是否符合人的习惯以及民族与社会的习惯问题。如果一项法律符合人的习惯以及民族和社会的习惯，它就可能会比那些不符合这些习惯的法得到更好的遵守。事实上，法从内容上讲，其中有相当一部分是来源于社会生活和生产过程中自发形成的习惯规则，其意义在于符合人们对惯例的屈从倾向，便于法的实施。否则，“与一个社会道义上的观念或实际要求相抵触的法很可能会由于消极抵制，以及在经常进行监督和约束方面所生困难而丧失效力”。

四、自身利益和信用的需要

在特定契约关系中，人们守法并不是一件痛苦的事，而是一件自愿的事，人们会自觉地守法，是出于利益和信用的考虑。就利益而言，人们之间订立契约是为了某种利益的需要。利益是人们行为最主要和最直接的动力，同时也是人们所追求的目标。马克思曾说过，人们奋斗所争取的一切，都同他们的利益有关。而法是社会共同的、由一定物质生产方式所产生的利益和需要的表现。守法也就意味着利益的满足。因此，对法所规划的利益的追求便能促使人们积极地守法。就信用而言，人们之间的契约关系是建立在自愿、合意的基础之上的法律关系，讲信用往往被规定为契约履行的准则，不论行使权利，还是履行义务，都要讲信用。讲信用旨在实现当事人之间的公平和当事人之间、当事人与社会之间利益关系的平衡。如果当事人不讲信用，不仅背叛了他人，也背叛了自己；不仅会损害他人的利益，同时也会损害自己的利益；不仅得不到自己应得的利益，而且还要承担法律责任。因此，人们基于信用的要求，往往能自觉地履行契约，遵守法律。

第三节　法律意识

【小链接】

2017年电视剧《人民的名义》热播，《法制日报》记者采访了该剧的制片人、导演李路。

李路告诉记者，依法治国、依法反腐，国家提了很多年、很多次，十八大以后终于动真格了。现实中，“打虎拍蝇”的案例很多，为他们提供了丰富的创作素材。

“普及法律知识仅仅是法治社会建设的初级阶段，真正的普法应当将法律意识融入血液里。只有这样，贪腐才会少很多。而艺术创作是最好的普法形式，最容易感染人。要善于讲故事，千万不要说教。贪官不是天生的坏人，很多人都对当地有贡献，但触犯了法律就成了违法者，成了罪犯。”李路说。

资料来源：法制日报专访《人民的名义》编剧、导演：让法律意识融入血液．(2017-04-10)．[2017-08-15]．http://news.163.com/17/0410/20/CHMGUOV4000187VE.html.

一、法律意识的概念

法律意识是社会意识的一种特殊形式，它泛指人们对法律，特别是本国现行法律的思想、观点、知识和心理的总称。有时也称“法制观念”“法治观念”“法制心理状态”。法律意识与政治意识、道德意识、宗教意识等都是意识形态，但它们反映的对象不同。那些不依赖于个人意志的社会物质生活条件，是法律意识得以产生、存在和发展的现实基础；这些现实的社会关系不是法律意识创造出来的，恰恰相反，它本身正是创造法律意识的根源和基础。

社会意识是社会存在的反映，它可以分为政治、法律、哲学、道德、宗教、美学等各种意识形态。其中政治意识、道德意识和法律意识之间的联系极为密切。政治意识是不同的阶级、政党、集团或个人关于社会政治制度、政治生活、国家、集体和社会集团及其相互关系等问题的观点、理论的总和，是一定社会的阶级结构和阶级利益最直接、最集中的思想表现，处于社会意识诸形式的核心地位。政治意识往往渗透到其他社会意识中，成为其中起指导作用的部分。道德意识是人们关于什么是善与恶、公正与偏私、正义与非正义的观点与评价。它与法律意识的内容和作用机制有很多相似之处。对人们的行为从道德观念和从法律意识上进行评价常常是统一的，像公平、正义、合理等都是它们共同的价值标准。道德意识的作用范围极广，它常常渗透到其他社会意识形态之中，包括法律意识在内，都具有道德性质。法律意识虽然与政治意识、道德意识有密切联系，但也有自己的特殊性，有自己特殊的内容和结构，它所反映的是法律现象，是人们关于法律现象的思想、观点和心理。如人们对法律的评价，依据法律对法官判决是否公正的看法，对法、对依法办事原则的信任程度等。法律意识的客体是法律现象，这是法律意识与政治意识、道德意识以及其他社会意识形态相区别的要点。虽然政治意识、道德意识以及其他社会意识形式的客体有时也涉及法律现象，但它们都不以法律现象作为专门的意识客体。

法律意识是一种特殊的法律现象，它与其他法律现象，包括法律规范、法律关系、法律行为，处于有机联系之中。按照历史唯物主义观点，上层建筑由社会的政治、法律、哲学、艺术、宗教等观点即思想上层建筑和与这些观点相适应的政治法律制度及设施即政治上层建筑构成。在各种法律现象中，有的属于政治法律制度及设施的范畴，包括在政治上层建筑中，如法律规范、法律组织（立法机关、司法机关等），它们是国家机器的重要组成部分。而法律意识则属于思想上层建筑，法律意识与构成政治上层建筑的法律制度，特别是它的核心部分——法存在密切的联系。一方面，法律制度和法律意识作为法律上层建筑的有机组成部分受到经济基础的制约，经济基础决定着法律上层建筑的性质和发展变化。另一方面，在二者之间，法律制度是根据法律意识建立的，而法律制度形成之后又对法律意识起着积极的作用。法律意识的形成是法形成的前提条件，在法的创制和法的实施过程中，都不可能离开法律意识的作用。当然，强调法律制度是根据法律意识建立的，并不否认法律制度归根到底依赖于经济基础，而是表明包括法律制度在内的上层建筑现象区别于经济基础的重要特征，就在于它是根据人的意识建立的，而经济基础则是不以人的主观意识为转移的。经济基础的决定作用表现在当根据法律意识建立的法律制度不符合社会经济基础的需要时，它就会成为社会发展的桎梏，迟早都要被适合经济基础的法律制度所代替。

二、法律意识的类型

法律意识可按不同的标准分类。

（一）按法律意识的社会政治属性分类

按法律意识的社会政治属性，法律意识可以划分为占统治地位的法律意识和不占统治地位的法律意识。

占统治地位的法律意识是统治阶级（在社会主义条件下是工人阶级领导的广大人民群众）的法律意识，它是与社会的经济基础相适应的法律上层建筑的重要组成部分，它与法律制度处于有机的联系之中，是法的形成和实现的必不可少的条件。在占统治地位的法律意识中，法律意识形态处于核心地位，它最能够体现一个社会的经济基础及其决定的政治法律制度的特点。如封建社会的神学世界观、资本主义社会的法学世界观，它们在这两个社会中占有支配地位，不仅统治阶级，甚至被统治阶级中的许多人都把这种法律意识形态视为“天经地义”的。马克思主义法律观是社会主义社会占统治地位的法律意识，是社会主义法律上层建筑的有机组成部分。在广大人民群众中宣传马克思主义法律观，对人民群众增强主人翁的责任感、树立正确的权利与义务观念、依法行使权利和履行义务，具有重要意义。在占统治地位的法律意识中也包含着某些法律知识、技术和文化方面的内容。它们是人们调整社会关系的智慧与经验的结晶，反映了历史上积累起来的有价值的法律思想，反映了法律调整所达到的水平。这些内容就如同自然科学、管理科学的内容一样，完全可以为不同的阶级所利用。从总体上讲，占统治地位的法律意识对现行法持肯定态度，但是并不排除它对那些已经过时的、不足以反映统治阶级要求的个别法律规范持批评态度。同时，统治阶级内部的个别集团和个人出于自己特殊的利益，也可能以不同的态度对待现行法。

不占统治地位的法律意识与现行法往往是对立的，对法的制定和实施起消极作用。但是，不排除在一定条件下被统治阶级的法律意识中也存在支持现行法律制度中某些成分的因素。如在资本主义社会，劳动群众也会支持某些维护社会共同利益的法律规定，也会拥护那些惩治贩毒、强奸、盗窃、抢劫等严重刑事犯罪的规定。同时，某些劳动群众的法律意识也会受到剥削阶级法律意识的影响，从而对剥削者的法律抱有幻想。

（二）按人的认识过程分类

人的认识过程分为感性认识和理性认识，法律意识可分为法律心理和法律思想体系。

法律心理是人们对法律现象认识的感性阶段，它直接与人们日常的法律生活相联系，是人们对法律现象的表面的、直观的、自发的反应。在阶级社会中，各个阶级的社会地位和生活条件不同，每个阶级有不同的法律心理。法律心理是各个阶级对法律现象朴素的、直观的反应，往往不能全面、深刻地反映该阶级对法律现象的态度。例如，在工人阶级和广大人民刚刚夺取政权、废除旧法律时，对旧法的仇视很容易在人民群众中产生一种对新法也不信任的法律心理，如不进行社会主义法律意识教育，在一部分群众的意识中就可能分不清新法与旧法的界限，就不可能衷心地拥护和自觉地遵守人民自己的法律。

法律思想体系是人们对法律现象认识的理性阶段，它表现为系统化、理论化的法律思想、观点和学说，是人们对法律现象的自觉的反应。某一阶级的法律思想体系的最终根源，在于该阶级的社会地位，以及整个阶级有关法律问题的实践。任何一个阶级的法律思想体系都不是人们自发形成的，在法律思想体系形成过程中，法学家的工作起着重要作用。由分散的、感性的法律心理转变为完整的、系统的、理论化的法律思想体系，必须经过代表这个阶级的法学家们的复杂、艰苦的脑力劳动。

（三）按意识主体分类

从意识主体角度看，法律意识可以划分为个人法律意识、群体法律意识和社会法律意识。

个人法律意识是具体的个人对法律现象的思想、看法、意见和情趣，它是个人独特的社会地位和社会经历的反映。个人有关法律问题的实践以及其所接触的社会环境和对法律现象的看法，对个人法律意识的形成都有直接的作用。

群体法律意识是指家庭、集体、团体、阶级、阶层、民族、政党等不同的社会集合体对法律现象的意识。群体法律意识是群体内个人法律意识以及和其他群体法律意识相互作用的结果，个人法律意识总要受到它所从属的群体法律意识的影响，而群体法律意识也不可能脱离个人法律意识，它的形成和发展总要从个人法律意识中汲取积极的、有益的成分。

社会法律意识是社会作为一个整体对法律现象的意识，是一个社会中个人法律意识、各种群体法律意识相互交融的产物。社会法律意识往往是一个国家法制状况的总的反映。一个国家的法治状况直接决定社会法律意识的水平。社会法律意识与个人法律意识、群体法律意识的不同之处，在于它是建立在整个社会有关法律问题的实践的基础上，克服了个人和群体的实践局限性和片面性。社会法律意识是一个国家和民族法律文化、法律传统的集中反映。在阶级社会里，社会法律意识是不统一的，只有统治阶级的法律意识才可能成为占统治地位的社会法律意识。

（四）按法律意识的专业化、普及化程度分类

按法律意识的专业化、普及化程度，法律意识可以划分为职业法律意识和群众法律意识。

职业法律意识是法官、检察官、律师、法学研究与教学人员等专门法律工作者的法律意识。法律职业是在法律产生以后，随着法律材料的积累、法律工作的复杂化和专门化，以及社会分工的发展而出现的。在法律产生以后一个相当长的时期，法律工作与其他工作并没有严格的界限，从事法律工作也不需要受专门的法律训练，不需要有特殊的法律技巧，因此，从事法律工作的人员与普通人的法律意识之间并没有什么根本差别，最多只是前者能言善辩。法律职业是在法律工作的程序和知识已经相当复杂，普通人没有受过专门的法律训练已经不可能胜任法律工作，并且法律工作已经为一个专门从事这一工作的阶层——职业法律家所垄断时才产生的。职业法律意识无论在量上还是质上，与普通人的法律意识（群众法律意识）相比都有许多不同，它积累了职业法律家的法律实践经验，包含着大量的从事法律工作的专门知识和技巧。

群众法律意识是广大人民群众对法律现象的最一般的理解。在革命转变、剥削者社会向社会主义社会过渡时期，工人阶级领导的广大劳动人民群众的法律意识起着重要作用，它构成了正在形成的社会主义法律制度的最直接的思想基础。革命胜利后，广大人民群众的法律意识自然是保证社会主义法律制度发挥作用的积极因素。在群众法律意识中，法律心理如情感、情绪等因素占有很大成分，缺少专门的法律知识。在群众中普及必要的法律知识，灌输占统治地位的法律意识，提高人们遵纪守法的自觉性，具有极为重要的意义。

三、法律意识的作用

一定的法律意识体现了社会主体对一定法律现象的价值评价。这就是说，社会主体在法律实践过程中，不仅创造了法律现象的价值，而且也认识到了这种价值，并给予评价。法律意识是社会主体在法律实践活动中所形成的主观体验和认识在意识中的反映，是对法律现象本身的价值所作出的主观价值判断。这种价值评价是从主体出发的，并且与主体的个性有关，包含着主观的因素。不同的主体对法律价值进行判断的尺度是不相同的，对法律权威性程度的价值认同也有所差异。当然，影响社会主体对法律现象进行价值判断的主要因素，是法律现象本身的价值，是法律在调整社会关系时所表现出来的属性，是法律机制对社会进步的有效性程度，以及司法活动的社会公正性。

具体来讲，法律意识的作用主要体现在以下两个方面。

（一）认识社会发展客观需要的作用

在法的形成过程中，法律意识起着认识社会发展客观需要的作用。

一个国家的法的形成、法律制度的完善，归根到底取决于该国经济和社会发展的客观需要。任何立法者都不能不顾客观条件任意创制法律规范，但这并不否认法律意识在法的形成中的重要作用。如果有客观需要而认识不到这种需要，与这种需要相适应的法律规范不可能自然而然地产生；如果已经认识到了这种客观需要，但找不到正确满足这种需要的方法、手段，或者选择了错误的法律手段，也不可能使客观需要得到满足。因此，有正确的法律意识，是使客观需要转化为法律规范的重要条件。

（二）调整作用

在法律实施过程中，法律意识起到调整作用，使人们的行为与法律规范相协调。

作为一种社会现象的法律，在本质上是实践性的。一定的法律意识在很大程度上制约和影响着法律实践活动。在国家机关及其工作人员将法律规范运用到具体问题、具体案件的活动即法的适用中，法律意识起着重要作用。国家机关工作人员法律意识水平的高低决定着他们对法律精神实质的理解程度，并将直接关系到他们处理案件的正确、合法与否。对执法人员来说，一方面应该努力提高政治素质，做到大公无私、不畏权势、秉公办案，敢于同一切违法乱纪的现象作斗争；另一方面又要在办案的过程中不断提高业务素质，提高职业法律意识水平，学会使用法律武器。法律意识在公民、社会组织遵守和执行法律规范的过程中起着重要作用。如果公民、社会组织不能正确理解法律，理解法律所体现的价值观，就不可能自觉地、正确地实施法律。法律意识能使人们的行为同现行法的规定相符或不相符，当人们受到与占统治地位的法律意识相违背的法律意识指引或者缺乏法律知识时，往往会出现与现行法不一致的行为，甚至作出了违法的行为也不知道是违法。占统治地位的法律意识则指引人们作出与现行法要求相一致的行为，促使人们自觉遵守和严格执行法律，同违法犯罪现象作斗争。

一个国家实行依法治国的一个重要条件是本国绝大多数社会成员以及国家公职人员，尤其是立法、执法和司法部门公职人员应具有较强的法律意识。没有这一条件，依法治国只是一句空话。反过来，一个国家在建立法治国家的过程中必然会不断提高社会成员和国家公职人员的法律意识。法治与法律意识同样是相互并存和促进的。

我国社会主义法律体现人民意志，通过在全国开展有效的普法教育，人民的法律意识必将不断增强。他们会“懂得公民的权利和义务，懂得与自己工作和生活有关的法律，依法办事，依法律己，依法维护自身的合法权益，善于运用法律武器同违法犯罪行为作斗争”。实现依法治国，更需要国家公职人员尤其是法官、检察官以及律师具有较高的法律意识，即比一般社会成员或一般国家公职人员更高、更专业的法律意识，但这不仅是法律意识方面的要求，而且是他们任职的条件和资格。我国《法官法》《检察官法》《律师法》对此都有明确规定。

在我国社会主义条件下，大力培养公民的社会主义法律意识，对坚持实行依法治国，建设社会主义法治国家，具有十分重要的意义。从 1986 年开始，在党和国家的强有力推动下，一个全国范围内的法制宣传教育活动蓬勃展开。这一活动的主旨，在于在全国范围内进行法律意识启蒙，提高全民族的法律意识水准，进而为建设社会主义法治国家提供思想基础。实践表明，这一法律启蒙教育收到了较好的效果。当然，不可能期望现代法律观念在短期内就在广大公民的思想上牢固确立。这是一个长期的、渐进的过程，需要树立长期作战的思想，持之以恒，推进“法律启蒙教育”这一伟大的工程。

【思考题】

1. 守法的概念以及类型是什么？
2. 我们为什么要遵守法律？
3. 什么是法律意识？它有什么样的作用？

【讨论与互动】

2000 年 5 月 20 日早上 8 时 30 分左右，一头野生羚牛闯入陕西省洋县四郎乡田岭村村民文某家，将文某顶倒在地，其妻吉某亦被困屋中，当地有关部门闻讯展开营救。《中华人民共和国野生动物保护法》第 21 条明文规定，禁止猎捕、杀害国家重点保护野生动物。因科学研究、种群调控、疫源疫病监测或者其他特殊情况，需要猎捕国家一级保护野生动物的，应当向国务院野生动物保护主管部门申请特许猎捕证；需要猎捕国家二级保护野生动物的，应当向省、自治区、直辖市人民政府野生动物保护主管部门申请特许猎捕证。由于野生羚牛是国家一级保护动物，因此当地有关部门不敢擅自捕杀，只能逐级请示。当日下午 1 时 20 分才从陕西省林业厅传来指示，可以击毙羚牛。下午 4 时 20 分，羚牛终于被击毙，而此时文某已经死亡，其妻吉某亦因伤势过重抢救无效死亡。请讨论在这种情况下，是应该守法还是应该救人？

【推荐书目】

1. 朱迪丝·N. 施克莱．守法主义［M］．彭亚楠，译．北京：中国政法大学出版社，2005.

2. 刘同君．守法伦理的理论逻辑［M］．济南：山东人民出版社，2005.

3. 王国龙．守法主义与能动司法［M］．北京：法律出版社，2013.

第十五章　违　法

【本章导读】

我们生活在一个社会共同体中，每个人都是这个共同体的一分子。大家在生活过程中，一方面都追求各自的利益，另一方面都有共同的社会利益、国家利益和集体利益。法律要求人们在追求自己利益的同时尊重他人的利益，并共同维护社会利益、国家利益和集体利益。为此，法律对应当保护的利益加以确认，并以法律上的权利、义务作为保障这些利益的手段。假如个人无限制地扩大个人利益，违反法律，侵犯公共利益，法律将依据归责原则确认相应的法律责任，使其承担不利的法律后果。

违法是行为人基于故意或过失给他人造成一定的损失。对违法的认定应依据违法的构成要件进行明确分类。要预防违法行为的发生，综合治理工作必须加强。行为人由于违法行为、违约行为或者法律规定而应承受不利的法律后果为法律责任，它与权利（力）、义务有着密切的联系。根据归责原则确定法律责任，由特定国家机关对违法者依其法律责任实施法律制裁。

【学习目的】

掌握违法的概念、主要类型和构成要件；掌握法律责任的类型；掌握法律制裁的归责原则和种类；了解违法与社会综合治理、法律责任、法律制裁三者之间的关系。

第一节　违法概述

一、违法的含义

违法就是指违反现行法律规定的、给社会造成某种危害的行为。

违法违反的是法律。违法行为所违反的必须是法律，而不是道德、政策、纪律、非法律的教规。违反其他社会规范的行为，尽管也可能会受到某种处罚或者制裁，但是这种处罚或者制裁一定不是法律意义上的，否则就会混淆道德、政策、纪律、非法律的教规与法律之间的差异，造成对行为性质的认识错误，导致滥用法律的恶劣后果。

违法所违反的必须是现行法律。如果是对已经丧失了法律效力的“法律”的违反，不能将其行为确定为违法行为。所谓现行，是在判定某一行为性质的时候，用以判定人们行为的法律，即被认定为所违反的法律一定是具有现实法律效力的，而不是已经被废止的或者已经被宣布为无效的。

违法一定是具有社会危害性的行为。社会危害性是违法的本质属性。一个社会的法律之所以要将某些行为规定为违法，最根本的就是这些行为对社会具有危害性质。人们之所以要将某种行为确定为“违法”并依据法律予以处罚，也是因为这种行为具有社会危害性。没有危害性的行为，在严格意义上，任何法律不应也不会将其确定为违法行为。即使是最反动的法律，它也同样是以某种行为是否具有社会危害性来划分违法与不违法的。只不过，反动的法律对社会危害性的认识是反动的。

在法治状态和非法治状态之下，人们对违法的认识是有差异的。在法治状态下，一切权力行为都必须具有法律上的根据，即必须是合法的，如果不合法，就是违法。任何权力的获得与范围都是由法律所规范的，超出法律规定的权力行为，都是权力的非法膨胀或者滥用，都是违法。而一切非权力行为，即一般公民或者一般法人的行为，只要没有违反法律的禁止性规定和义务性规定，或者法律本身没有相关的规定，则不应是违法行为。在非法治状态下，往往会对一般公民和一般法人作出比权力拥有者更高、更多的要求。这显然是错误的，与法治的要求是相违背的。

二、违法的构成要件

违法的构成要件是衡量违法是否成立的标准，也是违法成立的条件。它对法律和社会都有重要的意义。对法律来说，准确地确定违法是人类特定历史阶段善恶评价标准和主观意愿等在法律上的体现；是法律权威性、公正性、科学性、强制性的要求；也是社会生活秩序性、公正性的保障。因此，为违法确立一个构成标准就成为非常重要的事情。经过历史发展的总结与概括，逐步形成了违法的构成要件，包括违法的客观要件、主观要件、主体要件和客体要件四个方面。

（一）违法的客观要件

违法的客观要件是指违法必须是行为。所谓行为，就是人体在一定意志支配之下的动与不动的状态。行为的主体是人，表现是人体的动与不动状态，条件是具有一定意志支配。只有行为才可能构成违法。任何思想和意识，只要不是行为，就不可能构成违法。

马克思认为，凡是不以行为本身而以当事人的思想方式作为主要标准的法律，无非是对非法行为的公开认可。并认为：我只是由于表示自己，只是由于踏入现实的领域，我才进入受立法者支配的范围。对于法律来说，除了我的行为以外，我是根本不存在的，我根本不是法律的对象。我的行为就是我同法律打交道的唯一领域，因为行为就是我之要求生存权利、要求实现权利的唯一东西，而且因此我才受现行法的支配。

只有行为才可能构成违法是法律的基本原理。但是历史上，将思想作为违法甚至犯罪的事例也层出不穷。任何将思想作为违法犯罪的时代都是专制的、非法治的、不民主的时

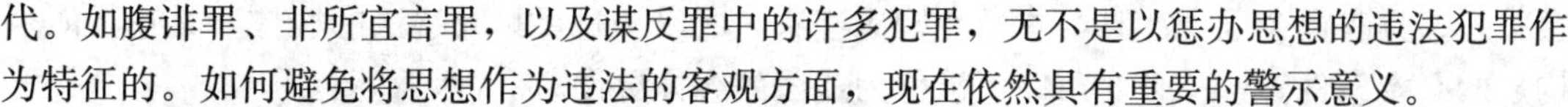

代。如腹诽罪、非所宜言罪，以及谋反罪中的许多犯罪，无不是以惩办思想的违法犯罪作为特征的。如何避免将思想作为违法的客观方面，现在依然具有重要的警示意义。

（二）违法的主观要件

违法是指行为人有过错的行为。违法的主观要件一定是行为人具有某种过错。过错是指行为人对自己的行为存在故意或者过失的心理态度。是否有过错，是衡量某人某种行为是否构成违法的重要标准和必备条件。

之所以要求违法要具备过错这一主观要件，是因为确定违法的目的在于制裁违法和预防违法。主观上对“违法”毫无过错的人，是不应也不必予以制裁的。在行为人既无故意也无过失的情况下，对行为人加以法律制裁，根本就达不到制裁违法与预防违法的目的。无法预料的意外事件或不可抗力，对特定的行为人来说，就是没有故意也没有过失的。因此，法律都规定，对意外事件和不可抗力的情形，没有违法的问题。正当防卫和紧急避险行为不是违法行为，并不在于它缺乏违法的主观要件——主体故意的行为，而在于它缺乏违法的客体即社会危害性。

（三）违法的主体要件

自然人，是指拥有自然生命个体的人。将自然人作为违法的主体，排除了与自然人相对应的非自然人，如动物、机器人等。在现代世界，有的国家把动物作为违法的主体，将法律责任加之于“作出违法行为”的动物。这种惩罚动物的案例，在西方屡见不鲜。随着现代科学技术的发展，机器人作为现代高科技的产物，已经在许多领域发挥着重要的作用。它虽然也有一定的智能，但是它的智能都是由自然人赋予的，它的智能实际上是自然人的智能的延伸和扩展，它本身并不具有天生的理性能力。将机器人作为违法主体是对违法主体的随意扩大，从这个意义上讲，同样也是错误的。

法人是法律上拟制的人，是指依法成立的能够享有民事权利、承担民事义务的国家机关、企业事业单位、社会团体和其他社会组织。法人作为违法的主体，排除了非依法成立的社会组织违法主体地位。不依法成立的“组织”，即使具备社会组织的某些形式，也作出了违法的行为，依然不能被认为是这个组织的违法行为，更不能认为是某个“法人”的违法行为，所以应当承担责任的是构成这些组织的个人。

对作为违法主体的个人来说，不必强调其年龄和智力状况。即使是未达到法定责任年龄的人，其行为如果违反了法律的规定，同样应当认为是违法行为，而不能因其年龄幼小就改变了行为的性质。很难想象一个成年人的杀人行为是违法，而一个年龄幼小到一定程度（未达到法定责任年龄）的杀人行为就不是违法。至于违法者因其年龄幼小而被免除了责任，这只是基于行为本身之外的因素的考虑。同理，违法主体也不要求具有正常的智力状况。一个精神病人的杀人行为与正常人的杀人行为都应当被认为是非法的，是违法行为。如果因主体自身状况不同将同一行为区别为两种完全不同的性质——违法或者不违法，那么，我们所倡导的法律准则的权威性就会大受怀疑。某种行为是否构成违法与某种行为是否承担法律责任，是两个问题。前者无须考虑主体的年龄和智力因素，后者必须考虑主体的年龄和智力因素。在确定违法构成时，不可将其混淆。

（四）违法的客体要件

违法的客体是指违法行为所侵犯的、法律所保护的社会关系。任何违法都必须是对法律所保护的社会关系的破坏，具有社会危害性。任何行为都只有在侵犯了法律所保护的社会关系、具有社会危害性时，才可能构成违法。所以，是否具有违法的客体，是违法能否构成的必要条件。这一必要条件，被称为违法的客体要件。

违法的客体要件反映违法的本质特征——侵犯了法律所保护的社会关系，具有社会危害性。不具备违法客体要件的任何行为都不应被视为违法，甚至还应当得到法律的保护。如正当防卫行为和紧急避险行为，它们甚至具有其他所有的违法构成要件，仅仅因为没有违法的客体，即没有社会危害性，因此也就不构成违法。

违法的四个构成要件是一个整体，缺少任何一个要件，都将无法构成违法，也不应认为构成违法，更不能认为具备了其中一个或者两个要件就可以构成违法。如果不能严格按照违法构成要件衡量是否构成违法，就公民来说，不仅合法权益得不到保障，而且会受到严重的损害；就社会来说，会导致社会秩序的破坏和社会公正的丧失。

三、违法的种类

违法有不同的种类划分。不同的划分具有不同的学术意义和实践意义。根据违法的危害程度，可以把违法划分为严重违法和一般违法。前者是指犯罪；后者是指犯罪以外的各种违反法律规定的行为。根据各种违法行为所违反的法律的类别或者性质，可以把违法划分为违宪行为、刑事违法、民事违法和行政违法等。

（一）违宪行为

违宪行为简称违宪。通常是指国家机关或国家机关领导人违反宪法的原则和要求，制定违反宪法的法律文件，作出违反宪法的决议、命令，采取违反宪法的措施，侵犯国家、集体和公民合法权益等违反宪法规定的行为。宪法是一个国家的根本法，具有至高无上的法律地位。任何国家机关的一切活动都不得违反宪法的规定，任何违反宪法的法律、法令、法规、规章和行为，都是无效的，都应当承担违反宪法的法律责任。

（二）刑事违法

刑事违法也称犯罪，是指具有社会危害性的、违反刑事法律规定的、依法应受刑罚惩罚的行为。它是最严重的违法行为，具有最严重的社会危害性，也会受到最严厉的法律处罚。刑事违法的特殊性质，使其特别引人注目。刑事违法包括严重的危害国家安全的行为、危害公共安全的行为、破坏社会主义市场经济秩序的行为、侵犯公民人身权利和民主权利的行为、侵犯财产的行为、妨碍社会管理秩序的行为、危害国防利益的行为、贪污贿赂行为、渎职行为、军人违反职责的行为等。

（三）民事违法

民事违法是指违反民事法律规定，依法应当承担民事法律责任的行为。民事违法行为是社会中最普遍、最经常的违法行为。最常见的民事违法行为中包括欺诈的民事行为，胁迫的民事行为，恶意串通损害国家、集体或者第三者利益的民事行为，违反国家指令性计划的民事行为，违反法律或者社会公共利益的民事行为，以及以合法形式掩盖非法目的的民事行为等。至于经济违法，在学理上，属于民事性质的就属于民事违法行为，属于行政性质的就属于行政违法行为。

（四）行政违法

行政违法即违反行政管理法规规定的、应当承担行政违法责任的行为。行政违法既包

括一般自然人和法人违反行政法规的行为，也包括国家行政机关的公务人员在执行职务活动中违反行政法规的行为。行政违法影响着行政管理的正常进行，同时也可能侵犯其他自然人和法人的合法权益。为了保障国家行政管理的正常进行和公民与法人的合法权益，必须对行政违法行为进行必要的法律制裁。

第二节　违法行为的预防与综合治理

参考案例

朱某是A制药公司的业务员，手中掌握着大量的公司客户名单。公司为了保护企业的商业秘密，与朱某签订了保密协议，约定朱某在职期间应严格保守公司的客户名单等商业秘密，不得向公司外的任何人员泄露，如有违反，将承担违约责任。一年后，因B制药公司高薪聘请，朱某从A公司辞职后到了B公司，并将A公司的客户名单作为与B公司协商待遇的条件。B公司从朱某处了解到A公司的商业秘密后，即采取有针对性的措施，轻而易举地在市场竞争中占据了有利地位，A公司的市场份额大幅度下降。A公司得知上述情况后，认为朱某违反了双方约定的保密协议，即诉至劳动争议仲裁委员会，要求朱某承担违约责任。但是朱某则认为自己虽然将有关信息透露给了他人，但市场竞争由多种因素构成，导致A公司重大损失的责任不应由自己承担。

问题：朱某是否应当承担违约责任？为什么？

提示：《中华人民共和国劳动合同法》第23条和第24条规定，用人单位与劳动者可以在劳动合同中约定保守用人单位商业秘密和与知识产权相关的保密事项。对负有保密义务的劳动者，用人单位可以在劳动合同或保密协议中与劳动者约定竞业限制条款。竞业限制期限不得超过2年。本案中，朱某与公司签订了保密协议，朱某应履行协议的义务，其泄露客户名单的行为构成侵权行为。

一、违法行为的预防

违法作为一个整体的社会现象，在法律存在的社会是根本不可能彻底消除的，也是不可能完全预防的。但是，作为具体的违法现象，则是可以预防，也是必须预防的。

（一）预防违法的重要意义

预防违法具有以下重要意义：

（1）预防违法有利于维护正常的社会秩序，创造安全稳定的社会环境。良好的社会秩序对任何社会都是重要的，它直接关系着一个社会的民众能否享有完全与稳定的社会生活；关系着能否形成一个经济发展的社会基础；关系着人民的权利有无法律的保障和能否正常享有。法律总是为维护一定的社会秩序服务的。预防违法就能为社会秩序提供较好的保证，营造良好的社会环境。

（2）预防违法有利于减少违法行为可能给社会造成的损失和危害。任何违法都是一种对社会有危害的行为，任何违法也都会给社会造成一定的损失。从损失的类别看，有物质损失、精神损失、经济损失、文化损失和政治损失等；从损失的大小看，有的损失较小，有的损失较大，有的损失巨大，有的损失特别巨大，有的损失甚至不可估量。预防违法就是要把违法消除在产生之前，若能如此，违法给社会造成的损失就可以被控制在最小范围内。有的违法如能被消除，就没有损失和危害的产生与出现。

（3）预防违法有利于净化社会道德风尚，提高全社会的道德水准，促进全社会的精神文明建设。违法中的损人利已、化公为私、贪污腐化、贪赃枉法、为非作歹的恶行是多种多样的，社会在道德和整个精神文明建设上都将遭受损失。为了防止道德败坏，提高全社会的道德水准，促进全社会的精神文明建设，预防违法的意义特别重大，它是精神文明建设的特殊领域和重要方面。

（二）预防违法的可行性

预防违法是非常必要的，也是现实可行的，具体表现如下：

（1）从违法的性质与全社会对待违法的社会心态来看，预防违法是可行的。法律是全社会的行为准则，违法其实也就是对全社会共同准则的违反，是具有社会危害性的行为。因此，在总体上，全社会对违法都是持否定态度的，都希望违法事件不要发生，这是违法的性质所决定的预防违法的社会心理基础。为了维护全社会的共同准则，防止违法结果的发生，预防违法自然会得到社会的普遍支持。预防违法没有全社会的支持与参与是根本不可能的事情。违法的性质、全社会对违法的共同否定心态，为全社会预防违法奠定了坚实的心理基础，预防违法也正是以此为据提出，并得以在社会中付诸实施的。

（2）从违法者的心态来看，违法是可以预防的。就过失违法而言，对其预防，应当说是特别有效，违法者往往都是因为疏忽大意或者过于自信构成了违法，能够预防违法不仅是社会的要求，也应当是过失者自身的愿望。即使在故意违法中，有的也是由于违法者法律意识淡漠所造成的。这种违法者，只要有足够的法律意识，同样不至于违法。就是故意违法者，若能使其认识到其违法的危害与后果，也可以相当程度地减少一些故意违法的发生。违法者的心态，从另一个方面为预防违法创造了条件、提供了可能。

（3）从社会控制系统来看，预防违法是现实可行的。任何一个违法存在的社会，都有一定的关于违法的社会控制系统。这种社会控制系统除了制裁违法之外，对预防违法具有重要的作用。其实，就是制裁违法这一行为本身也具有预防违法的意义。对已经构成违法的人来说，是一种特殊的预防，使其已经发生的违法不再继续，未发生的不再发生；对未构成违法的其他自然人和法人来说，就是一种警示，通过对违法的纠举与制裁，告诫未违法者不得违法。社会控制系统从这两个方面发挥着预防违法的特殊职能。

（4）从预防违法的社会实践来看，预防违法也是可行的。预防违法在法律的实践中取得了令人瞩目的成绩。在同样的法律制度和社会背景下，有无预防违法的机制，违法的发生率是不同的。凡是提倡预防违法，并有效地推行预防违法的社会和地区，违法必然会受到抑制而减少；凡是不提倡和不推行预防违法的社会和地区，其违法就可能肆意泛滥。

二、社会治安综合治理

社会治安综合治理是我国预防违法的经验总结和战略措施。它是在党和国家的统一领导下，调动各方面的力量，运用法律的、政治的、经济的、思想的、行政的、教育的和感化的等多种手段和方法预防违法犯罪、打击犯罪、改造犯罪、减少犯罪、消灭导致违法犯罪产生的原因和条件，创造安全稳定的社会环境。

（一）社会治安综合治理的客观依据

社会治安的基本特点是综合治理的重要依据。社会治安状况是社会各种因素和矛盾相互作用、综合反映的结果，它与整个社会的思想状况、文化素质、道德风尚、物质生活条件等有着密切的联系；与整个社会和每一个人的人生观、价值观、家庭环境、知识结构、社会关系、法律意识、道德水平密不可分；与法律的制定、执行、遵守情况有着重大关系。社会治安是一个社会综合问题。社会治安的这一基本特点决定了对社会治安的治理必须采取多种方式方法，实行综合治理。

社会成员对待社会治安综合治理的心理态度是综合治理的重要基础。社会治安状况关系着每一个社会成员的生命与安全，关系着每一个社会成员的权利能否正常享有，关系着每一个社会成员生活与工作能否正常进行。就正常情况而言，绝大多数社会成员都期望社会生活能够平静美满、幸福祥和。只有在和平安宁的社会环境中，人们的权利才有保障。人天生就有和平的愿望，在内心深处并不期望动荡不安。而社会治安的不正常必然会违反人们的本意，即使偶尔有这种局面，也是特定历史条件下的特别现象。社会成员普遍对和平的向往，为社会治安综合治理奠定了社会的心理基础。

社会总体的协调配合是社会治安综合治理的重要保证。社会治安综合治理是一个庞大的社会工程，需要动员全体的力量。人类社会经过千百年的发展，到现在已经发展到了相当完备的程度，各种社会机构与组织成为社会的网络与神经。它们中的各个元素相互联系、彼此互动，甚至共存共生，使整个社会呈现出一体化态势。政治组织、经济组织、文化组织、宗教组织等共生，国家组织与非国家组织并存，立法机关、司法机关、行政机关互动，国内组织与国际组织合作等，社会总体的协调配合为社会治安综合治理提供了重要的保证。

（二）社会治安综合治理的主要措施

经济发展状况是社会发展的最终的、最根本的基石。经济发展状况不好，不仅不能为社会治安综合治理提供基础，其本身还可能引发违法犯罪，影响社会治安的保持与好转。

改革体制弊端，完善社会制度，减少体制与社会制度，对一个社会的治安状况具有重要的先决意义。在良好的社会体制和社会制度下有违法犯罪，在不健全的社会体制和社会制度下，会有更多的违法犯罪。就社会体制和社会制度本身来说，总是处于发展与变化之中。对本身就不完善的社会制度来说，改革更是其巨大变化的动因与动力。改革社会体制和制度，对减少体制和制度性原因导致的违法犯罪具有根本性的作用，对社会治安治理的意义不容忽视。

加强精神文明建设，为预防违法犯罪创造思想文化条件。精神文明建设包括思想政治建设和科学文化建设。这两个方面的建设必将有利于减少违法犯罪，培养人们同各种违法犯罪进行斗争的自觉精神。这样，就从两个方面为社会治安综合治理创造了条件，并可以直接促进社会治安的综合治理。

完备法制和法治，是社会治安综合治理中最有力的措施。实行法制和法治，切实保护人民的合法权益，有效打击各种违法犯罪，教育挽救违法犯罪分子，真正做到有法可依、有法必依、执法必严、违法必究，对社会治安具有最直接的良好效果和最大的治理效益。为此，必须加强立法、执法、司法、守法和法律监督等各项工作，确立法律至上的社会意识与法治精神。

社会治安综合治理的措施是综合的、多元的、多维的。各种措施之间必须相互配合、相互协调，这就可能收到单独采用某种或某几种措施所无法达到的效果，使社会治安因综合治理而事半功倍。

第三节 法律责任

参考案例

在校学生成植物人诉学校案

河南省××市×××学校是一所全日制寄宿学校。该校二年级学生司××在校期间上楼时突然倒地，不省人事，被送往市中医院抢救。医生初步诊断为猝死。经医院全力抢救，司××的心脏恢复了跳动，却一直处于昏迷状态，病情严重。后经多家医院治疗，诊断为持续性植物人状态。发病当天，医生抽取胃内容物及血液送河南省公安厅毒物分析中心进行检验，检验结果为血液中含有除草剂乙草胺，结论为乙草胺中毒。据此，司××的家长认为司××发病系中毒所致，学校有不可推卸的责任，遂向郑州市××区人民法院提起诉讼，要求校方承担民事责任，赔偿各种损失 213.52 万元。学校申请重新鉴定，司法部司法鉴定中心出具的审查意见书认为，司××发病系乙草胺中毒缺乏相关依据。该中心鉴定人在法庭上又就审查意见书作进一步解释：因这次未检查当事人，未直接取证，是否中毒，临床和实验室两方面都很重要。中毒还有一个致死量，但没有这些资料，毒物究竟如何进入体内的，也没有资料，所以说“缺乏依据”，没有认定是中毒。

问题：你认为在此案中谁应当承担法律责任?

提示：对于本案而言，学校应否承担法律责任，主要看司××中毒是否与学校有关。本案中，司××的血液中检验出乙草胺，但没有证据证明，司××是从学校向学生提供的饮食中摄入乙草胺的，也没有证据证明中毒与学校的管理有关。因此，按过错原则判令学校承担全部责任不妥。但如果原告得不到赔偿，对已成为植物人的司××来说也不公平。所以，权衡双方利益，依据公平原则，让学校承担一部分责任较为妥当。

一、法律责任的概念

（一）责任的一般含义

“责任”一词在不同的场合和环境中，有不同的含义，而且这种含义是在不断变化和发展的。

在古代汉语中，“责”的意义大致有五种：（1）求，索取；（2）诘斥，非难；（3）义务；（4）处罚，处理；（5）债。

在现代汉语中，责任通常有以下两个密切联系的含义：（1）分内应做的事，如尽责任、岗位责任、职责；（2）没有做好分内的事，因而应当承担的责任，如追究责任。

（二）法律责任的含义

1. 对“法律责任”的理解

与对“责任”一词的多样化理解一样，对“法律责任”一词，法学界的看法也不一样，代表性的观点有以下几种：

（1）义务说。它把法律责任定义为“义务”“第二性义务”。例如，《布莱克法律辞典》解释说，法律责任是“因某种行为而产生的受惩罚的义务及对损害予以赔偿或用别的方法予以赔偿的义务”。还有学者认为，法律责任是“由于侵犯法定权利或违反法定义务而引起的、由专门国家机关认定并归结于法律关系的有责主体的、带有直接强制性的义务，即由于违反第一性法定义务而招致的第二性义务”。

（2）处罚说。它把法律责任定义为“处罚”“惩罚”“制裁”。如哈特指出：“当法律规则要求人们作出一定的行为或抑制一定的行为时，（根据另一些规则）违法者因其行为应受到惩罚，或强迫责任人赔偿。”凯尔森认为：“法律责任的概念是与法律义务相关联的概念，一个人在法律上对一定行为负责，或者他在此承担法律责任，意思就是，如果作相反的行为，他应受制裁。”

（3）责任能力说及法律地位说。它把法律责任说成一种主观责任，如“责任乃是一种对自己的行为负责、辨认自己的行为、认识自己行为的意义、把它看作自己的义务的能力”。

（4）后果说。它把法律责任定义为某种不利后果。如有学者指出：“法律责任是指一切违法者，因其违法行为，必须对国家和其他受到危害者承担相应的后果。”还有学者指出：“所谓法律责任，是指由于某些违法行为或者法律事实的出现而使责任主体所处的某种特定的必为状态。”

我们认为，对法律责任从两种意义上进行理解较为合理：一方面，法律责任相当于法律义务；另一方面，法律责任是指由于违法行为、违约行为或者法律规定而应承受的某种不利的法律后果。“欠债还钱、杀人偿命”是人们对法律责任的最通俗的解释。还钱、偿命，对责任人来说，都是不利的法律后果。

2. 产生法律责任的原因

（1）侵权行为，也就是违法行为。侵犯他人的财产权利、人身权利、知识产权、政治权利或精神权利产生的法律责任在全部法律责任中占多数。

（2）违约行为，即违反合同约定，没有履行一定法律关系中的作为的义务或不作为的义务。

（3）法律规定，这是指无过错责任，或称严格责任。从表面上看，责任人并没有侵犯任何人的权利，也没有违反任何契约义务，仅仅出现了法律所规定的法律事实，就去承担某种赔偿责任，如产品致人损害责任。

3. 法律责任的特点

与道义责任或其他社会责任相比，法律责任有以下两个特点：

（1）承担法律责任的最终依据是法律。承担法律责任的具体原因可能各有不同，但最终的依据是法律。一旦法律责任不能顺利承担或履行，就需要司法机关裁断。司法机关只能依据法律作出最终裁决。这里讲的法律既可以是正式意义上的法律渊源，也可以是非正式意义上的法律渊源。

（2）法律责任具有国家强制性。即法律责任的履行由国家强制力保证。正如国家强制力有时是作为威慑力隐蔽于法律事实的幕后一样，在法律责任的履行上，国家强制力只是在责任人不能主动履行其法律责任时，才会使用。

4. 法律责任的本质

法律责任与法定权利义务有密切联系。法律责任是国家对违反法律义务、超越法定权利或滥用权利的违法行为所作的否定的法律评价，是国家强制责任人作出一定行为或不作一定行为，补偿和救济受到侵害或损害的合法权益和法定权利，恢复被破坏的法律关系和法律秩序的手段。

二、法律责任的种类

法律责任的种类也是法律责任的各种表现形式。根据不同的标准，可以做不同的划分。以责任的内容为标准，法律责任有财产责任与非财产责任之分；以责任的程度为标准，法律责任有有限责任与无限责任之分；以责任的人数为标准，法律责任有个人责任与集体责任之分；以责任的行为性质为标准，还可将法律责任划分为民事责任、刑事责任、行政责任、国家赔偿责任与违宪责任。

（一）民事责任

民事责任是指违反民事法律、违约或者民法规定所应承担的一种法律责任。民事责任的特点是：民事责任主要是财产责任；民事责任主要是一方当事人对另一方的责任；它主要是补偿当事人的损失；在法律允许的条件下，民事责任可以由当事人协商解决。民事责任可以分为违约责任、一般侵权责任、特殊侵权责任及公平责任。

（二）刑事责任

刑事责任是指行为人因其犯罪行为所必须承受的、由司法机关代表国家所确定的否定性法律后果。与民事责任不同，刑事责任不存在无过错责任的问题；同时，行为人在主观上是故意还是过失，以及故意或过失的形式和程度，对刑事责任的有无、刑事责任的种类与大小，都有重要的意义。这一点也与民事责任明显不同。

（三）行政责任

行政责任是指违反行政法或行政法规定而应承担的法律责任。在我国，行政责任大体可以分为以下四类：（1）一般公民、法人违反一般经济、行政管理法律法规而应承担的法律责任；（2）无过错行政责任；（3）行政机关工作人员因违法失职行为而应承担的法律责任，即行政处分；（4）行政机关及其工作人员在行政诉讼败诉后产生的行政责任。

（四）国家赔偿责任

国家赔偿责任是指国家对国家机关及其工作人员执行职务、行使公共权力损害公民、法人和其他组织的法定权利与利益时所应承担的赔偿责任。国家赔偿责任的范围包括行政赔偿与刑事赔偿两部分。行政赔偿是指行政机关及其工作人员在行使职权时，侵犯受害人

人身权、财产权造成损害而给予的赔偿；刑事赔偿是指行使国家侦查、检察、审判、监狱管理职权的机关在刑事诉讼中，侵犯受害人人身权、财产权，造成损害而给予的赔偿。

（五）违宪责任

违宪责任是指有关国家机关制定的某种法律和法规、规章，或有关国家机关、社会组织或公民从事的与宪法规定相抵触的活动而产生的法律责任。我国《宪法》规定，全国各族人民、一般国家机关和武装力量、各政党和各社会团体、各企事业组织，都必须以宪法为根本的活动准则，并且负有维护宪法，遵守、保证宪法实施的职责。一切法律、行政法规和地方性法规都不得同宪法相抵触。一切国家机关和武装力量、各政党、各社会团体、各企事业组织都必须遵守宪法和法律。一切违反宪法和法律的行为，必须予以追究。宪法是国家的根本法，是民主制度化、法律化的基本形式，是所有其他法律的立法依据和效力来源。维护宪法尊严、保证宪法实施，对社会的稳定与发展具有特殊重要的意义。违宪责任是与破坏、违反宪法的行为作斗争的有力的法律武器。

三、法律责任的归责与免责

（一）法律责任的归责原则

法律责任的认定和归结是由国家特定的或授权的专责机关依照法定程序进行的，这是法律责任区别于其他社会责任的根本点。在法律领域，认定违法并把它归责于违法者，只能由有归责权的专门国家机关进行，而且认定和归责的过程表现为一系列法律程序。在我国，违法者的刑事责任和民事责任的认定和归责权属于人民法院；行政责任的认定和归责权属于公安、市场监督管理、税务、环保等有特定职权的国家机关；违宪责任的认定和归责权属于全国人民代表大会常务委员会。此外，法律责任的认定和归责还可以通过行业仲裁和民间调解进行。

法律责任的归责原则在不同的时代和不同的国家均存在内容上的差别。奴隶制社会和封建社会，人普遍划分为等级，不同等级的人的同一行为，其法律后果很不相同。奴隶制法和封建制法在归责原则方面主要表现为责任擅断、等级特权、差别对待、广泛株连、刑罚严酷。资本主义社会是资产阶级革命胜利后建立起来的，其法律按照商品经济、自由竞争、保护人权的需要，确立了反映民主政治制度特点和平等价值观念的归责原则，一般表现为责任法定、责任平等、责任自负、责任与违法行为相适应、主观与客观相结合等原则。

我国社会主义法制建立后，在总结我国法制建设成就的基础上，批判地借鉴和继承了资本主义的归责原则，提出了重在教育和坚持人道主义等归责原则，从而充实和发展了归责原则的内容。当代中国法律规定的归责原则主要如下。

1. 责任法定原则

要实行社会主义法治，就必须实行基本的法治原则。责任法定而不是擅定，就是一条基本的法治原则。它要求在确定和追究法律责任时严格、严肃地依法办事，当出现某种违法行为或法律事实时，对责任主体是否追究法律责任、追究何种法律责任、确定何种法律责任承担方式以及是否适用有关从重、加重、从轻、减轻、免予处罚等责任机制，均只能依照法律的规定办理，使之真正具有合法性和公正性，防止任意性。这也是法无明文规定不为罪、法无明文规定不处罚原则的具体体现。

2. 责任自负原则

责任自负原则即司法机关和授权机关在确定和追究法律责任时，只限于对责任主体，而不能株连家属或其他人。对违法主体而言，必须承担法律责任，无辜者不受追究，这是社会主义法的民主性和公正性的体现。

3. 因果联系原则

因果联系原则即在认定违法嫌疑人有无法律责任时，必须确认因果联系之有无。因果联系有两重含义：一是指行为与结果之间的因果联系，即特定的物质性或非物质性损害结果是不是由该行为引起的；二是指心理活动和行为之间的因果联系，即行为人的行为是不是其思想支配身体的结果。认定法律责任所要求的因果联系是违法行为与结果之间、心理活动与行动之间存在的内在联系，否则就不应当认定违法者有法律责任。

4. 程序保障原则

程序保障原则即确定和追究法律责任必须通过一定的合法程序。实行程序保障原则是确定和追究法律责任的正确性的保证，是公民、法人和其他组织合法权益的保障。如果在确定和追究法律责任时违反程序规范，就有可能使该受到法律追究的未被追究，而不该受追究的却被处理。这样势必会损害公民、法律和其他组织的合法权益，破坏社会主义法的权威和尊严。

除了上述原则外，归责原则还有公正、平等原则等。

(二) 法律责任的免责原则

探讨归责原则对依法治国意义重大，同样，探讨免责原则也具有重要意义。在一个法治国家，法律面前人人平等是一个基本原则，违法犯罪就应平等地受追究。一个国家的法律制度中通常规定一些免责条款，并形成一些免责原则。这并非基于特权或等级制度而产生，而是为了更真实全面地保护当事人的法律权利。

所谓免责条件，是指对行为人免除法律责任的条件。免责条件通常在公法和私法领域有不同的规定，可以分为两大类，即公法的免责条件和私法的免责条件。

1. 公法的免责条件

公法的免责条件通常包括不可抗力、正当防卫和紧急避险。我国法律上的“不可抗力”是指不能预见、不能避免并不能克服的客观情况。正当防卫和紧急避险虽然表面看来像免责条件，但实质上不属于免责范畴。它们从根本上说不构成法律责任。此外，还包括：(1) 有法律豁免权者免责。这主要是指享有外交豁免权者依法享有不受法律追究的权利，依照国际惯例，对这类人的责任问题通过外交途径来解决。(2) 法定的免责能力者免责。这一原则主要是指没有达到法定年龄或精神病患者对自己的行为不负责任。(3) 当事人不起诉。公法性质的案件中也存在权利一方当事人不起诉、不受理的情况，如行政赔偿、涉及家庭关系等轻微刑事案件，法律责任的承担与否都取决于当事人的起诉行为。(4) 自首或立功。这是指对违法之后有立功或者自首表现的人，免除其全部或部分责任。(5) 超过时效。这是指违法者在其违法行为发生一定期限后，不再承担法律责任，如我国《刑法》规定最高刑不满5年有期徒刑的，经过5年就不再追究行为人刑事责任。

2. 私法的免责条件

私法上的免责条件分两种：一是法定的免责条件；二是意定免责条件。私法上的法定免责主要是“不可抗力”，还包括正当防卫和紧急避险。私法上的意定免责条件，即当事人自行决定的免责条件，包括：(1) 权利主张超过时效，有效补救，即责任人或者其他人在国家机关追究责任之前，对行为引起的损害采取有效补救措施，受害人愿意放弃追究责任的，可以免责。(2) 自愿协议，即基于双方当事人在法律允许范围内的协商同意，可以免责。

第四节 法律制裁

参考案例

20××年6月19日上午上第一节课时，某小学学生张某的同桌陈某不专心听课，教师使用竹制教鞭拍击学生陈某的桌面，以示提醒，不料打断教鞭头，导致碎片飞插入张某的左眼睑及眼球角膜内，后经治疗，也未见效。7月13日，经县人民医院检查，诊断为眼外伤，瞳孔闭锁。8月20日，再到某眼科医院检查诊断为陈旧性眼球钝伤（角膜血染）。法院判决教师赔偿医药费1 150元、亲属的误工费1 800元、伤残生活补助费27 500元，共30 450元。

问题：这种赔偿的性质是什么？

提示：这种赔偿的性质属于对一般侵权行为的民事制裁，这种制裁是司法机关通过诉讼程序追究侵权人的民事责任，主要是财产责任。

一、法律制裁的概念

法律制裁是指由特定的国家机关对违法者依其法律责任而实施的强制性惩罚措施。法律制裁与法律责任有着密切的联系。法律制裁是承担法律责任的重要方式，法律责任是前提，法律制裁是结果或体现。法律制裁的目的是强制责任主体承担规定的法律后果，惩罚违法者，恢复被侵害的权利和法律秩序。同时，法律制裁与法律责任又有明显的区别。法律责任不等于法律制裁，有法律责任不等于有法律制裁。如在民事法律中，民法规定的承担民事责任的方式包括两种情况：一种是对一般侵权行为的民事制裁；另一种是违约行为和特殊侵权责任的法律后果。在前一种情况下，司法机关通过诉讼程序追究侵权人的民事责任，给予民事制裁；在后一种情况下，如果违约方支付违约金，违约方以自己的行为主动实现了自己的法律责任，就不再有民事制裁。同样，在特殊侵权责任的情况下，责任人主动承担赔偿责任，也不存在民事制裁。如果违约方或特殊侵权责任的责任人拒不履行义务，经另一方向人民法院起诉，由人民法院判决违约方或侵权责任人赔偿损失或承担其他方式的民事责任，这种判决才能称为对被告的民事制裁。

法律制裁与纪律制裁有着明显的不同。(1) 法律制裁以国家强制力为后盾，纪律制裁依靠社会舆论、内心信念等普通的社会力量来保证实施。(2) 执行法律制裁的权力只属于特定的国家机关，而纪律制裁的主体可以是一定的组织、单位、社会团体。(3) 法律制裁适用于国家主权管辖范围内的一切组织和个人，纪律制裁的对象仅仅适用于一定组织和社团内的成员。(4) 法律制裁的对象是违反本单位、本组织规章制度的行为人。

法律制裁在不同国家、不同的历史时期，措施是不同的。在古代社会，法律制裁是剥削阶级镇压和奴役人民的工具，具有明显的阶级性和突出的野蛮性。比如，奴隶制法的制裁措施以其残酷野蛮的刑罚摧残人的肉体和剥夺人的生命，各种肉刑就是证明；封建社会的法律制裁措施也极为残酷，有车裂、株连、宫刑等；资本主义社会的法制废除了一部分野蛮的制裁措施，逐渐建立了以自由刑、财产刑为主体的制裁措施；社会主义法中的法律制裁则充分体现了广大人民的利益和意志，制裁措施具有惩罚性、教育性和人道主义等特点。

二、法律制裁的种类

根据违法行为和法律责任性质的不同，法律制裁可以分为违宪制裁、民事制裁、刑事制裁、行政制裁和经济制裁。

(一) 违宪制裁

违宪制裁是对违宪行为所实施的一种强制措施。我国监督《宪法》实施的机关是全国人民代表大会及其常务委员会，它也是行使违宪制裁权的主体。承担违宪责任的主体主要是国家机关及其领导人。制裁措施包括：撤销同《宪法》相抵触的法律、行政法规、地方性法规；罢免国家机关领导成员。

(二) 民事制裁

民事制裁是由人民法院所确定并实施的、对民事责任主体给予的强制性惩罚措施。

民事制裁主要包括停止侵害、排除妨碍、消除危险；返还财产；恢复原状；修理、重作、更换；赔偿损失；支付违约金；消除影响、恢复名誉、赔礼道歉等。以上不同形式可以分别适用，也可以合并适用。法院在审理民事案件时，除适用上述规定外，还可以予以训诫、责令具结悔过、收缴进行非法活动的财物和非法所得，并可以依法处以罚款和拘留。民事责任主要是一种财产责任，民事制裁是以财产关系为核心的一种制裁。承担民事责任的主体既可以是公民，也可以是法人。

(三) 刑事制裁

刑事制裁是司法机关对犯罪者根据其刑事责任所确定并实施的强制性惩罚措施。在现代社会，刑事制裁与民事制裁有三个区别：首先，制裁目的不同，刑事制裁旨在预防犯罪，民事制裁旨在补救被害人的损失；其次，程序不同，刑事制裁一般由检察机关以国家名义提起公诉，而民事制裁一般由被害人主动向法院提起诉讼；最后，在方式上，刑事制裁以剥夺或限制自由为内容，并以剥夺生命为最严厉的惩罚措施，民事制裁则主要是对受害人的财产补偿，刑事制裁也有财产刑，但要上缴国库。承担刑事责任的主体既可以是公民，也可以是法人，但对法人的刑事制裁只能是处以没收财产、罚金等财产刑。刑事制裁以刑罚为主要制裁手段。但除刑罚以外，刑事制裁还包括一些非刑罚处罚方法。刑罚是司法机关对犯罪者根据其刑事责任而实施的惩罚措施，分为主刑和附加刑两类，主要包括自由刑、生命刑、资格刑和财产刑。刑罚是一种最严厉的法律制裁。

(四) 行政制裁

行政制裁是指国家行政机关在对行政违法者依其行政责任所实施的强制性惩罚措施。

与行政违法和行政责任的种类相对应，行政制裁可以分为行政处分和行政处罚两种。

行政处分是由国家行政机关或其他组织依照行政隶属关系，对违反行政法律规定的国家公务员或所属人员所实施的惩罚措施，主要有警告、记过、记大过、降级、降职、撤职、留用察看和开除等形式。

行政处罚是由特定执法机关对违反行政法律规定、危害社会秩序和他人人身安全但尚不构成犯罪的违法行为者所实施的惩罚措施。

（五）经济制裁

通常所说的经济制裁含义很广。这里所说的经济制裁主要是指由人民法院和行政机关对经济违法行为者给予的强制性惩罚措施。我国经济法律制度的内容、范围尚未明确划定关于经济制裁的具体形式，目前有不同的看法。一般来说，行政执法机关对不履行守法义务的个人或法人给予吊销营业执照，没收财物和非法所得，责令停业、关闭，限期改正，限期治理，停发生产许可证，撤销商标，追缴税款等惩罚，均可视为经济制裁的范畴。

【思考题】

1. 如何区分合法行为与违法行为？
2. 分析社会稳定与加强综合治理的关系。
3. 怎样理解法律责任的种类与归责原则？
4. 法律制裁对法的实施有何作用？

【讨论与互动】

对公民而言，法无明文禁止即可为，而对国家机关而言，法无明文规定即不可为。请讨论这句话是否有道理，为什么？

【推荐书目】

郑成良．法理学［M］．北京：高等教育出版社，2012.

第十六章　法律监督

【本章导读】

法律监督是法制的重要组成部分，没有法律监督，法制就不完善。在我国，法学界对“法律监督”一词通常有狭义和广义两种解释。狭义的法律监督是专指国家专门的法律监督机关——人民检察院，依照法定程序和权限对法的实施的合法性所进行的监察和督促。广义的法律监督是除包括狭义的法律监督外，泛指一切国家机关、社会组织和公民对各种法律活动的合法性所进行的监察和督促。本章所阐述的法律监督是指广义的法律监督。

法律监督具有权力性、外在性、强制性的特点。法律监督的必要性在于法律监督是现代国家实行民主政治建设的必然需要，是实行现代国家管理的需要，是我们搞好防腐倡廉工作的需要。

法律监督的意义，在于法律监督是现代国家法制不可缺少的重要组成部分，是维护法律统一和尊严的重要措施，是保障法律实施的重要条件，是制约权力滥用的有效手段。

法律监督是由法律监督的主体、法律监督的客体和法律监督的内容三个要素共同构成的。法律监督的主体包括国家机关、社会组织和人民群众。法律监督的客体包括一切法律监督主体所进行的各种法律活动。法律监督的内容非常广泛，一般来讲，凡是涉及法律监督对象的行为是否合法的问题都是法律监督的内容。

当代中国的法律监督可分为国家的法律监督和社会的法律监督两大体系。所谓国家的法律监督，是指由国家机关以国家名义依法定职权和程序进行的具有直接法律效力的监督。国家的法律监督又可分为权力机关的监督、行政机关的监督监察机关的监督和司法机关的监督四种。社会的法律监督俗称社会力量的监督，是指国家机关以外的各种社会组织、政治团体和人民群众通过多种手段和途径，对执法、司法、守法行为的监督，其目的在于全面保证法律实施的合法性，具体包括社会组织的监督、新闻舆论和网络传媒的监督以及人民群众的监督。

【学习目的】

理解法律监督的特征和意义；深入认识并掌握法律监督的概念、构成和法律监督体系。

第一节 法律监督概述

【小链接】

《中共中央关于全面深化改革若干重大问题的决定》对法律监督的新解

坚持用制度管权、管事、管人，让人民监督权力，让权力在阳光下运行，是把权力关进制度笼子的根本之策。必须构建决策科学、执行坚决、监督有力的权力运行体系，健全惩治和预防腐败体系，建设廉洁政治，努力实现干部清正、政府清廉、政治清明。

加强和改进对主要领导干部行使权力的制约和监督，加强行政监察和审计监督。

推行地方各级政府及其工作部门权力清单制度，依法公开权力运行流程。完善党务、政务和各领域办事公开制度，推进决策公开、管理公开、服务公开、结果公开。

落实党风廉政建设责任制，党委负主体责任，纪委负监督责任，制定实施切实可行的责任追究制度。各级纪委要履行协助党委加强党风建设和组织协调反腐败工作的职责，加强对同级党委特别是常委会成员的监督，更好地发挥党内监督机关的作用。

全面落实中央纪委向中央一级党和国家机关派驻纪检机构，实行统一名称、统一管理。派驻机构对派出机关负责，履行监督职责。改进中央和省区市巡视制度，做到对地方、部门、企事业单位全覆盖。

健全民主监督、法律监督、舆论监督机制，运用和规范互联网监督。

资料来源：http：//news. xinhuanet. com/mrdx/2013 - 11/16/c _ 13289294. htm.

一、法律监督的概念和特征

（一）法律监督的概念

“监督”一词，在我国最早见于《后汉书》。据《后汉书·荀彧传》记载：“古之遣将，上设监督之重，下建副二之任，所以尊严国命，谋而鲜过者也。”据此，监督就是监察、督促，保证政令的严格执行，减少过失，防止违犯国家纲纪。可见，监督在国家政治生活中发挥作用古已有之。在现代社会，“监督”一词的含义更加丰富、深刻。监督的基本含义是指检查、察看、监视、督促、指导、防偏纠错。其实质是对权力的制约、督导，防止权力的滥用和腐败，以谋求国家和社会的协调、稳定、健康发展。可以说，监督已成为国家民主政治的重要内容。国家权力如果没有必要、恰当的监督，就很难正常运转和发展。监督已成为现代国家基本的国家机制之一。

在我国，法学界对“法律监督”一词的理解通常有狭义和广义两种。狭义上的法律监督专指国家专门的法律监督机关——人民检察院依照法定程序和法定权限对法的实施的合法性所进行的监察和督促。广义上的法律监督除包括狭义上的法律监督外，泛指一切国家机关、社会组织和公民对各种法律活动的合法性所进行的督察和督促。本章所阐述的法律监督是指广义上的法律监督。

（二）法律监督的特征

任何合法有效的法律监督都应具备以下主要特征。

1. 权力性

法律监督必须以国家权力为后盾。没有国家权力，法律监督也就无从存在。法律监督实际上就是一种权力约束、制约另一种权力的国家机制。法律监督由国家的法律监督和社会的法律监督两部分构成。国家的法律监督就是直接以权力约束权力的一种法律监督。社会的法律监督是由社会组织和公民所进行的一种法律监督，表面不能直接运用国家权力实行监督，但这种监督的有效性实际上仍离不开国家权力的间接支持和保障。如果没有国家权力作后盾，社会的法律监督作用难以充分发挥出来。

2. 外在性

法律监督必须是由被监督主体之外的其他主体所实施的一种行为。对被监督者而言，法律监督是一种外在的力量，而不是一种自我的约束。如果将监督者和被监督者混同为一体，就缺失了外力的监督，这样的法律监督也就失去了科学性、合法性、有效性和可信度。

3. 强制性

法律监督是基于强制而形成的，它不以被监督者的意愿为前提，不管被监督者的意愿如何，都必须接受国家的法律监督和社会的法律监督。国家的法律监督的强制性和社会的法律监督的强制性各不相同。国家的法律监督具有直接的法律效力，体现的是国家的强制性。社会的法律监督虽然不具有国家的法律监督那样的法律效力，但并不等于对被监督者没有约束力。这种约束力来自道德范畴，属于公众舆论和社会组织方面的压力。

二、法律监督存在的必要性

【微语录】

> 一切公职人员必须在公众监督之下进行工作，这样能可靠地防止他们去追求升官发财和追求自己的特殊的利益。
>
> ——马克思

法律监督制度源远流长。从古至今，无论何种社会性质的国家都在不断完善和发展法律监督制度，任何国家都不允许国家有绝对专断的权力，国家一切权力都要置于有效的法律监督和控制之下。具体缘由如下。

（一）法律监督是现代国家实行民主政治建设的必然需要

现代国家的法律监督根植于民主政治，即在承认国家的一切权力属于人民的前提下，人民无法直接行使国家权力，需要推选人民自己的代表和公职人员组成政府，行使国家管理权，这就是我们常说的代议制民主。国家及其公职人员的权力是人民赋予的，人民把权力委托给政府，政府就应向人民负责，必须依照体现人民意志和利益的法律行使权力。如果政府和公职人员违法行使权力，损害人民的利益，就应向人民承担责任。

为了切实保证现代国家实行民主政治，人民必须拥有以下基本权利：（1）民主选举权，指由人民选出代表民意的公职人员来行使权力。（2）民主监督权，指人民通过民主监督形式，使国家机关和公职人员依法办事，自始至终不滥用权力，否则就会被罢免。（3）罢免权，这种权利更能反映人民民主的本质特征，是最为行之有效的民主政治权利。

总之，在代议民主制度下，能直接管理国家、掌管国家权力的人是少数，只有建立完善的法律监督体系，具备一整套法律监督制度，才能使少数人依多数人的意志和利益行使立法、执法、司法等各项国家权力，以确保国家的民主政治制度健康发展。

（二）法律监督是实行现代国家管理的需要

现代的国家管理早已从传统的行政命令指挥、直接管理为主转变为注重发挥法律效用的宏观调控、间接管理为主。为了实现有效的宏观调控和间接管理，必须有法律监督的保证。例如，改革开放之初，由于缺乏经验，我们没有及时建立、恢复相应的法律监督制度，在经济领域曾出现某种程度的宏观失调，以致有的国家机关和公职人员滥用权力违法乱纪，腐败现象滋生蔓延，国家和法律却未能进行有效的扼制。这些反证有利于我们更准确地理解我国强化法律监督机制的紧迫性和必要性。

（三）法律监督是搞好反腐倡廉工作的需要

对国家权力必须实行监督，这是由国家权力自身存在的易腐本性决定的。为了防止国家权力的腐败，必须将国家权力置于有效的监督控制之中。

国家权力易生腐败，从而背离体现人民意志和利益的法治轨道，原因主要有两个方面：

（1）在代议民主政治制度下，人民通过推选产生出的代表和政府公职人员掌握国家权力后，逐渐地把自己作为人民的化身，把自己的意志强加给人民，最后导致国家权力与人民分离，成为凌驾于社会之上的异己力量。这种国家管理社会的专门化、独立化是产生官僚主义作风和奴役关系，使权力滋生腐败的重要根源所在。恩格斯在总结巴黎公社经验时曾明确指出，工人阶级为了不致失去刚刚争得的统治……应当以宣布它自己所有的代表和官吏毫无例外地可以随时撤换，来保证自己有可能防范他们。这就意味着人民对自己委托出去的权力必须加强监督控制，以防国家权力发生蜕变。

（2）国家权力的权威性使掌权者享有崇高的社会地位。他们有条件和机会利用社会成员对他们的依赖和崇拜搞个人专断，使权力超越法律的限定，从而使人民失去对掌权者的控制。人民一旦对掌权者失去有力的监督控制，掌握权力的人就会滥用权力，给人民造成严重损害，最终导致国家权力的腐败。

国家权力腐败的问题，引起现代许多国家的关注，开展防腐倡廉工作是现代国家政府部门和人民的共识。鉴于国家权力的腐败都有其自身演变的规律，我国防治腐败的工作应建立在深入研究并杜绝腐败滋生的源头上。

三、法律监督的意义

法律监督是国家法制的重要内容。它既是法制的重要组成部分，又是实现法制不可缺少的手段和重要保障。法律监督的重要意义主要表现在以下几个方面。

（一）法律监督是现代国家法制不可缺少的重要组成部分

国家法制是制定法律和实施法律，而如何制定法律并如何保证法律的有效实施，法律监督尤其关键。法律监督的根本任务，就在于保证掌握政权的阶级的意志通过法律的形式能够得到普遍的、切实的实现。一个国家如果没有完备的法律监督，一旦法制的某一环节出现问题就难以纠偏止邪。新中国成立后的法制实践中出现的几次重大曲折就说明了这一点。没有完备的法律监督，就没有健全的法制。建立健全一个国家的法制，不仅包括立法、执法、司法、守法环节，还应包括法律监督环节。

（二）法律监督是维护法律统一和尊严的重要措施

国家法制的基本要求是维护法制的统一和尊严。我国《宪法》规定，国家维护社会主义法制的统一和尊严。一切违反宪法和法律的行为，必须予以追究。任何组织或者个人都不得有超越宪法和法律的特权。维护法制的统一，就是要保证法律在全国范围内的统一实施。维护法律的尊严，就是要保证国家意志的最高权威性。维护法律的统一和尊严的重要措施之一，就是要有完备的法律监督机制。法律监督的实质，就在于保证体现国家意志的法律真正实现。在我国，法律监督保证了宪法在整个规范性法律文件体系中占有最高地位，任何法律、行政法规和地方性法规以及其他规范性文件都不得与宪法相冲突。法律监督保证了人民的共同意志高于一切，一切权力属于人民，任何机关、组织和个人都不得凌驾于人民意志之上，不得违背人民的意志。

（三）法律监督是保障法律实施的重要条件

法律制定后，保障它能够有效实施是使国家意志得以实施的关键问题。法律监督就是要使法律真正成为社会中人人必须遵守的行为准则。在整个法制建设的过程中，立法、执法、司法、守法和法律监督五个环节环环相扣，缺一不可。而法律监督是使法律制定后得以切实施行的重要条件。

（四）法律监督是制约权力滥用的有效手段

法律的实现有赖于国家机关及其公职人员的具体执行。保证国家机关公职人员依法办事，有效和基本的手段就是法律监督。在我国，人民是国家的主人，国家的一切权力属于人民。国家把管理国家事务的权力，如立法权、行政权、检察权、审判权和侦查权等委托给各级国家机关及其公职人员去行使。法律的执行和适用主要是通过国家机关及其公职人员行使职权来实现的。不受监督制约的权力就极易导致权力的滥用，滋生腐败。社会主义的法律监督不仅在立法上要真正反映人们的意志，还应在执法和司法上保证人民的“公仆”真正为国家和人民服务，防止他们运用人民给予的权力牟取私利、滥用法律、滥施法威，防止他们执法犯法、侵犯人民的利益、破坏社会主义现代化建设。

第二节　法律监督的构成

法律监督的构成是指实现法律监督所必须具备的要素。一般来说，法律监督是由法律监督的主体、法律监督的客体和法律监督的内容三个要素共同构成的。换言之，就是指法律监督由谁来实施监督、监督谁或谁被监督，以及监督什么。这三个要素有机结合，缺一不可，否则就构不成完整的法律监督。

一、法律监督的主体

在我国，法律监督主体包括国家机关、社会组织和人民群众，具有广泛性和多元性。

（一）国家机关

作为法律监督主体的国家机关，一般是指国家的权力机关、行政机关、监察机关和司法机关。在我国，国家机关实施法律监督的权限和范围是由宪法和法律明确规定的，并且是按照严格的法定程序以国家的名义进行的，具有国家的强制性，是一种发生法律效力的监督，被监督者必须服从，这种监督在一国法律监督体系中居于核心地位。

（二）社会组织

社会组织一般是指各政党、社会团体和群众组织等。这种监督与国家机关的法律监督不同，它不具有法律上的效力，不是以国家的名义进行的监督。但它是整个法律监督体系中的重要力量，具有广泛的代表性和权威性。特别是其中的执政党的监督，它的领导地位，决定了它在各种形式的法律监督中占有特别重要的地位，起着关键作用。

（三）人民群众

在我国，人民群众作为法律监督的主体，充分体现了社会主义制度下人民当家做主的民主权利，体现了社会主义制度的优越性。人民群众既通过自己的代表管理国家事务，又通过各种方式监督国家机关及其公职人员的活动。人民群众的监督是我国法律监督体系的基础。

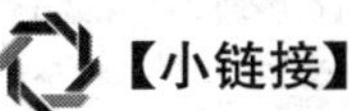

“西城大妈”：管天管地管墙壁

从平安志愿者到为大家熟知的京城“五大神秘组织”之一，如今，“西城大妈”队伍共有7万多人，实名注册5万多人，占北京西城区常住人口的1/20。她们“上管天，下管地，中间管墙壁”，充当了社区的千里眼、顺风耳，为守护西城一方平安作出了重要贡献。而西城警方也发挥群防群治力量，发动“西城大妈”积极举报线索。社区民警建立了群防群治信息互通平台，日常中对居民进行警情通报、防范提示等信息通报，组织“西城大妈”开展各类安全防范知识的宣传和培训，使社区民警与居民之间信息互通更加紧密，共筑辖区平安。

资料来源：“西城大妈”：管天管地管墙壁．（2018－09－05）．［2018－09－05］．http：//news. ifeng. com/a/20170905/51871559 _ 0. shtml.

二、法律监督的客体

我国的法律监督的客体包括一切法律监督主体所进行的各种法律活动。也就是说，人人都必须接受监督。其中，国家机关及其公职人员的各种公务活动是监督的重点。它们是实施宪法和法律的法定机关，其所进行的各种公务活动对维护宪法和法律的统一和尊严有着特殊重要的意义。因此说，法律监督的主要客体是国家机关及其公职人员的各种公务活动。

三、法律监督的内容

在我国，法律监督的内容非常广泛。一般来讲，凡是涉及法律监督对象的行为是否合法的问题都是法律监督的内容，都包括在法律监督的范围之内。这种在内容上以合法性作为标准来评价个人和组织的法律活动，正是法律监督区别于其他监督形式的基本特征。如对国家机关各项活动进行的法律监督，其内容主要是对各项活动在程序上和实际上的合法性进行监督，这项监督是法律监督的重点。对国家公职人员、社会组织和人民群众的活动进行的法律监督，其内容主要是评价其是否依法行使权利和履行应尽的义务。

总之，有什么样的法律监督的主体、客体和内容，就有什么样的法律监督的分类。如按照监督的主体不同，可将法律监督分为国家的法律监督和社会的法律监督；按照监督的方法不同，可将法律监督分为对法律事实的监督和对法律文件的监督；按照监督的时间不同，可将法律监督分为事前的监督、日常的监督和事后的监督等。

第三节　法律监督的体系

法律监督的体系是一国不同种类的法律监督有机结合的统一体。依照法律监督主体的不同，当代中国的法律监督可分为国家的法律监督和社会的法律监督两大体系。

一、国家的法律监督

国家的法律监督简称国家监督。所谓国家监督，是指由国家机关以国家名义依照法定职权和程序进行的具有直接法律效力的监督。这种监督因具体实施监督的机关不同，又可分为权力机关的监督、行政机关的监督、监察机关的监督和司法机关的监督四类。

（一）权力机关的监督

在我国，权力机关的监督是指各级人民代表大会及其常务委员会所进行的监督。这种监督在国家监督中居于主导地位，其中全国人民代表大会及其常务委员会的监督在整个国家监督中居于最高地位，是具有最高法律效力的监督。

权力机关的监督主要有以下几个方面：

（1）对宪法实施的监督。宪法明确规定了全国人民代表大会和全国人民代表大会常务委员会行使监督宪法实施的权力。

（2）对宪法以外的法律实施的监督。这种监督是权力机关更普遍的监督。

（3）对行政法律文件的监督。即国家权力机关对遍及政治、经济、文化、科技、外交等各个方面的规范性的和非规范性的行政法律文件的监督。这种监督必将推动整个国家乃至整个社会生活的法制化。

（4）对国家行政机关、监察机关、审判机关、检察机关和军事机关的监督。宪法明确规定，国家行政机关、国家监察机关、审判机关、检察机关都由人民代表大会产生，对它负责，受它监督。作为国家权力机关的各级人民代表大会及其常务委员会有权依法决定各级国家机关的领导人选，依法监督各级国家机关的活动。

权力机关监督采用的形式有：听取并审议报告与汇报；视察、检查与调查；质问与询问；弹劾与罢免；受理公民的申诉、控告和检举。

2. 对宪法和法律实施的监督

根据宪法和有关组织法的规定，全国人民代表大会监督宪法的实施，全国人民代表大会常务委员会监督宪法和法律的实施，有权处理违宪文件。其处理方式包括宣布违宪的决定、命令无效，也包括罢免违宪失职的国家领导人。此外，还通过听取和审议最高行政机

关与司法机关的工作报告、向有关机关提出质询案、对重大问题组织调查委员会进行调查处理等方式对宪法和法律的实施进行监督。

根据宪法和有关组织法的规定，地方各级人民代表大会监督宪法和法律在本行政区域内的实施，享有广泛且层次有别的监督权。其监督方式有：听取和审议同级行政机关和司法机关的工作报告，组织视察和检查，进行质询和询问，进行选举和罢免，受理申诉和意见，改变或撤销不适当的决议、决定和命令等。

（二）行政机关的监督

行政机关的监督是以各级国家行政机关为主体所进行的法律监督。这种监督分为两种：一般行政监督和专门行政监督。

1. 一般行政监督

一般行政监督是指依行政管理权限和行政隶属关系进行的上级行政机关对下级行政机关的监督。其监督方式有：改变或撤销不适当的规章、决定、命令和指示，以及日常工作检查等。

2. 专门行政监督

专门行政监督是指行政系统内部的专门监督机关以特定的监督形式对国家的行政机关及其公职人员违法违纪情况所进行的监督。具体包括行政复议监督和审计监督。

（1）行政复议监督是公民、法人和其他组织认为行政机关的具体行政行为侵害其合法权益，依法向上一级行政机关或者法律、法规规定的行政机关提出申请，由受理申请的行政机关对原具体行政行为进行审查并作出裁决的活动。它是上级行政机关对下级行政机关所作的具体行政行为是否合法所作的一种监督。具体做法是复议机关在复查原具体行政行为时发现有违法或者不当情况的，必须予以矫正、撤销或者变更。这种监督实施的是一种事后监督。

（2）审计监督是国家专门审计机关对下级行政机关及财政金融机构和企事业单位的财政收支、经济效益和财政法纪的执行情况所进行的监督。我国的审计监督以法律形式确定独立审计的原则，并形成自上而下的审计监督的组织系统。审计机关的主要职权有监督检查权、处理权和提请处分权。

（三）监察机关的监督

为了深化国家监察体制改革，加强对所有行使公权力的公职人员的监督，实现国家监察全面覆盖，深入开展反腐败工作，推进国家治理体系和治理能力现代化，根据宪法，2018 年 3 月 20 日，第十三届全国人民代表大会第一次会议通过并公布施行了《中华人民共和国监察法》（以下简称《监察法》）。根据《监察法》第 3 条的规定，各级监察委员会是行使国家监察职能的专责机关，依照该法对所有行使公权力的公职人员进行监察，调查职务违法和职务犯罪，开展廉政建设和反腐败工作，维护宪法和法律的尊严。因此，监察机关是对于各级国家行政机关及其工作人员的工作、国家公职人员的工作进行监督、检查和纠举的国家机关，依照监察法和有关法律规定履行监督、调查、处置职责。具体包括：对公职人员开展廉政教育，对其依法履职、秉公用权、廉洁从政从业以及道德操守情况进行监督检查；对涉嫌贪污贿赂、滥用职权、玩忽职守、权力寻租、利益输送、徇私舞弊以及浪费国家资财等职务违法和职务犯罪进行调查；对违法的公职人员依法作出政务处分决定；对履行职责不力、失职失责的领导人员进行问责；对涉嫌职务犯罪的，将调查结果移送人民检察院依法审查、提起公诉；向监察对象所在单位提出监察建议。

（四）司法机关的监督

司法机关的监督是我国监督制度的重要组成部分，是以检察机关和审判机关为主体进行的监督。

1. 检察机关的监督

检察机关的监督简称检察监督。根据《宪法》第134条的规定，中华人民共和国人民检察院是国家的法律监督机关。各级人民检察院作为国家专门的法律监督机关所进行的监督称为检察监督，即检察监督是人民检察院依法对有关国家机关及其公职人员的执法、司法活动的合法性和刑事犯罪活动所进行的监督。具体包括：

（1）法纪监督，即人民检察院对国家工作人员渎职和侵犯公民权利的犯罪的监督。凡经确认构成犯罪，需要依法追究刑事责任的案件，人民检察院依法提起公诉，由人民法院审理。

（2）经济监督，即人民检察院对国家工作人员利用职务便利从事经济犯罪行为的监督。

（3）侦查监督，即人民检察院对公安机关刑事侦查行为的合法性的监督，其主要包括审查批捕、起诉和对公安机关的全部侦查活动进行监督。

（4）审判监督，即人民检察院对审判机关审判活动的合法性的监督，它既包括刑事审判监督，也包括民事审判监督和行政审判监督。

（5）监所监督，即人民检察院对刑事案件判决、裁定的执行和监狱、看守所、劳改机关活动的合法性的监督。

（6）行政公益诉讼监督，即人民检察院对在生态环境和资源保护、食品药品安全、国有财产保护、国有土地使用权出让等领域负有监督管理职责的行政机关行使职权的行为进行监督。

2. 审判机关的监督

审判机关的监督即人民法院依法对法院系统和其他国家机关、社会组织、公民执法、司法、守法活动所进行的监督。具体分为对内监督和对外监督两方面。

（1）对内监督是审判机关系统内部依审判监督权限和程序对具体审判活动及其裁决的合法性所进行的监督。这种监督是通过审理案件，实行上级法院监督下级法院审判的制度。

（2）对外监督是审判机关依诉讼程序对本系统外的国家机关、社会组织和公民行为的合法性所进行的监督。这种监督实际上是审判机关行使职权的活动，属于司法活动范畴。

审判机关的监督是法律监督体系中非常重要的监督形式。这种监督具有明显的公正性、广泛性、强制性和实效性。

二、社会的法律监督

社会的法律监督俗称社会力量的监督，是指国家机关以外的各种社会组织、政治团体和人民群众，通过多种手段和途径，对执法、司法和守法行为的督促，其目的在于全面保证法律实施的合法性。这种社会的法律监督的状况直接反映出一个国家的民主和法治程度。它有别于国家的法律监督的特点是具有广泛性和自发性。这种监督虽然不具有直接的法律效力，不具有强制性的法律后果，但它是一种十分重要的法律监督形式，对发展社会主义民主，加强社会主义法制，提高公民的民主参政意识有着重要意义。社会的法律监督主要分为社会组织的监督、新闻舆论和网络传媒的监督以及人民群众的监督。

（一）社会组织的监督

该监督的主体有中国共产党的监督、人民政协的监督、各民主党派和社会团体的监督。

（1）中国共产党作为执政党，在国家生活中居于领导核心地位，中国共产党的监督在整个法律监督体系中占有十分重要的地位。中国共产党的监督主要通过以下方式实现：一是通过行使政治领导权，督促所有国家机关、政治团体和社会组织严格依法办事，实行政治方面的监督；二是通过向国家机关推荐、选拔干部，实行组织方面的监督；三是通过党的纪律检察机关和党的组织系统对自己的党员和党的组织活动的合法性进行监督，实行党纪监督。

（2）人民政协通过政治协商和民主监督，成为我国社会监督的重要力量。人民政协的监督包括：监督立法，参与重大决策、重要法律的协商讨论，提出修改意见；监督法律的实施，以视察、考察、调查研究的方式进行。

（3）各民主党派作为参政党，通过批评和建议的方式，对党和政府的工作进行监督。还参与法律、法规、重大决策的制定、执行，也以各种方式参与对国家法律实施的监督。

（4）在我国，工会、共青团、妇联等社会团体以及城市居民委员会、农村村民委员会等群众性自治组织，对涉及自己组织和工作范围的法律的贯彻执行情况进行监督，其监督方式有批评、建议、申诉、控告、检举和诉诸舆论等。

此外，我国的各种群众性的专业团体、学术团体在社会的法律监督中也发挥着专业性、职能性、学理性的监督作用。

（二）新闻舆论和网络传媒的监督

新闻舆论和网络传媒的监督主要是指通过报刊、广播、电视等新闻网络传媒揭露违法、违纪，评论、批评、建议存在的问题，广泛反映人民群众对政治、经济、文化等方面的意愿和要求，形成社会舆论，实行社会监督，统称舆论监督。这种监督具有涉及面广、影响面大、震撼力强、透明度好、反应迅速、易产生轰动效应等特点，成为近年来最能体现社会监督的广泛性、公开性、民主性、效率性要求的一种社会监督，是现代社会实行法律监督的强有力手段。舆论监督的重要任务是把各种违法乱纪行为予以“曝光”，对国家机关工作人员中某些违法犯罪现象进行揭露和批评，形成众矢之的，支持和监督国家机关有法必依，执法必严，违法必究。为此，国外有学者将社会舆论称为独立于立法权、行政权、司法权之外的“第四种权力”。

参考案例

人肉搜索“虐猫事件”

“人肉搜索”就是利用现代信息科技，变传统的网络信息搜索为“人找人”“人问人”“人碰人”“人挤人”“人挨人”的关系型网络社区活动，变枯燥乏味的查询过程为“一人提问，八方回应，一石激起千层浪，一声呼唤惊醒万颗真心”的人性化搜索。“人肉搜索”不仅可以在最短时间内揭露事件背后的真相，为某人找到大众认可的道德定位，还可以在网络无法触及的地方，探寻并发现最美丽的人和物。

2006年2月28日，网民“碎玻璃渣子”在网上公布了一组变态而残忍的“虐猫”视频截图：一名打扮时髦的中年妇女用她那双崭新亮丽的高跟鞋的鞋跟踏进了小猫的肚子里。小猫张开了嘴巴，似乎在惨叫。但这只是一个开始，高跟鞋的鞋跟接着狠狠地插进小猫的嘴中，又插进小猫的眼睛里。小猫眼珠都被踩出来了，最后脑袋被踩爆了，“漂亮”的高跟鞋踩在一片血肉模糊之中。“虐猫”图片被公布后，网民们愤怒了，开始对视频截图中的女子展开“人肉搜索”。不久，有人把有关“踩猫”事件的网址公布出来，指出“踩猫”视频出现在踩踏世界的官方网站上。紧接着又有网友贴出该女子照片，做成一张“宇宙通缉令”，让天下网友举报，不少网友表示愿意悬赏捉拿凶手。随后有人跟帖说，踩踏世界的官方网站和另一网站是同一IP，还贴出具体信息：网站注册者是杭州某公司的法人代表郭某等真实信息。3月2日，另一网友突然发帖：“这个女人是在黑龙江的一个小城……”他的帖子让事件出现关键性转变。3月4日，有人确认了此信息，还补充了一些资料。“虐猫”事件的三个嫌疑人基本确定，距离“碎玻璃渣子”在网上贴虐猫组图不过6天时间，其效率之高可能不亚于警方的办案速度。

这是“人肉搜索”史上一个里程碑式的事件。至此，“人肉搜索”的题材从最初的戏谑、娱乐内容，迅速转换为以弘扬“真、善、美”、贬斥“假、恶、丑”的秩序维护和构建为主。

资料来源：互联网十大著名“人肉搜索”事件．(2010-03-04)．[2017-09-05]．http：//www.cnetnews.com.cn/2010/0304/1649792.shtml.

问题：试述“人肉搜索”在社会的法律监督中的利与弊。

提示：“人肉搜索”是一种信息收集方式和网络互动形式，在法律监督中，其优点可以从揭露不法行为、维系社会伦理、维护法律权威等角度分析，其缺点是容易引起网络侵权行为以及道德霸权。

（三）人民群众的监督

我国《宪法》规定，一切国家机关和工作人员必须依靠人民的支持，经常保持同人民的密切联系，倾听人民的意见和建议，接受人民的监督。根据宪法和法律的规定，公民对任何国家机关和公职人员都有提出批评和建议的权利；对任何国家机关和公职人员的违法失职行为，都有向有关国家机关提出申诉、控告或检举的权利。对公民的申诉、控告或检举，有关国家机关必须作出处理，任何人不得压制和打击报复。国家为此创设多种途径和渠道，提供充分的制度、组织和物质上的条件和便利，以保障这种监督得以实现。具体有批评、建议、检举揭发、来信来访、监督电话、网民在线、网络搜索等形式。同时，各级部门还可直接同人民群众见面，举办现场办公会，倾听人民群众的意见和建议，接受人民群众的监督。人民群众的监督具有广泛而深厚的社会基础，是我国法律监督的力量源泉。

【思考题】

1. 什么是法律监督？它有何存在的必要性和意义？

2. 我国法律监督的构成有哪些?
3. 当代中国法律监督的体系是什么?
4. 我国国家的法律监督的形式有哪些?
5. 我国社会的法律监督的形式有哪些?
6.《中华人民共和国国家监察法》颁布的意义是什么?

【讨论与互动】

1996 年 4 月 9 日，内蒙古呼和浩特市卷烟厂发生一起强奸杀人案，警方认定 18 岁的呼格吉勒图是凶手，仅 61 天后，法院判决呼格吉勒图死刑，并于 5 天后执行。2005 年，轰动一时的内蒙古系列强奸杀人案凶手赵志红落网，其交代的第一起案件便是当年这起“4·9”杀人案。

2014 年 11 月 20 日，呼格吉勒图案进入再审程序，再审不进行公开审理。2014 年 12 月 15 日，内蒙古自治区高院判决宣告原审被告人呼格吉勒图无罪。

2014 年 12 月 30 日，内蒙古自治区高院依法作出国家赔偿决定：支付李三仁、尚爱云国家赔偿金共计 2 059 621.40 元。

2015 年 1 月，中共新华社党组决定，对在推动呼格吉勒图案重审中作出突出贡献的新华社内蒙古分社记者汤计予以表彰，记个人一等功。

2015 年 1 月 23 日下午，内蒙古自治区人民检察院证实：呼格吉勒图的父母李三仁、尚爱云夫妇向内蒙古自治区检察院递交对办案人员的控告举报书。

呼格吉勒图案经内蒙古自治区高级人民法院改判无罪后，有关机关和部门迅速启动追责程序，依法依规对呼格吉勒图错案负有责任的 27 人进行了追责。

请讨论本案体现的法律监督的种类。

【推荐书目】

葛洪义．法理学［M］．4 版．北京：中国政法大学出版社，2015.

第十七章　法律程序

【本章导读】

法律程序是指人们进行法律行为所必须遵循或履行的法定的时间与空间上的步骤和方式，它是按照某种标准和条件整理各方的争论点，公平地听取各方的意见，使当事人在理解或认可的基础上作出决定。正当法律程序的概念起源于英国，并发展为英美法系国家法律的普遍要求。20世纪90年代中期，正当法律程序的概念及理论被引入我国，学者们进行了大量的研究。通常所说的法律程序，可以概括为诉求、实现权利和权力的程序，主要包括选举、立法、司法、行政几种主要类型。法律程序的价值在于，任何权力的行使都必须依照法定的程序，尤其对涉及当事人利益的事项，在作出判决前要听取当事人的意见，平等地对待各方面当事人，不偏袒任何一方。对立法机关而言，就是要增强立法的民主性、公开性，为公民参与立法提供必要的机会和保障；对行政机关而言，就是要树立依法行政的意识。当前尤其要强化行政程序观念，在作出使对方的利益直接受到有利或者不利影响的决定之前，必须给予对方以参与决定机制的机会，从而保证实体和程序正义的公开、公正、公平的程序。对司法机关而言，就是要遵循正当的程序，追求司法的公正，不仅使诉讼当事人信赖审判活动是在独立公正的程序指导下进行的，而且使广大民众真正相信法院是在公开的场所，依据公正的程序，从事着公正的审判活动。强调法律程序的重要性，体现了程序正义的理念，为实质正义的实现铺平了道路，同时也强调了程序本身的独特价值——法律程序并非实体法律规范的附庸。

【学习目的】

掌握法律程序的内涵、主要类型和基本属性；了解法律程序在当代中国的演变以及对中国法治建设发展的影响。

第一节　法律程序概述

参考案例

金苹果的诱惑

在古希腊诸神中有位名叫厄里斯的纠纷之神，参加婚宴后，扔下一个写有“给最美丽的女神”字样的苹果。结果，在众女神间引起了一场争夺金苹果的纠纷。为解决这一纠纷，众神之王宙斯授权帕里斯做裁判，由他将金苹果判给他认为最美的女神。为了得到金苹果，众女神纷纷许诺帕里斯好处。天后许诺让他获得最富之地，智慧女神许诺让他成为智者，爱神许诺他美女为妻。面对财富、智慧、美女，帕里斯对美女动了心。于是，他便不顾标准，将金苹果给了爱神。后来，爱神果然帮他从希腊抢来美女海伦为妻。

资料来源：关飞．刑事法律实训实务［M］．北京：当代中国出版社，2007.

问题：这个故事带给你什么启示？

提示：该故事的启示是，权力导致腐败，神都不能幸免。即使是神，没有监督也会滥权。同样，作为国家公权力的行使者，手中的权力必须以程序规范加以制衡和约束，这也就是我们说“程序是法律的生命”“程序优于权利”的原因所在。

一、法律程序的概念

《辞海》中对“程序”的解释有两种：一种是指按时间先后或依次安排的工作步骤；另一种是针对计算机的，是指为使电子计算机执行一个或多个操作，或执行某一任务，按程序设计的计算机指令的集合。根据上面的解释我们可以看出：第一，程序往往有着明确的目标指向，也就是程序的设计是为了完成一件特定的事情或是达到特定的目的；第二，程序由一系列的行为或其他操作构成，这些行为或操作相互作用，共同来完成一件事情或达到特定的目的；第三，这些行为或其他操作并非杂乱无章、自行其是，而是有着明确的分工与先后顺序。为了理解这个词，我们不妨联系叶圣陶先生的《景泰蓝的制作》这篇文章。叶先生在文中详略得当地介绍了景泰蓝的制作过程，也就是“做胎”“掐丝”“点蓝”“烧蓝”“打磨”“镀金”六步。这是一种流水作业，有一个时间和空间以及人员上的分配，大家在不同的时间、不同的地点，做事情的内容有所不同，但都是为了一个共同的目标，那就是制作出符合要求的景泰蓝作品。由此可以看出，程序的概念是人们在生产和生活过程中对事物规律的一种认识、概括和归结。

从法学的角度来看，程序主要体现为按照一定的顺序、方式和手续来作出决定的相互关系。其普遍形态是：按照某种标准和条件，公平地听取各方意见，在使当事人可以理解或认可的情况下作出决定。程序通过促进意见疏通、加强理性思考、扩大选择范围、排除外部干扰来保障决定的成立和正确性。所谓法律程序，是指人们进行法律行为所必须遵循或履行的法定的时间与空间上的步骤和方式，它是对人们行为的抑制，是实现实体权利和义务的合法方式和必要条件。[①]

现代程序理念强调法律程序不再是实体法律规范的附庸，而是一个具有独立价值的范围。[②] 现代程序理念认为，从程序正当性而言，法律程序为实体法律规范的实现铺平了道路，同时，法律程序有着自己的独特价值，程序的正当过程本身就是衡量公民权利义务是否受到影响的一把尺子。典型的例子是切蛋糕问题，只要将切蛋糕的人设计为最后一个领取自己应得蛋糕份额的人，就不用担心分割的结果是否公正的问题。此外，通过公开平等对话的正当过程，容许多元价值观的存在，使当事人在理解或认可的基础上达成合意或共识，确保判断的不偏不倚，防止恣意，确保理性选择，这正是实体法律规范所缺失的人文关怀。

二、法律程序的类型

按照汉语的习惯，是用“法律”这个词来限制和修饰“程序”这个概念，即法律规定的程序，或法律性程序，而与非法律规定的程序相区别。由法律规定的程序，如由立法法规定的立法程序、由选举法规定的选举程序、由诉讼法规定的诉讼程序、由行政法规定的行政程序、由交易法规定的商品交易程序等。某一部具体的法律，如立法法，是一部关于议会立法程序的法律，里面规定了一系列的立法程序，包括关于议案提出的程序、关于议案准备的程序、关于议案审查及辩论的程序、关于议案表决的程序、关于议案被批准公布的程序以及关于议案或法律生效的程序等。由这个例子可知，一部关于立法的法律，其中规定了一系列程序，我们可以把它们称作立法的法律程序。通常所说的法律程序，主要包括选举、立法、行政等类型。

（一）选举程序

选举程序，即选举国家机关以及国家公职人员应遵循的时间与空间上的步骤与方式，它与政治的民主化直接关联。选举程序的构成主要是选区划分、选民登记、候补者的确定、竞选活动、选举时期的安排、投票的实施、开票和结果统计、当选者的通知。现代选举的基本原则有以下四项：第一，普遍选举原则，指凡达到选举年龄的公民皆可参加选举，除了由于某些疾病或依法被剥夺政治权利等受到限制的公民外，所有公民均应享有选举权。第二，平等选举原则，指每个选民在一次选举中只有一个投票权，每张选票的效力相等，不允许任何人享有政治特权。第三，直接选举和间接选举原则。直接选举指议会的议员或其他国家公职人员由选民直接投票选出；间接选举是指先由选民选出代表或选举人，再由他们投票选举有关国家公职人员。第四，秘密投票原则，是指选举时投票人不在选票上署名，填写的选票不向他人公开，并亲自将选票投入票箱，这有利于选民更真实地表达自己的意愿。

（二）立法程序

立法程序就是指具有立法权限的国家机关制定、修改、补充或废止规范性法律文件所遵循的时间与空间上的步骤和方式，是限制立法者恣意，进而使立法活动彰显和实现程序正义的制度设置，也是国家通过立法手段协调利益冲突、规制社会秩序及配置社会资源的

---

① 孙笑侠．法理学［M］．北京：中国政法大学出版社，1996：149.

② 郑成良．法理学［M］．北京：清华大学出版社，2008：290.

合法路径和正当法律程序。根据我国立法法和有关法律的规定，中央和地方国家权力机关和有权立法的行政机关制定宪法、法律、法令和行政法规，其立法程序大体可分为四个阶段：(1) 法律议案的提出，即依法享有专门权限的国家机关或个人向立法机关提出有关的法律议案。(2) 法律议案的审议，即立法机关对列入立法议程的法律议案进行审查与讨论。(3) 法律议案的表决与通过，即立法机关对通过审议的法律议案依照一定的程序进行表决，并正式表示同意。(4) 法律的公布，即立法机关依照有关法律规定将获得通过的法律公之于众。

【小链接】

修改《消费者权益保护法》立法"见面会"：细读买卖双方"心经"

立法是发扬民主、集思广益、凝聚共识的过程。人们不仅关注立法结果，也关注立法进程。

2014 年 3 月 15 日施行的新修改的《消费者权益保护法》立法背后，有一段鲜为人知的调研故事。

为提高法律的可执行性、可操作性，全国人大法工委民法室曾在多个省份调研。2013 年 10 月，在《消费者权益保护法》修正案草案提请全国人大常委会三审之前，法工委又专程到江苏，针对网络购物等热点问题进行调研，为这部法律修正案的出台作进一步论证。

法工委民法室主任贾东明介绍说，调研组深入苏州市吴江区群众村一个农村青年电子商务创业孵化基地，向在电子商务一线的经营者了解情况。

"没想到国家立法的'高层'会来到村里，和我们这帮 20 多岁的网店店主当面沟通。我们真正被重视了，感觉很不错。"网店店主钟全林说。

《消费者权益保护法》从名称上虽然是保护消费者权益，但并不意味着就不维护商业经营者的利益。法律修正案通过前，法工委专门安排了一次特殊的见面，法工委的工作人员单独接待了某电商企业的两位负责人。据其中一位负责人回忆，是他们主动向全国人大提出见面要求的。当时没有把握，真没想到最高立法机关很快就回复并安排面谈，详细听取他们作为企业经营者的意见和建议。

"这几次见面让我们有很多感触，实践的印证让我们对法律的修改和实施更踏实。"贾东明说。

暗访、蹲点、见面只是创新立法调研的几种形式。人民群众对法律的期盼与关注已不再是有没有，而是好不好、管不管用、能不能解决实际问题。只有不断创新立法调研，努力做到听取最基层声音、掌握第一手材料，才能真正实现接地气，把各项制度设计好、完善好，更好地发挥人大立法在表达、平衡、调整社会利益方面的积极作用。

资料来源：讲述立法背后的故事．(2014-03-05)．[2017-09-05]．http：//news.youth.cn/wztt/201403/t20140309_4834623_1.htm.

（三）行政程序

行政程序是指行政机关处理行政事务过程中必须遵守的一系列前后相连的工作步骤与方式。现代行政程序的条件导向非常强，其目标和手段的选择都受到大幅度的限制；只要具备一定的程序要件，就必须作出与之相适应的决定。行政程序有利于规范和制约行政权，体现法治政府和文明政府的理念，促进行政权合理行使，提高行政效率，且为维护相对人的法律地位和人格尊严提供程序性保障。行政事务涵盖面极广，涉及的行政行为种类繁多，不同的行政行为所遵循的程序往往不同。比如，根据《行政处罚法》的规定，行政处罚的一般程序为调查、决定、执行，而根据《中华人民共和国行政复议法》（以下简称《行政复议法》）的有关规定，行政复议的程序包括申请、受理、审查、决定四个阶段。行政程序有以下四个基本原则：第一，程序法定原则，即行政法律关系双方主体都必须依法定程序作出行为；第二，相对方民主参与原则，它集中体现为相对人在行政程序中的参与听证权、陈述申辩权、复议申请权等受法律保护；第三，行政效率原则，即集中体现为精简程序环节、减少行政浪费、明确办事时效、行政复议或行政诉讼不停止执行；第四，程序公正原则，即行政机关在行政管理活动中合理地处理公共利益与个人利益之间的关系，并在程序上平等地对待相对方。

（四）司法程序

司法程序，即司法机关在当事人和其他诉讼参与人的参加下解决案件争议所应遵循的时间与空间上的步骤与方式。司法程序又称诉讼程序，从司法机关角度看，是司法权运用所应遵循的程序；从当事人角度看，则是诉讼程序。世界各国在立法上都用同一法律来规范司法程序和诉讼程序。根据案件的不同性质，诉讼程序分为刑事、民事、行政三大诉讼程序。刑事诉讼程序包括侦查、起诉、审判、执行四个程序。民事和行政诉讼程序包括起诉、审判和执行三个主要阶段。三大诉讼程序遵循的普遍原则为：第一，以事实为根据，以法律为准绳。第二，司法机关依法独立行使职权的原则。第三，公民在适用法律上一律平等。第四，人民法院依法独立行使审判权原则。第五，诉讼以本民族语言文字进行原则。第六，人民检察院对诉讼实行监督原则。第七，公开审判原则，即人民法院审判案件，一律公开进行，但有关国家秘密、个人隐私的不公开审理。不公开审理的案件，宣判时必须公开。第八，回避制度，即为了保证案件的公正审理，要求与案件有一定的利害关系的承办人员或其他有关人员，不得参与本案的审理活动或诉讼活动的审判制度。第九，合议制度。第十，两审终审制，即一个案件经过两级人民法院审判即告终结的制度。

参考案例

葫芦僧判断葫芦案

女工吕××在××市中级人民法院打官司，听信该院法官杨××的主意，找到院长朱××去“闹”了一回。随后该院长起诉杨××指使吕××谋杀，于是该院的法官在3个人的证言都不一致的情况下，仍分别判处杨、吕二人15年和13年有期徒刑。法律专家认为：这起案件程序不合理，没有采取必要的回避，“程序正义是判决合法性的前提。由本院审理本院院长是被害人的一起故意杀人案件，大有嫌疑”。

问题： 结合我国三大诉讼法中有关回避制度的规定，谈一谈回避制度与审判程序的关系。

> **提示：**在法律程序中，制定回避制度是为了保证案件能够得到公正的、不偏不倚的审理，所以与案件有一定利害关系的审判人员、检察人员、侦查人员及其他相关人员不得参与案件的审理活动。

（五）监督程序

监督程序即执行法律监督的国家机关从事监督活动时所应遵循的时间与空间上的步骤与方式。在我国，目前存在权力机关的监督、行政机关的监督、监察机关的监督司法机关的监督等监督形式。权力机关的监督主体是各级人民代表大会以及各级人民代表大会常务委员会，主要的方式是听取和审议“一府两院”工作报告、处理公民申诉案件、执法检查和视察工作、提出质询案、改变或撤销不适当决定和罢免。行政机关的监督主体是各级行政机关，主要方式是行政监察、行政复议、行政检查等。监察机关的监督是监察委员会代表党和国家对所有行使公权力的公职人员进行的监督。司法机关的监督主要包括两个方面：一是人民法院内部体系的监督，即第二审人民法院对第一审人民法院的监督，负责死刑复核的人民法院对下级人民法院的监督以及依照审判监督程序对下级人民法院的监督；二是检察机关作为国家法律监督机关对侦查机关和人民法院的审判活动进行的监督，主要监督形式是有监督权的人民法院、人民检察院或当事人认为法院的判决确有错误，发动再审或申请再审，由人民法院根据一定的权限和程序对案件进行再审，纠正已发生法律效力的判决、裁定。对侦查机关的监督采用提出纠正意见、派员参加侦查机关关于重大案件的讨论和其他活动、接受检举控告等方式。

（六）一般法律行为程序

一般法律行为程序是指公民、法人或其他组织在从事一般法律行为时所应遵循的程序。这里的一般法律行为是指当事人进行的设立、变更、终止权利义务关系的行为。除选举行为、立法行为、行政行为、诉讼行为、法律监督行为外，对一般法律行为是否必须遵循一定的法律程序，法律要求不同。有的一般法律行为，法律没有规定其必须遵循的程序，而是由当事人合意决定；有的一般法律行为，法律要求必须遵循一定的程序，该法律行为才有效。比如，根据《婚姻法》的规定，男女双方缔结婚姻必须亲自到婚姻登记机关进行婚姻登记。

三、法律程序的基本属性

根据法律程序的内涵，它具有以下十个基本属性。

（一）法律程序的法定性

法律程序的法定性是指法律程序的每一个环节、步骤都应当由法律加以规定。这包括两个层面的含义：一是立法层面，即法律程序应由法律明确规定；二是行动层面，即各个不同类型的法律程序都要按国家法律规定的法律程序进行。这意味着不得针对特定案件或者特定人员事后设立法律程序，以保证所有案件、所有当事人受到公平的待遇，保护公民个人的自由和权利不受国家权力的任意侵害。

【小链接】

米兰达警告的由来

米兰达警告（米兰达忠告、米兰达规则）：你有权保持沉默。如果你开口说话，那么你所说的每一句话都会在法庭上作为对你不利的证据。你有权请律师，并可要求在讯问的过程中有律师在场。如果你请不起律师，我们将免费为你提供一位律师。在讯问的过程中，你可随时要求行使这些权利，不回答问题或者不作出任何陈述。

1963 年，一个名叫恩纳斯托·米兰达的白人无业青年，因涉嫌强奸和绑架妇女在亚利桑那州被捕，警官随即对他进行了审讯。在审讯前，警官没有告诉米兰达有权保持沉默，有权不自证其罪。米兰达年仅 23 岁，文化程度不高，既无职业又无收入，属于一贫如洗的贫困阶层，从没听说过世界上还有美国宪法第 5 条修正案。经过两小时的审讯，米兰达招供了罪行，并且在供词上签了名。在法庭上，检察官向陪审团出示了米兰达签字的供词，并以此作为指控他犯罪的重要证据之一。这时，根据最高法院 1963 年对吉迪恩诉温赖特案（Gideon V. Wainwright）的判例，州法院刚刚开始有义务为被控犯有刑事重罪的贫穷被告人免费提供律师。米兰达因此有了一名法官指定给他的律师。米兰达的律师认为，根据宪法任何人不得被迫自证其罪，米兰达的供词是无效的。然而，陪审团还是根据供词判决米兰达有罪，法官判米兰达 20 年有期徒刑。定罪后，米兰达的律师不服，代他上诉。此案后来历经周折，终于上诉到美国联邦最高法院。1966 年，最高法院以 5∶4 的一票之差裁决地方法院的审判无效，理由是警官在审问前，没有预先告诉米兰达应享有的宪法第 5 条修正案规定的公民权利（不得被迫自证其罪），所以米兰达的供词属于“非自愿供词”，这种供词在法院审判时一概无效。最高法院强调，警方强制性的关押和审讯环境对犯罪嫌疑人形成巨大的压力，为了防止出现刑讯逼供或恐吓成招的现象，司法程序应当从一开始就对普通公民的宪法权利予以有效保障。从此，著名的米兰达警告宣读已成为美国警察执法的一部分，并透过警匪片，成为风行全球的美国通俗文化的一部分。

资料来源：米兰达警告．(2017-09-05)［2018-09-05］. http：//baike. baidu. com/view/78634. htm.

（二）法律程序的形式性

如果说法律本身是一种形式，那么权利和义务就是它的内容，而程序则是形式（法律）的形式。除了作为实体的权利与义务的手段外，法律程序形式性还可以从以下四个方面来理解：首先，法律程序是在特定的时间和空间条件下进行的，时间要素可分为时间顺序和时间限度，空间要素则分为行为方式和空间关系。其次，法律程序的言行特点十分显著，它把冲突转变为基于各种不同的主张而展开争论的以言行为符号的互动，参与人在程序中都在进行着一种“象征性的表演”。再次，法律程序具有仪式的特征，这一点在西方法律程序中表现得尤为突出。最后，法律程序还有鲜明的器物特征，如中国古代的“惊堂木”“登闻鼓”；西方国家法官的“假发”“法袍”以及法院的“哥特式”建筑。

【小链接】

法官职责的标记——法官袍服、法庭布置、尊敬的辞令，对法官心理的影响是令人吃惊的。施用这些标记的目的是，不仅使法官本人，而且使所有其他参与审判过程的人以及全社会的人都在灵魂深处体会到，肩负审判重任者必须摒弃个人癖好、个人偏见以及先入为主的判断。严格的出场顺序，致词的形式及表明场景的其他仪式被赋予各自的使命、职责。这可不是那种“我就是我”的自由竞胜之所。相反，每一个参与其中的人都使自己的个性依从于法律程序的要求。于是，法律正义的崇高信念——客观、公正、一致、平等、公平就被戏剧化了。

资料来源：伯尔曼．法律与宗教［M］．北京：三联书店，1991.

（三）法律程序的参与性

法律程序的参与性即法律程序的设计要调动相关人员积极参与，确保公民不同程度地进行自主性自决。程序的参与是指那些权益可能会受到裁判结局直接影响的主体应当有充分的机会并富有意义地参与裁判的制作过程，从而对裁判结果的形成发挥有效的影响和作用。这里的参与指当事人是作为程序主体参与而不是作为证据来源的诉讼客体参与；是富有意义的实质性参与而不是“先定后审”式的表面性参与；是双方的共同参与而不是一方在背着另一方的情况下参与。

通过参与，有关公民在一项决定作出的过程中可以有机会表达自己的观点。如在听证程序中，确保当事人参与裁判过程的程序特征体现的是参与性这一程序价值。在一般情况下，保证当事人有效参与的程序有助于裁判者对各方的不同证据、意见和观点同时予以关注，并在制作裁判时将这些充分、全面地考虑在内，这显然要比裁判者偏听偏信更有助于事实真相的发现，从而作出公正的决定。与此同时，一项保证各方有效参与的听证过程一般更容易使受到裁判结果直接影响的当事人对裁判结果感到满意和信服，使社会公众对作出行政行为的过程、结果以及法律制度等产生信任和尊重。

（四）法律程序的有序性

法律程序的有序性是指法律程序应保持一定的次序和连续性。这是法律程序的核心要素，也是法律程序的基础性要素。法律程序最明显的表征就是以一定的时间或空间顺序排列组合。程序一旦失去有序性，即变成混乱状态，程序就不再是程序。如刑事诉讼程序就是以一定的时间顺序排列组合的，立案—侦查—起诉—审判—执行，只有前一个环节结束后，才能启动下一个环节。

（五）法律程序的及时性

法律程序是人们在进行法律行为时在时间与空间上所应遵循的步骤与方式，这意味着法律程序既是在空间中进行的，同时也是在时间中从事的。空间保障法律程序进行的内容，而时间保障程序进行的效率，防止程序被不合理地持续或过分推进，进而使相关利益长期处于不确定状态或无法达到理性要求。法律程序的及时性，就是要通过程序运作中不同阶段的时间分配和全部程序的时间安排，为人们依据法律的交往行为设计既有效力，又能达致公平的规则机制。比如，根据《民事诉讼法》的规定，民事案件的一审普通程序必须在 6 个月内审结，二审程序应在 3 个月内审结。

（六）法律程序的中立性

法律程序的中立性是指法律程序的裁判者必须保持形式上和实质上的中立。法官作为诉讼程序的指挥管理者，其中立无疑是程序公正的最基本、最重要的因素。“裁判者不得自断其案”的司法理念已深深地植根于每一个现代国家的法文化中。法官不应当是案件的当事人或其亲属，冲突的结果应当与法官利益无涉，法官也不能在一方当事人及其代理人不在场的情况下私自会见另一方当事人及其代理人。这些要求可以以严格的回避制度为保障，回避制度的目的正在于从诉讼程序的角度优化法官与当事人之间的关系，即保证二者之间一定的感情与利益距离，从而实现诉讼公正。法官中立还要求法官在情感上与当事人等距离，不受自己感情的误导，不应有支持或反对某一方的偏见。

（七）法律程序的自愿性

法律程序的自愿性是指法律程序的提起、运行应充分尊重参加者的自愿，尤其是私法领域的争议，意思自治与自主处分原则更要求法律程序对强制的反对和对自愿选择的许可。在民事诉讼程序中，当事人自治是指裁判者必须受当事人主张的拘束，在当事人请求的范围内以双方在诉讼中提出的有效证据、意见、主张为根据作出裁判；凡当事人未主张的事实，裁判者不得予以调查和认证；凡当事人提出的证据和请求，裁判者必须予以审查并作出裁判。

参与、自治和选择意味着当事人能够主宰自己的命运，通过对裁判结果的影响，使自己拥有一定的决定自己前途和命运的能力，从而使其主体地位、自主意志、人格尊严得以体现和尊重。这不仅可以促使当事人成为理性的、负责的主体，也能够为当事人从心理上、行动上接受裁判结果打下良好的基础。

（八）程序的公开与透明性

在民事诉讼中，程序的公开、透明由于直接关系到司法的民主性而被置于相当重要的位置。公正总是与公开联系在一起，而狭隘与偏私总是和幕后操作相伴而生。民事诉讼程序的公开通常包括审判行为在一定的场合公开进行、作为裁判基础的事实和裁判的法律依据向冲突双方及社会公开等内容，这就要求法官公开其推理过程，在判决书中叙明理由。

英国有句古老的法律格言："正义不但要实现，而且要以人们看得见的方式实现。"只有这样，争端各方才能确信自己受到了公正的对待，社会才能肯定法律"给予了每个人应得的权益"。只有程序公开，接受当事人和社会的监督，才能防止司法专横与擅断，发现和弥补诉讼不公，并消除当事人的不满，利于纠纷的解决。诉讼程序保持公开是防止司法专横与擅断，发现和弥补诉讼不公的有效途径。诉讼程序公开要求诉讼程序明文规定，要求诉讼活动公开和透明，除涉及国家秘密、个人隐私或者法律另有规定的以外，应当公开进行。所谓公开，即对社会公开，包括对群众、对新闻媒体公开，允许群众旁听案件的审理和宣告判决。

（九）程序的不可逆转性

程序的不可逆转性是指程序中某一环节一旦过去，或者整个程序一旦结束，就不能再回复或者重新启动，这是程序的有序性的必然延伸和逻辑归结。这种不可逆转性表现在程序的展开对程序活动主体及其参与人的拘束性上。具体的言行一旦成为程序上的过去就不能推翻。这是不让程序成为"走过场"的规则基础。比如在诉讼活动中，到一定的阶段后，当事人提出新的事实或证据可以被禁止，法官也不能随意地宣称已经经过的程序不算数而要从头再来，具有强烈的不可逆转性。

（十）程序的终结性

程序的终结性是指程序活动通过产生一项最终的裁判而告终结，其强调的是结果的终局性。程序的终结性要求法律主体作出最后决定后，不能任意地重新启动程序。这体现了国家裁判的公正性、强制性和权威性。程序的终结可以确保有关各方及时地摆脱诉累。"判决一旦作出，法官就不再是法官了"，即"使法官从他处理的争议中摆脱出来"。当事

人也从侵扰中恢复安宁和宁静。程序的终结性旨在克服和防止审判程序的任意启动，特别是防止出现反复启动再审程序，使当事人的生活及利益一直处于不安定的状态之中。

四、法律程序在中国

新中国成立后，在1954年颁布了第一部《宪法》。1954年《宪法》中明确规定了公民的人身自由非经法定程序不受逮捕、司法独立、公开审判、人民陪审、被告有权获得辩护等程序性原则。但是由于法律工具主义和法律虚无主义的影响，特别是在“文化大革命”时期，法制建设基本处于停滞状态，在新中国成立后长达三十年的时间中，没有一部程序性的法律来规范各种立法、审判、行政活动。自党的十一届三中全会后，我国法制建设取得了一系列举世瞩目的成就，法律程序的建设有了很大的进展。《刑事诉讼法》《民事诉讼法》《行政诉讼法》相继颁布施行。20世纪90年代季卫东教授将“正当法律程序”概念引入中国后，在中国法学界引起了一场意义深远的学术大讨论。这场学术大讨论有力地推动了中国法制的发展进程，在立法、司法、行政等各个层面产生了深远的影响。比如，1996年3月第八届全国人民代表大会第四次会议通过的《行政处罚法》、1999年4月29日第九届全国人民代表大会常务委员会第九次会议通过的《行政复议法》和2003年8月第十届全国人民代表大会常务委员会第四次会议通过的《行政许可法》，这三部法律贯穿了法律程序的要求，较好地解决了对行政行为的程序制约问题，较好地体现了现代民主、法治的精神和原则，其所规定的各项行政程序制度，如出示身份证件、表明身份制度，告知制度，说明理由制度，调查和收集证据制度，听取当事人陈述和申辩制度，送达行政决定书、告知当事人救济权利、救济途径制度，时效制度以及听证制度等。特别是听证制度，对保障行政行为公正合理进行，防止行政执法人员滥用权力，保护公民法人或其他组织的合法权益具有特别重要的意义。目前，我国程序法律制度建设已经进入了一个新的阶段。审判程序法比较完备，但是选举程序、立法程序、调解程序、行政程序方面还有待于法律制度的完善。同时，在法律实践中，人们也开始关注程序的公正性和程序正义问题。尽管在某些具体的法律实践中，法定程序被虚置的现象仍然存在，但毋庸置疑的是，法律程序的重要意义已开始为国家和大众所接受。

第二节　法律程序的功能

【小链接】

“毒树之果”理论

“毒树之果”（fruits of the poisonous tree）一词中的“毒树”指的是违法收集的证据，“毒树之果”指的是从毒树中的线索获得的证据。换句话说，凡经由非法方式取得的证据，是“毒树”，由其中获得的资料进而获得的其他证据，则为“毒树之果”。在刑事司法实践中，经常发生以非法行为作为条件或以非法证据为线索而得到其他证据，即所谓“毒树之果”的问题。“毒树之果”这个概念产生于美国，既指由非法行为，如逮捕、扣押、逼供等间接产生的证据，也指以非法口供或非法取得的实物证据为线索而得到的其他证据。比如，在非法逮捕后得到口供，以非法口供为线索取得的其他证据。“毒树之果”所引发的问题是非法取得的证据能否作为定案依据。

2012 年 3 月 14 日第十一届全国人民代表大会第五次会议通过了《关于修改〈中华人民共和国刑事诉讼法〉的决定》，修改后的《刑事诉讼法》第 54 条规定：“采用刑讯逼供等非法方法收集的犯罪嫌疑人、被告人供述和采用暴力、威胁等非法方法收集的证人证言、被害人陈述，应当予以排除。收集物证、书证不符合法定程序，可能严重影响司法公正的，应当予以补正或者作出合理解释；不能补正或者作出合理解释的，对该证据应当予以排除。在侦查、审查起诉、审判时发现有应当排除的证据的，应当依法予以排除，不得作为起诉意见、起诉决定和判决的依据。”这标志着我国在立法层面上首次确立了非法证据排除规则。

资料来源：杨宇冠．“毒树之果”理论在美国的运用［J］．人民检察，2002（7）．

功能是指事物或方法所发挥的有利作用。一般来说，即部分对整体的维持所发挥的作用及其活动效果。法律程序的功能是指程序对整个法治社会及其秩序的建立与维持所发挥的作用及其活动效果。关于法律程序的功能，过去一度盛行法律工具主义，认为程序的意义仅在于实现实体化的手段，20 世纪 90 年代以来，这一观点不断受到法治理论和实践的挑战，有不少理论者从法律程序的自身价值及其对法治的意义出发，阐述法律程序的意义。

建设法治社会，追求法治理想，是人类理性反思自身历史的结果。“法治是民主、自由、平等、人权、理性、文明、秩序、效益与合法性的完美结合。”法律程序独立价值的实现和法治目标的推进有着密切的关系。法治是法律程序自由、秩序、公正、效率等价值实现的理想前提。法律程序价值的实现也是法治理想的应有之义。因此，“对于法律程序的独立地位、内在价值的强调，不只在于对长期以来‘重实体轻程序’乃至程序实用主义、程序虚无主义的态度和现象的反驳，也不只在于引进和传播程序正义的观念，从而引导和推动程序意识和观念的变革，更在于它表述和强调了现代程序和法治之间的内在联系”。在现代中国法治化的过程中，法律程序表现出巨大的功能和意义。

一、保证权利义务的实现

正当法律程序是保证权利和义务实现的前提条件，并能促进权利和义务的实现效率。程序具有公众参与性、过程的公开与透明性、角色分化所带来的抗辩性，这使法律程序的参与者有机会通过公开的方式进行说理、争论、协商、抗辩和交涉，使双方的权利义务更为清晰，从而保证权利义务的实现和纠纷的妥善解决。正当法律程序存在的价值之一就在于为法律行为提供明确的指引，使纠纷得到公正、及时、理性的处理，从而有利于维护社会安定。

二、推动法律权威的建立

任何社会都需要权威来维持，也需要维持权威。权威来源于确信和承认。对理性的现代人而言，确信由过程决定，承认由说服力决定。人们对法律权威的确信和承认是通过程序来实现的。首先，在公正的程序中，当事人的主张或异议可以得到充分表达，使程序的主体感觉到自身作为独立的主体而存在，并非受制于某种异己的力量，主体的人格尊严受到尊重，从而对法律产生敬意和好感；其次，在程序中，相互竞争的各种层次上的价值和利益都可以得到综合考虑和权衡，即使对程序的结果不满，也被公正的程序吸收，一种最完善的解释和判断被最终采纳；最后，由于程序本身的中立、公开、透明和参与性，这样作出的决定极大缩小了事后的怀疑和抗议的余地。经过正当化过程的决定获得了权威性。经过多次反复的确信和承认，法律的权威最终树立。

三、促进公权力和私权利的平衡

法治的核心问题是公权力和私权利的平衡问题，如何安排公权力和私权利的关系是人治和法治的重要标准。人治社会按照权力本位原则安排公权力和私权利关系，极力强化公权力对私权利的控制。法治社会是以权利本位来安排二者的关系，通过权利制约权力，使二者在互动中达到平衡。对公权力的限定主要是通过程序来实现的，离开了程序的制约，对公权力的限定就成了一句空话。充分体现法律程序价值的程序必然会对天生处于优势地位的公权力构成限制，从而对相对弱小的私权利形成保护，公权力和私权利在程序的展开中得到平衡。应当说，法律程序主要是为限制国家公权力而设计的，即国家机关行使权力时，应当按照公正的程序采取公正的方式进行。具体来说，对行政机关而言，就是要树立依法行政的意识。当前尤其要强化行政程序观念，在作出使对方的利益直接受到有利或者不利影响的决定之前，必须给予对方以参与决定机制的机会，保证实体和程序正义公开、公正、公平的程序。对立法机关而言，就是要增强立法的民主性、公开性，为公民参与立法提供必要的机会和保障。即有关机关在法律规范草案通过之前，应该为普通公民能够参与法的形成和法秩序的创造提供意见表达的渠道和制度上的支持，最后在整合人民群众各方面意见的基础上完善法律规范草案，再予以通过。对司法机关而言，就是要遵循正当的程序，追求司法的公正，不仅使诉讼当事人信赖审判活动是在独立公正的程序的指导下进行的，而且使广大民众真正相信法院是在公开的场所，依据公正的程序，从事着公正的审判活动。

四、推动民主政治的发展

法治是以民主政治为其存在和发展的基础，而与专制政治互不相容。没有民主的政治基础，法治就是空谈。民主主要是指社会政治生活的管理体制，即社会政治制度的平等参与、公共决策、共同负责，对包括国家宪法和其他基本法制体系、政府行为、社会公共政治策略等在内的社会政治问题的平等参与、平等讨论、共同决策和共同负责，构成了社会政治生活领域最基本而广泛的政治权利与政治义务之平等体系，这其中，平等参与构成了社会政治民主的“关键”因素。民主政治的核心就在于人们有权参与影响到自己本人利益的政治事务。只有人们成为管理自己事情的主人，这个社会才是民主政治社会。如果失去这点，民主政治根本就不存在。在现代民主社会中，公民已不再是“依赖性”的公民，每个公民都是独立的个体。作为独立自主的个体，大部分公民宁愿自行管理自己的事务，也不愿别人主宰自己的命运，哪怕别人做得比自己更好。因此，设立相应的程序参与机制就成了民主社会的必然要求。

民主与程序的直接联系主要表现在选举和立法方面。程序通过角色的分工，使符合角色特征的人参与到程序中来。在立法和选举过程中，公民通过广泛参与表达自己的意愿、享受应有的自由、对影响自己的事情施加影响，充分体现了人成为独立自主的个体的特征。可以说，只有遵循一定的程序原理和要件的选举或立法才是“民主的”，而只有民主的选举或立法才具有实效性和正统性。公正的程序有助于推动民主政治的进程，从而促进法治国家的早日实现。

【思考题】

1. 法律程序的概念以及类型是什么？
2. 法律程序的功能是什么？

【讨论与互动】

主题：切苹果。

要求：将 30 名学生分成 5 组，每组自备苹果 1 个，水果刀 1 把。

任务：每组选出一人负责为大家切苹果并分配份额，要保证组内人员都能分到苹果。每组模拟后，学生要谈自己的体会，并思考以下几个问题：

（1）如果让切苹果的人先取苹果会出现什么问题？

（2）让切苹果的人先取，但是为了防止他拿大的，请第三方进行监督，会出现什么后果？

（3）如果请第四方、第五方进行监督，会是怎样的情形？这样做是否会加大成本？

（4）让切苹果的人最后取苹果会出现什么后果？

目的：认识法律程序的重要性；了解法律程序在防止权力滥用及权力腐败方面的作用。

【推荐书目】

季卫东．法律程序的意义［M］．北京：中国法制出版社，2004.

第十八章　法　治

【本章导读】

“法制”与“法治”既有区别，又有紧密联系。“法制”是法律制度的简称。在中国法学著作中，对法律制度有不同的见解。“法治”是人类文明的重要成果，是迄今为止人类为驯服国家权力的最有力工具。亚里士多德对法治的理解，即“已成立的法律获得普遍的服从，而大家所服从的法律又应该本身是制定得良好的法律”，成为人们通常对“法治”的解释。从现代意义上讲，“法治”的概念包含多种含义。从“法制”到“法治”概念的转换，在我国经历了一个相当艰难而漫长的过程。它标志着我国人民在党的领导下进入了法的现代化建设的新时期。

【学习目的】

掌握社会主义法治理论的基本原理；熟悉我国法学界关于“法治”与“法制”的基本概念；了解法治与民主之间的内在联系；把握“依法治国，建设社会主义法治国家”的重大意义和基本内涵。

第一节　法制与法治

参考案例

最高人民检察院“刑事抗诉第一案”陈满案是一起杀人焚尸案，发生在1992年12月25日的海南省海口市上坡下村，四川青年陈满被当地警方锁定为凶手。1994年11月，海口市中级人民法院以故意杀人罪、放火罪判处陈满死刑，缓期二年执行，剥夺政治权利终身。宣判后，海口市人民检察院向海南省高级人民法院抗诉。1999年4月，海南省高院二审裁定驳回抗诉，维持原判。终审宣判后，陈满及家人多年申诉不断。

2001年11月，海南省高院经复查驳回陈满的申诉。2013年4月，海南省人民检察院审查后认为陈满案不符合立案复查条件。2015年2月10日，最高人民检察院以海南省高院对陈满案的裁定"认定事实错误，导致适用法律错误"为由，向最高人民法院提出抗诉。2015年4月，最高人民法院指令浙江省高院异地再审。2016年2月，浙江省高院经再审后对陈满案宣判，撤销原审判决，宣告陈满无罪。2016年5月，海南省高院和陈满达成赔偿协议，向陈满支付国家赔偿金2 753 777.64元，包括人身自由赔偿金185万余元、精神损害抚慰金90万元。陈满案是最高人民检察院"刑事抗诉第一案"，在所有纠正的冤假错案中具有非同寻常的意义，在中国司法史上留下了重重的一笔，也是我国检察机关多年来不断努力复查申诉案件、实行法律监督、捍卫公平正义的经典案例之一。

问题：如何避免此类冤假错案的发生？

提示：在此案中，可以清楚地看到"法制"和"法治"的区别：有"法制"不等于有"法治"，"法治"的核心在于约束公权力，保护公民权利，在于治官而不是治民。

一、法制的概念

"法制"是法律制度的简称。在中国法学著作中，对法律制度有三种不同的见解：一是指有共同调整对象从而相互联系、相互配合的若干法律规则的总和，相当于英文中的"legal institution"；二是指一个国家或地区整个法律上层建筑的系统，相当于英文中的"legal system"；三是指依法办事的原则，即"有法可依、有法必依、执法必严、违法必究"。现时期，中国学者比较认同的看法是把"法制"作为一国或一地区法律上层建筑的系统来把握，认为"法制"不仅包括一国和一地区的静态的法律制度，还包括立法、守法、执法、司法和法律监督各个动态的环节；也有学者认为还应该包括在社会上占主导地位的法律意识。构成"法制"的法律意识对法和法律运行的各个环节起着重要的作用。一般来说，同法相一致的法律意识对法和法律运行的各个环节起着积极作用，而同法不一致的法律意识，对法和法律运行的各环节起着消极作用，不构成一国法律上层建筑系统（法制）的组成部分。苏联学者阿列克谢耶夫认为，"法制"（legal system）不仅包括法律（虽然它是中心），而且包括法律实践和与其相适应的法律意识。美国学者梅里曼指出，不应混淆"法制"和"法"这两个概念，"法制"不仅包括法（法律规则），还包括许多其他因素，如法律外延、法律内涵、法律文化、法律结构、法律角色、法律过程。其中法律外延指法律作用的范围，即法律规范与非法律规范之间的界限；法律内涵指法影响人们的程度，即人们是否愿意通过法律解决争端；法律文化是一个国家法制的内在逻辑，表现在受历史条件制约的人们关于法的性质及其应用的观点之中；而法律结构（法院、立法机关、行政机关）、法律角色和法律过程则共同构成了法律机器，它们是法律规则得以发挥作用的必不可少的机制。任何一个国家或地区的"法制"的上述构成因素都处于重要的相互联系之中。如果两个"法制"的法律规则类似，但其他构成的因素不同，很可能是由于同样的规则、同样的法律词汇在两个"法制"中有完全不同的功能含义。

我们可以按照不同的标准对法制进行划分。首先，按照法律制度赖以生存的经济基础和反映的阶级意志的不同，我们可以将历史上出现的法律制度分为四种历史类型，即奴隶制法、封建制法、资本主义法和社会主义法；其次，按照法的历史传统、法的结构、法律渊源和法律实践的差别，我们可以将法律制度分为大陆法系和普通法系；再次，按照宗教对法律制度的影响，我们可以将法律制度分为宗教法系和世俗法系；最后，按照法在社会生活中的地位、法的重要程度以及法律意识的特点，可将法律制度划分为远东法系或中华法系和以西方国家为代表的西方法系。其中法的历史类型和法系是当代中国法学普遍运用的法制分类。

在当代西方比较法著作中，对世界各国法律制度的最流行的分类就是法国学者勒内·达维德的分类，他把世界各国的法律制度划分为大陆法系、普通法系、社会主义法系和其他法律制度（包括伊斯兰法、印度法、远东法和非洲法）。这种划分的方法虽然为许多西方学者所接受，但其最大的不足就是划分标准不一。其中大陆法系与普通法系之间的区别在于法律传统和法律技术，而社会主义法系与它们之间的区别在于社会政治制度。从社会政治标准看，大陆法系与普通法系是相同的，都属于资本主义法律制度范围。大陆法系、普通法系、社会主义法系不是对称的三大法系。至于达维德所说的“其他法律制度”，与上述三大法系的区别又各不相同：有的侧重在社会政治制度上，有的侧重在宗教的地位上，有的侧重在法律的地位上，它们往往反映第三世界国家不同于西方国家的文化历史传统。

一国法制变化的根本原因在于社会基本矛盾的运动。人类社会的基本矛盾是社会生产力与生产关系的矛盾、经济基础和上层建筑的矛盾。这种矛盾存在于一切社会之中，并推动社会形态不断发展变化，从而必然引起上层建筑的法由一种历史类型过渡到另一种历史类型。

二、法治的基本含义

“法治”是人类文明的重要成果，是迄今为止人类为驯服国家权力的最有力工具。从现代意义上讲，“法治”的概念包含多种含义，基本含义有：

第一，“法治”是指一种治国方略或社会调控方式，即国家在诸多社会控制体系中选择法律作为主要的控制手段。在此意义上，“法治”是与“人治”相对立的治国方略。“法治”与“人治”的对立主要表现为民主与专制、主权在民与主权在君、法律与当权者个人的意志之间的对立。“法治”与“人治”的分界线是：当法律与当权者的个人意志发生冲突时，是法律高于个人意志，还是个人意志凌驾于法律之上，或者说，是“人依法”还是“法依人”。

第二，“法治”意指依法办事的原则。人人平等地依法办事是“法治”的基本要求和标志。对此，洛克指出，法律一经制定，任何人也不能凭自己的权威逃避法律的制裁；也不能以地位优越为借口，放任自己或任何下属胡作非为，而要求免受法律的制裁。现代“法治”的精髓是公职人员依法办事，只有公职人员依法办事，接受法律的约束，才有“法治”可言。正如哈耶克所说，法治意味着政府的全部活动应受预先确定并加以宣布的规则的制约——这些规则能够使人们明确地预见在特定情况下当局将如何行使强制力，以便根据这种认知规划个人的事务。对这一原则，美国法学家富勒表达了同样的见解。他说："法治的实质必定是：在对公民发生作用时（如将他投入监狱或宣布他据以主张财产权的证件无效），政府应忠实地运用预先宣布的应由公民遵守并决定其权利和义务的规则，如果'法治'不是指这个意思，它就毫无意义。"

第三，"法治"是指良好的法律秩序。法律秩序是法律规范实行和实现的结果。无论是作为治国方略，还是作为依法办事的原则，"法治"最终要表现为一种良好的法律秩序，这既是"法治"的目标和结果，也是检验是否厉行"法治"的一个重要指标。对此，苏联法学家雅维茨也指出："法律秩序是社会关系的这样一种状态，它是法律规范和法制实际实现的结果，保证社会所有成员无阻碍地享受赋予他们的权利并且履行他们的法律义务。""法律秩序可以被看作法实现的终点。"当然，并不是任何一种法律秩序都能称得上法治秩序。"法治"意义上的法律秩序是包含"法治"的价值基础和价值取向的良法实现的秩序。就现代社会而言，"法治"的价值基础和取向至少应包括：（1）法律必须体现人民主权原则；（2）法律必须承认、尊重和保护人民的权利和自由；（3）法律面前人人平等；（4）法律对一切正当的利益予以无差别的保护。例如，绝不能把希特勒以法律名义制造的白色恐怖称为良好的法律秩序。

"法治"的主体是人民，在我国表现为由人民选出受人民监督的国家权力机关——各级人民代表大会以及由人民代表大会选举产生或任命的国家行政机关、军事机关、检察机关、审判机关等国家机构。无论在哪个层次，共产党都是领导核心。"法治"的重要对象是治权，而依法治权的重点又是依法制约和治理国家的行政权力。强调"依法治国"，最核心的是依据宪法和法律治国，维护宪法和法律的最高权威。

三、法治与法制的关系

"法制"与"法治"是既有紧密联系，又有一定区别的两个概念。

就二者的联系而言，现代社会的"法制"是"法治"的基础和有机构成部分，"法治"的价值追求促进"法制"的建设和发展。第一，现代民主国家"法制"的健全需要有"法治"理论指导，如果执政者没有"法治"观念，不重视法律制度在治国中的作用，不重视对法律制度的执行和遵守，就不可能真正加强"法制"。第二，在现代国家，如果不实行"法治"，"法制"也难以真正有效地实行；"法治"需要以健全的"法制"为条件，没有健全的法律制度，"法治"只能是空洞的主张，不能得到真正的实现。健全的"法制"是建设现代"法治"国家的制度基础。

就二者的区别而言，第一，"法制"指法律制度，属于一国或一地区上层建筑系统；"法治"是治国方略，是相对于"人治"而言的。第二，"法制"的产生与发展与国家直接相联系，"法治"则直接与民主制国家相联系。"法制"既可以为专制国家所用，也可以同民主政治相结合；"法治"有自身的价值取向，那就是排除专制。在专制政治下，"法制"只是作为治国安邦、控制社会的一种工具，其关注的主要是统治秩序，只是保障和实现国家统治社会的手段。只有在民主政治下，"法制"与"法治"关注的重点才是共同的，即保障和实现公民的权利和自由。第三，"法治"的基本要求是严格依法办事，强调的主要是一切国家机关和公职人员必须严格执行和遵守法律，依法办事，法律在各种社会调整措施中具有至上性、权威性，要求“法制”的内容具有人民性、民主性，法律应是由民主程序通过的“良法”“善法”，适合社会生活需要，而不是当权者的任性；而“法制”并不必然蕴含依法办事的内容。第四，“法制”与“法治”的主体不同。“法制”的主体（制定和执行的主体）主要是国家权力机关或权力者（如独裁者个人）；“法治”的主体是人民和经人民民主选举产生或授权的国家机构。因此，一个国家有“法制”，并不意味着一定实行了民主的“法治”，可能是专制下的“法制”；实行“法治”要以“法制”为基础，但它必然要求实行制约权力、保障公民权利的民主政治，从而同专制划清界限。

四、我国从法制到法治概念的演进

“法制”一词，中国古代就已经出现。“命有司修法制，缮囹圄，具桎梏”；商鞅说：“民众而奸邪生，故立法制、为度量以禁之……法制不明，而求民之行令也，不可得也。”“法治”的概念，中国古代似未使用。尽管春秋战国时期发生了大规模的儒法之争，法家提出过“以法治国”的思想，但并未形成法治概念。所谓中国古代“人治”与“法治”之争，是后人的总结。实际上，法家之“法”始终是君主的统治工具，与“法治”一词的含义可谓南辕北辙。据考证，我国最早宣传并明确提出“法治”概念的是梁启超先生，他认为中国若想由贫穷到富强，“法治主义为今日救世唯一之主义”。尽管梁启超先生强调，在中国，“法治主义”起源于春秋战国时期，但他将“法治”与国家政体相联系，因而此“法”不同于彼“法”。

新中国成立之后，我国着手建立社会主义法制，从 1949 年 9 月到 1954 年 8 月，中国人民政治协商会议、中央人民政府委员会、政务院和政务院各部委共同颁布重要法规 506 件；从 1954 年 9 月到 1957 年底，全国人民代表大会、全国人民代表大会常务委员会、国务院和国务院各部委共颁布重要法规 434 件。新中国成立前 8 年，共颁布重要法规 940 多件。可见，当时对法规建设还是重视的。有关部门领导也提到过“法治”一词。如谢觉哉在《司法训练班的讲话》中说：我们不要资产阶级的法治，但我们却要我们的法治。史良在《三年来人民司法工作的成就》中也说：新中国人民司法工作是在人民民主的法治道路上健康地前进。但这种情况较少。那时，我国很少使用“法治”一词，而习惯于使用“法制”，如“革命法制”“资产阶级法制”等。其历史原因主要有两个：一个是在翻译的马列著作和苏联学者的著作中，相关词语都被译为“法制”；另一个是“法治”一词被许多人视为资产阶级的口语。当时，“法制”的含义多指法律和制度。1957 年，董必武在回答“什么是法制?”时说：我们望文生义，国家的法律和制度，就是法制。1956 年 9 月 15 日，刘少奇在为党的“八大”所做的政治报告中指出：为了巩固我们的人民民主专政，为了保卫社会主义建设的秩序和保障人民的民主权利，为了惩治反革命分子和其他犯罪分子，我们目前在国家工作中的迫切任务之一，是着手系统地制定比较完备的法律，健全我们国家的法制。可见，“法制”一词不仅在含义上与英语中的“legal system”相当，即一个国家、一个地区法律制度的简称，而且在实际使用上也把社会主义法制视为社会主义性质的法律制度，把法律视为实现一定历史时期历史任务的手段。

党的十一届三中全会是我国社会主义建设的一个重要转折点，也是我国新时期法制建设开始的标志。在这次全会的公报中，明确提出，为了保障社会主义民主，必须加强社会主义法制，使民主制度化、法律化，使这种制度和法律具有稳定性、连续性和极大的权威性，做到有法可依、有法必依、执法必严、违法必究。这就使法制建设与国家政治生活的民主化紧密联系，扩大了“法制”的内涵。同时，极大地推动了我国社会主义法制建设和法学研究。在这一背景下，20 世纪 70 年代末 80 年代初，我国的法学理论工作者曾就“法治”与“人治”的关系展开了热烈的讨论。当时主要有两种观点：一种观点主张要“法治”不要“人治”，“法治”与“人治”是对立的，“法治”代表民主，“人治”代表专制、独裁。另一种观点认为“法治”与“人治”不可分，二者必须结合；法律是由人来制定和实行的，没有人的作用，就谈不上“法治”。这两种观点的分歧从文字上看，似乎不在于法治，而是语义之争。实际上，当时对“法治”的认识并不统一，双方尤其对法律在社会生活中的地位和作用的判断截然不同。这种分歧表现在法理学教材上，大多数教材在资本主义法部分才提到“法治”，而在社会主义法部分则多用“法制”；党和国家的重要文件一般也使用“法制”一词而非“法治”。

随着我国法制建设深入持久地进行，经过法学界广大理论工作者不懈的努力，特别是改革开放的需要，法律在社会生活中的作用越来越大，运用越来越广泛，最终社会上多数人已接受了这种理解：“法治”代表民主，“人治”代表专制，我们要“法治”而不要“人治”。1994 年党的十四届三中全会通过了《中共中央关于建立社会主义市场经济体制的决定》，党和国家根据建立社会主义市场经济体制的需要，把法制建设提高到战略地位加以考虑。在这一历史性文件中，法制建设首次在党的文件中作为一个相对独立的主要的问题予以阐述，其内容包括立法、执法、司法、法律监督和法律服务多方面。1996 年 3 月召开的八届人大四次会议在通过的《国民经济和社会发展“九五”计划和 2010 年远景目标纲要》中，进一步提出了“依法治国，建设社会主义法制国家”的构想；党的十五大则更明确地提出了“依法治国，建设社会主义法治国家”的目标，将“依法治国”作为党领导全国人民治国理政的基本方略。

党的十八大报告，在十五大、十六大和十七大关于依法治国要求和精神的基础上，提出“全面推进依法治国”“加快建设社会主义法治国家”，将依法治国方略提到了一个更新的高度。党的十八大报告关于“依法治国”的论述和要求，重点集中在两个字上，即“全”和“快”。“全面推进依法治国”，这是十八大报告关于推进“依法治国”的“空间”要求。推进“依法治国”是涉及中国各领域、各方面的一项政治任务。“全面性”表现在全面推进科学立法、严格执法、公正司法、全民守法，坚持法律面前人人平等，保证有法必依、执法必严、违法必究。全面推进依法治国，就是使得任何组织或者个人都不得有超越宪法和法律的特权，绝不允许以言代法、以权压法、徇私枉法。全面推进依法治国，就是要更加注重发挥法治在国家治理和社会管理中的重要作用，维护国家法制统一、尊严、权威，保证人民依法享有广泛权利和自由。

党的十八届四中全会以“全面推进依法治国”为主题，对新时代的法治建设作出了全面、全新部署。党的十九大报告进一步把“全面依法治国”作为新时代坚持和发展中国特色社会主义的基本方略之一。从“依法治国”到“全面推进依法治国”再到“全面依法治国”，表明了党依法治国、建设社会主义法治国家的思路越来越清晰，越来越精准。

第二节　法治的基础

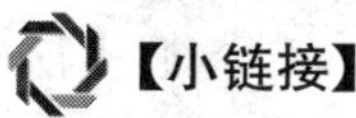

苏格拉底为什么宁死不越狱

在本书绪论中，提到苏格拉底宁死不越狱，最后这位伟大的哲人平静地接受了雅典法律的极刑处罚。14年后，雅典人终于醒悟，他们为苏格拉底这位优秀的雅典公民平反，控告他的那三个人被判了罪，一个被判处死刑，两个被驱逐出雅典。

几十年后，苏格拉底的徒孙亚里士多德在《政治学》中第一次提出了“法治”的定义：“所谓法治，应包含两重含义：已制定的法律获得普遍的服从，而大家所服从的法又应该是本身制定得良好的法律。”

苏格拉底的行为告诉人们，法治理念的统一是至关重要的，即使你认为某些法律是极其不公正的，但在“不公正的法律”被废止或修改之前，我们都必须无条件地遵守。否则，一千个人就可能提出一千条理由来说明“法律的不公正”，从而使自己的违法行为不受法律追究。这样，法律将形同虚设，人们也无法预期自己的行为，社会必将陷于混乱与暴力。

一、法治的社会基础

西方占主流地位的法治理论认为，“法治”作为一种治国方略，不是凭空产生的，它需要一定的社会生活条件作为其生长的土壤和发展的动力，而这种土壤和动力就是“市民社会”（公民社会）。“市民社会”是在反对君主专制制度的斗争中产生的。它的形成与封建社会的瓦解和逐渐向平权的、自主的所有者自由竞争过渡相连。市民社会的形成取决于经济和法律关系发展的程度，取决于个人人身的和经济的自由的现实性，取决于对国家权力结构的社会调控机制的现实性。市民社会只有在达到社会平衡和在民主的法治国家制度的条件下，才能获得发展并取得优势。现代市民社会理论坚持政治国家和市民社会的二分法，强调市民社会系由非政治性的社会所组成。这种现代意义上的市民社会概念主要是由黑格尔提出并由马克思加以完善的。黑格尔的“市民社会理论”是“市民社会”学说发展史上的里程碑。在1821年出版的《法哲学原理》一书中，黑格尔认为，市民社会是由私人生活领域及其外部保障构成的整体。具体的、特殊的个人和维护特殊利益的自治性团体（同业公会等），是构成市民社会及其活动的两大基本要素，而多样化的个人需要体系构成市民社会及其活动的主要内容。

马克思吸收了黑格尔“市民社会”概念的合理内核，纠正了其缺陷，进一步完善了这一概念。他认为“市民社会”乃是“私人利益的体系”，或特殊的私人利益关系的综合，它包括了处在政治国家之外的社会生活的一切领域（实质上是一种“非政治性的社会”）。像黑格尔一样，马克思也承认个人是市民社会活动的基础，他也强调从生产和交往中发展起来的社会组织即市民社会的组织的重要性。如同在“需要的体系”中一样，马克思的“私人利益体系”中也包括了阶级关系的领域（阶级结构）、社会关系的领域（社会结构），以及文化意识形态关系的领域（意识形态结构），其中最重要的是阶级关系（阶级结构）。马克思把上述要素作为他的市民社会理论的出发点，由此而创建了自己的市民社会理论。

当代德国思想家哈贝马斯也认为，市民社会是一种独立于国家的“私人自治领域”。马克思的市民社会理论是对“市民社会”的科学阐释与创新，它具体有三个特征：第一，从政治国家和市民社会的相互关系角度来把握市民社会的发展演变规律；第二，精辟地分析了市民社会和政治国家相分离的政治意义；第三，指出了在市民社会诸领域中，“物质生活关系的总和”或经济关系领域具有决定性意义。

市民社会是自治的、不直接从属于国家的领域。它包括所有不直接由国家及其结构所涵盖的社会部分。按俄罗斯学者的说法，市民社会有复杂的结构，包括经营管理的、经济的、家族的、种族的、宗教的、法律和道德的关系，也包括不由国家中介的作为政治生活初始主题的个人之间、政党之间、利益集团之间、公民的首创性运动等政治关系。市民社会不同于国家结构，占多数的不是纵向（从属地位）的联系，而是横向的联系，即法律上自由的和平权的伙伴间的竞争和相互连带的关系。市民社会表现着在市场和民主法治国家制度条件下，不由国家决定的自由和平权，个人之间相互关系的多样性。市民社会的个人拥有个人尊严和准备承担经济和政治责任。这个社会能够对抗国家，监督它的活动，能给国家指出它的地位，严厉地控制它，能够使自己的国家成为合法的社会。市民社会作为相对独立的力量，与国家处于矛盾的统一体中并相互渗透。市民社会保障文明系统内部的自我调整的进步，它作用于自我调整原则基础上的横向的关系，补充着由国家确立的纵向的权力关系。市民社会不鼓励国家主义的专横，也不鼓励个人的法律虚无主义，市民社会能够使社会秩序稳固，具有像文明这样的性质。市民社会的形成总是与国家的完善、法和法律作用的提高问题交织在一起。市民社会表征着社会发展的一定水平，它的发展状况标志着社会经济政治和法律成熟的程度。

市民社会是法治的前提，市民社会在向法治社会行进的道路上同国家一起发展。市民社会发展的逻辑必然得出合法的法治国家制度，法治的、民主的、社会的思想。法治又使市民社会更加完善。法治国家可以被认为是市民社会发展的结果和它继续完善的条件。

二、法治的经济基础

法治的经济基础是商品经济和市场经济，法治的现实程度取决于商品经济的发展程度。纵观法治的发展历史，法治总是与商品经济相关，而与自给自足的自然经济和以国家垄断为内容的商品经济、计划经济无缘。法治实现的程度取决于商品经济的发育和发展程度。

在自然经济条件下，每个人、每个经济组织（家庭、庄园、村庄）既是生产者又是消费者，人们对各种社会关系的调整，主要依靠的是血缘关系、宗法关系、传统习惯、宗教戒令和道德禁令等，对复杂的法律关系要求甚少。在商品经济和计划经济条件下，生产者没有独立的经营权，生产者之间实际上不发生横向的主体关系，有的只是上下级之间的纵向隶属关系。政府主要依靠行政命令、等级职位安排、政府文件来配置资源、协调关系，法律在行政管理中的作用微乎其微。

与自然经济、商品经济和计划经济相对照，商品经济和市场经济则需要大量的从私法到公法的规范。第一，商品经济和市场经济需要交换者具有平等的、自由的法律主体地位，设定对等的权利、义务关系。第二，商品经济和市场经济是与社会分工相联系的、为交换而进行生产的经济活动。为了使商品交换有秩序、有成效地进行，从而满足商品生产者彼此需要，必须制定共同遵守的法律准则。第三，商品经济和市场经济的存在意味着具体劳动的产品具有独立的经济利益并计较这种经济利益的不同经济主体的出现和分化，意味着利益的交叉和冲突是现实的或潜在的。为了确认在互相交叉和冲突的利益之间那些应当受到尊重和保护的政治利益，也需要有法律准则。第四，商品交换过程中不可避免地会发生纠纷，因而也需要通过公认的权威性法律准则加以解决。第五，各市场主体需要法律规则具有确定性、连续性和稳定性，各种主体在法律面前一律平等，鼓励人们通过正当竞争获得正当利益等。这些都需要国家法律加以明确的规定，国家对各种权利主体的规定是针对一般的人而言，它不把权利赋予某个人；法律可以用来制裁人，却不能单独对个别的人进行特别的处置。

商品经济和市场经济要求市场主体身份平等，要求国家对经济的干预以是否有利于商品经济的发展为依据，对国家管理社会提出了自身的要求，即要求国家作为有限政府存在。因此，商品经济和市场经济的发展程度决定着法治国家的建设程度。

三、法治的政治基础

法治的政治基础是民主政治。现代民主政治的基本原理是一切权力属于人民，人民当家做主，也是人们的“自治”在政治生活领域的表现。

一方面，民主与专制是对立的，民主政治是公民权利决定国家权力，公民权利制约国家权力，国家权力保障公民权利。民主必须表现为公民及其组织有平等地表达自己意见、愿望和要求的权利，这种意见、愿望和要求甚至可以是表达政见、提出决策或立法建议的内容。同时，每个公民或组织有对他人的政见和建议提出异议的权利。另一方面，民主在决策上体现为不是少数几个人说了算，更不是个别人的专断，而是在广大人民群众直接或间接的参与下，按照少数服从多数、多数尊重和保护少数的民主原则行事，使立法和法律既能真实地反映广大人民群众的根本利益和共同意志，赢得人民的信赖、尊重、支持和遵守，又能比较有效地避免社会无序或动荡。

由于地域、人口、社会分工等原因，人民群众不可能直接地、经常地行使属于自己的权力，直接管理国家和社会公共事务，往往通过定期选举产生代表机关，再由代表机关组织政府和司法机关一道行使国家权力，这就出现了政治权力的所有者与政治权力的行使者之间存在着某种程度的分离。这有可能造成权力形式背离人民意志的情况发生，出现权力行使者按照自己的意志，而不是按照权力所有者的整体意志行事，甚至权力的行使不利于权力所有者或者偏袒部分所有者，乃至出现以权谋私、权钱交易、弄权渎职等政治腐败现象。为了防止政治权力的失控和异化，宪法规定人民主权、公民与生俱来的权利和自由不受非法剥夺，规定国家代议机关、行政机关、司法机关及其他国家机关的职权范围和行使程序，同时建立起监督体系和制约机制。在制定宪法、规定国家和公民的权利和义务的基础上，制定出行政法、各类程序法、国家赔偿法等制约国家权力的法律，并遵循法律至上，以有效保障人民当家做主。

四、法治的文化基础

法治需要理性作为其文化基础。理性文化是以科学的思想观念及现代的政治道德为内容的文化。科学精神、公民意识、权利和义务观念、平等观念是理性文化必不可少的要素。首先，科学精神要求人正视自身的不足，实事求是地对待实力和现实，尊重社会发展的客观规律，认识法律的优势与不足，理性地运用法律和其他社会调整手段规制国家和社会活动。其次，树立公民意识，正确认识公民作为政治生活主体参加政治生活的必要性，尊重和遵守经由合法程序制定的、体现人民意志和权益的、旨在维护秩序的法律；服从经由选举产生的权力机关以及由权力机关产生的、向人民负责的政府和其他国家机关的管理和指导。再次，树立正确的权利义务观念，清楚自己的权利及其正当性、合法性、可行性和界限；在法定范围内行使和捍卫自己的权利，不盲目主张权利和滥用权利；对一切合法的权利给予同等的尊重；认同自己依法对他人、社会和国家负有的义务，并忠实履行自己的法定义务和道德义务；不逃避和推卸由于自己的过错或过失而应该承担的法律责任和道德责任。最后，树立平等和自由观念，清楚自己与他人的地位平等，作为社会主体，在法律面前享有平等的权利、承担平等的义务，没有法外特权。

【小链接】

2016年11月1日，中央全面深化改革领导小组第二十九次会议同意最高人民法院在深圳、沈阳设立第一、第二巡回法庭的基础上，在重庆、西安、南京、郑州增设巡回法庭。12月28日在郑州挂牌设立的第四巡回法庭就地审理河南、山西、湖北、安徽四省由最高人民法院管辖的诉讼、信访案件。巡回法庭作为最高人民法院的派出机构，其审级相当于最高人民法院，重点审理跨省区的重大民商事案件、刑事案件等。最高人民法院在郑州设立巡回法庭，将有助于高效集中审理跨行政区域的重大行政和民商事案件，有力保障河南及周边省份经济社会发展，同时也有利于更好地为民司法，方便群众诉讼，减轻群众诉累，将矛盾纠纷最大限度地在当地解决。

第三节　社会主义法治与民主

依法治国，建设社会主义法治国家，要求社会主义法治建设与社会主义民主制度建设紧密结合。党的十一届三中全会以来，党的历次代表大会上，法治建设与社会主义民主、政治体制改革等联系在一起。显然，这是经过慎重考虑的。“文化大革命”的沉痛教训之一，就是党内和国家政治生活中的民主制度被破坏，必将导致灾难性的后果。社会主义民主的根本保证是使民主制度化和法律化。民主的法律化和法律的民主化正是法治的重要组成部分。依法治国，建设社会主义法治国家，必将要求坚定不移地贯彻实施“加强社会主义民主，健全社会主义法治”的任务。

一、民主的含义

现代社会的“民主”一词源于希腊文“demokratia”，由“demos”（人民）和“kratos”（权利、统治）两个部分构成，本意指人民的权利、人民的统治，是一个同一个人的统治相对称的、多数人的统治的概念。早在公元前6世纪，古希腊就出现了雅典等民主制国家，即由该国享有选举权的成年男性公民组成的民众大会来掌握政权。欧洲中世纪的世俗政权（如城市共和国）和教会初步形成的有限的分权与制衡体制，带有一定的民主因素。资产阶级革命前后，民主思想和理论有了很大发展，形成了以卢梭等为代表的主权不可分割的民主理论和以洛克、孟德斯鸠为代表的分权的民主理论两大思想体系。在实践中，资本主义国家基本上接受了分权理论，并在各国的法律实践中结合本国实际发展了资产阶级民主。

我国历史上，“民主”一词可以追溯到很远的年代。沈宗灵先生概括，在我国古代，民主大体有三种含义：民主乃“民之主”，即君主；民本，即源于孟轲，被唐太宗李世民发展了的“水能载舟，亦能覆舟”“体察民情”“让人讲话”的思想；以平均主义为核心的小农民主观。这些民主观点，与现在所说的民主的含义相去甚远，甚至截然相反。其中，“为民做主”可以说是最有典型性的、流传最广的、与中国古代德治及贤人政治思想相呼应的观点。这种中国古代的民主思想，是道德上的民主，而不是政治上的、法律上的、制度上的民主；是寄托他人的“青天式民主”，而不是自己当家做主的“自治式民主”；是建立在“人民无权”基础上的民主，而不是建立在“人民主权”基础上的民主。

根据历史与现实的经验，民主可以界定为多数人决定的制度。最根本的民主，从理论上看，就是政治生活领域人民当家做主；从实践上看，是国家制度的民主。列宁说，民主是一种国家形式，一种国家形态。因此，它同任何国家一样也是有组织、有系统地对人民使用暴力，这是一方面；另一方面，民主意味着在形式上承认公民一律平等，承认大家都有决定国家制度和管理国家的平等权利。所以，国家制度的民主，具体来说，包括国家性质的民主，即人民当家做主，人民主权；国家政权组织形式的民主，即民主、共和政体；公民享有参与国家管理的平等地受法律保障的政治权利；少数服从多数，民主与专政的统一。

二、社会主义民主的含义

社会主义民主，包括政治生活的民主和社会生活的民主。社会主义政治生活中的民主是指以社会主义基本经济制度为基础的、体现社会主义本质的、人民当家做主的政治制度。当前我国政治民主的基本内容和特征是：一切权力属于人民，人民通过选举国家代表参与国家管理，通过人民代表大会行使自己的当家做主的权利；人民代表大会是国家最高权力机构，其他国家机构在人民代表大会的领导下，分工负责，互相配合开展工作；人民代表大会和其他国家机关实行民主集中制原则；人民享有监督国家机关及其工作人员活动的权利等。社会主义社会生活中的民主是指社会主义社会中生产生活领域的广泛的民主管理，包括企事业单位、社会团体、社会组织内部管理体制的决策民主化，如负责人的产生方式、重大项目的决策、科研成果的评定等；政权机构工作的民主化，如人民法院的审判委员会制度和合议庭制度及基层人民法院的人民陪审员制度等。社会民主的内容十分广泛，上至国有企业巨大投资的决策、人命关天的审判，下至各单位乃至中小学班组长的选举，无所不在。社会主义民主的内容非常丰富。随着社会主义现代化建设的不断深入以及法治国家建设的深化，我国政治生活和社会生活中的民主必将进一步完善。

三、社会主义法治与民主的关系

民主与法治在目的上具有共同性，即都是为了建立一个说理的机制。民主的权威与话语的权威是一致的。在民主制度中，人民依靠说理而非暴力形成多数人的意见。由于并不是所有的人都能够自觉自愿地讲道理，道理又总是建立在强势话语的基础上，所以，在各国的实践中，强势话语也就不总是产生于民主和说理活动，以至于民主总是人民必须为之流血奋斗争取的制度，法律的目的之一就是避免暴力，或者说凭借国家强制力和公共权力强制人民平等交流，建立和维护社会的说理机制。民主离不开法治，法治也离不开民主。只有在法治条件下，人们才能充分说理，从而使民主制度与对真理的追求保持一致；同理，只有在一个民主的体制中，法治也才真正有价值和地位，在不民主的制度中，是不需要法律而只需要暴力的。

一定的法治与一定的民主又总是联系在一起的，奴隶制民主共和国有相应的奴隶制法；资产阶级民主与资产阶级法治相联系；社会主义民主与社会主义法治也是结合在一起的。社会主义法治与社会主义民主是相辅相成、相互依存、相互作用的关系。从根本性质上看，社会主义制度下，没有无民主的法治，也没有无法治的民主。从新中国成立以来正反两方面经验教训看，离开了法治，就会变成无政府状态，破坏社会主义民主；离开了民主，就没有社会主义性质的法治，就可能产生专制、独裁，法律就可能成为专制的工具。社会主义法治与社会主义民主的关系，具体来说，社会主义民主是社会主义法治的前提和基础，社会主义法治是社会主义民主的形式、体现与保障。

（一）社会主义民主是社会主义法治的前提和基础

1. 社会主义民主是社会主义法治产生的前提

社会主义法治是随着社会主义民主的产生而产生的，是人民民主专政的产物。社会主义民主政治制度的建立，从国体上，标志着人民当家做主，才有可能形成社会主义法治；从政体上，只有形成民主的政权组织形式，人民才有可能把自己的意志上升为法治并通过政权机关贯彻执行。

2. 社会主义民主决定社会主义法治的性质和内容

民主的性质、内容、发展方向决定了法治的性质、内容、发展方向。社会主义民主是人民当家做主的政治制度，这就决定了社会主义法治必须将维护人民的民主权利，将保障人民参与国家与社会事务的管理作为自己的出发点和归宿点。并且，随着社会主义民主的扩大和发展，社会主义法治也将随之进一步丰富与发展。

3. 社会主义民主是社会主义法治的力量源泉

社会主义法治的约束力形式上来源于国家，实质上来源于国家政权的基础——人民民主。社会主义法治的民主基础的扩大，使社会主义法治能够反映人民群众的需要和社会发展的规律，从而起到引导人民群众的作用，吸引社会成员自觉遵守法律。发展社会主义民主，能够集中力量打击少数违法犯罪分子，孤立违法者。社会主义民主越发展，社会主义法治就越强大。

（二）社会主义法治是社会主义民主的形式、体现与保障

1. 社会主义法治是社会主义民主的确认形式

人民当家做主的事实必须上升为国家法律，由法律所确认，才能得到巩固。任何性质的民主都必须存在于一定的形式之中，也只有在一定的法律形式中，民主才能成为一种可以操作的制度。社会主义民主由社会主义法治确认，转化为正式的、具体的、有现实性的国家制度，人民才可以在制度的运行中，切实感受到自己的主人翁地位。制度化、法律化

的民主，才是有保障的民主。

2. 社会主义法治是公民民主权利的体现和保障

社会主义法治不仅确认了人民当家做主的国家制度，建立了人民行使权力的政权形式，而且体现和保障公民民主权利的内容、范围以及公民行使权力的原则、程序和方法。人民当家做主只是一个民主的原则，这个原则的贯彻落实，必须依靠法律对公民民主权利的保障。正是因为社会主义法治规定了广泛的、具体的公民权利，并建立了公民行使民主权利的具体制度，如具体的法律程序，才使社会主义民主成为真实的民主。

3. 社会主义法治通过惩罚、打击违法犯罪行为保障社会主义民主

社会主义社会仍然存在仇视、敌视民主的力量。这其中既有蓄意破坏社会主义民主制度的敌对势力，又有少数不愿意生活在民主体制下、试图摆脱公众监督以谋求非法利益的反民主力量，还有不知道何为民主、更不习惯政治民主的普通老百姓。社会主义法治对破坏民主制度、侵犯他人民主权利行为的有力制裁，是对社会主义民主的重要保障。

综上所述，社会主义法治与社会主义民主相互依存、不可分割。两者的结合构成了社会主义法治国家的重要内容。

第四节 依法治国，建设社会主义法治国家

参考案例

法律明镜高悬，亮剑人大代表“庭闹”。

2016年3月，西安长安区法院的法庭上，审判长居中主持一起劳务合同纠纷案件的庭审，气氛庄严，案件有关人员及其亲朋好友在旁听席就座。参与旁听的长安区人大代表兰某咆哮公堂，严重扰乱庭审秩序，致被告委托代理人路航律师脸部受伤。法庭审判人员当即制止了其行为，并对其进行了严厉训诫。当天，长安区法院对兰某作出处以拘留10天并处10 000元罚款的处罚决定。

在兰某表明其长安区人大代表身份后，按照法律规定，法院没有现场对兰某进行司法拘留，依法立即向长安区人大常委会书面提交了《关于提请许可对人大代表兰某予以司法拘留的报告》。由长安区人大常委会主任办公会议作出《关于暂停兰某执行区人大代表职务的决定》后，由长安法院以妨碍民事诉讼，依法对兰某执行了为期10天的司法拘留并缴清罚款。

资料来源：法律明镜高悬，亮剑人大代表“庭闹”．(2016-03-28) [2017-07-27]．http://www.sohu.com/a/101665158_119911.

问题：根据本案思考为什么必须树立法律至高无上的权威？

提示：要实行法治，就必须树立法律至高无上的权威。法院判决反映的是法律的意志，一般都要自觉履行。假如少数人不履行，国家的强制力就要发挥作用，法院的判决有国家强制力做后盾，才能解决地方保护和个人对抗。

依法治国，建设社会主义法治国家，是党和国家提出的、得到人民群众广泛支持的、符合社会主义现代化建设实际的治国方略和价值选择。从广义上来看，“依法治国”包括“建设法治国家”。从狭义上来看，它们之间是有一定区别的。依法治国是一项治国的战略方针，其主要含义有两个：一是依法治国是一种治国的理论和指导思想，即国家的兴旺发达和长治久安，关键是能否建立一个良好的、有权威的法律和制度，而不应寄希望于圣主贤君；二是依法治国是一种治国的行动准则，即国家不能依照少数领导者的个人智慧、看法和注意力来治理，而应依照符合事物规律、时代精神、社会主义理想、人民利益的法律来治理。建设社会主义法治国家是一项治国的战略目标，其主要含义在于：它是一个国家在政治法律制度上的一种模式选择，它是现代社会一种最文明、最先进的政治法律制度类型，具有一系列基本的标志和要素。依法治国的实现必须具备某些基本条件，并确定一些基本原则和标志。

一、法治国家的基本原则

国家法治化是历史发展的必然，也是现代民主政治的内在要求。根据西方的法治经验和中国的具体国情，社会主义国家的法治原则主要包含下述内容。

（一）主权在民（人民主权）原则

主权在民是主权在君或者专制特权的对立物，是现代民主政治的核心和基础，也是现代法治的精髓和灵魂。社会主义法律应体现人民的意志和利益；社会主义法治以民主政治体制为基础，并实现民主的法治化和法治的民主化。在一个政治不民主的社会里，是不可能建立起现代法治国家的。法律的人民性是主权原则在现代法律制度中的集中体现，而民主的法治化与法治的民主化则是主权在民原则在现代法律制度中的具体实现与展开。

（二）法律至上原则

法律在国家的政治生活和社会生活中具有至高无上的权威。作为一项法治原则，法律至上虽然是资产阶级学者提出来的，但是它本身的科学性、合理性，超越了提出者的阶级局限，使它成为全人类共同文化发展的结晶。在现代国家，它已经成为一种普遍原则被人们所接受。一个国家要实行法治，就要树立以宪法为核心的法律至高无上的权威。一个国家为了运转，为了稳定和发展，必须要有一个权威，这个权威只能是法律。法律与其他社会规范和管理手段相比，具有明确性、确定性、普适性和国家强制性。法律至上原则适用于所有组织和个人，其核心思想和基本精神是反对少数领导者个人的权威至上、权大于法。在任何社会，影响法律权威的主要障碍是掌握国家权力的人往往不愿意和不习惯按法律办事，这是人性的弱点和权力具有容易异化的性质所导致的必然现象。

（三）平等原则

平等是现代法治的内在要求，是社会主义应有之义。法治所要求的平等是通过宪法和法律确认公民享有平等的法律地位和与之相应的平等权利；公民的权利受法律的平等保护，任何人不得超越于法律之外，凌驾于法律之上。法治原则下的平等是对社会平等的确认和保障，包括分配平等和程序平等。实体法应体现与保障社会共同创造的物质与精神财富在全体社会成员中进行公平分配，程序法应体现与保障法律面前人人平等，在民事、刑

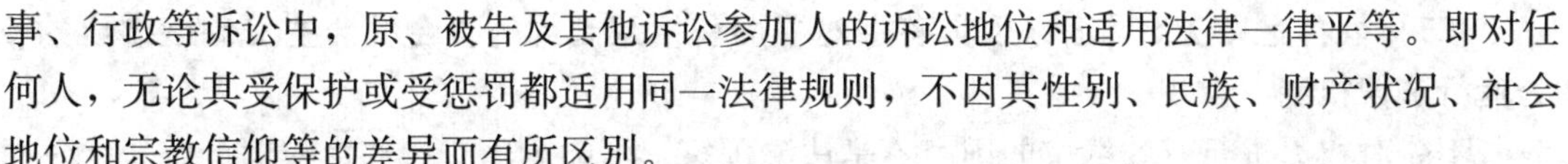

事、行政等诉讼中，原、被告及其他诉讼参加人的诉讼地位和适用法律一律平等。即对任何人，无论其受保护或受惩罚都适用同一法律规则，不因其性别、民族、财产状况、社会地位和宗教信仰等的差异而有所区别。

（四）权力制衡原则

对国家公权力加以制约与监督是现代法治国家的基本要求。"制"指权力制约。其主要内容是以国家法律制约国家权力，以公民权利制约国家权力。权力制约就是要依靠法律规定，界定权力之间的关系，使权力服从法律。"衡"指权力平衡，执政党与国家机构之间，政府与社会组织、企事业组织之间，领导个人与领导集体之间，中央与地方之间，应按分权与权力不可过分集中的原则，对权力作合理配置。早在1945年，毛泽东同志在回答黄炎培关于共产党掌权后，如何才能跳出"政怠宦成""人亡政息"的"历史周期律"的问题时，就明确指出，我们已经找到新路，我们能跳出这个"周期律"。这条新路，就是民主。只有让人民来监督政府，政府才不敢松懈。只有人人负起责来，才不会人亡政息。

（五）司法独立与公正原则

司法独立与司法公正是密切相连的，都是现代法治国家的重要保障。在现代社会，司法是公民权利保护、维护社会正义、惩治犯罪的最后一道防线，司法的公平与正义是一个国家民主、文明程度的重要标志，普遍为众多国家的宪法和法律所肯定。司法是否公正，主要取决于司法是否独立。这样，司法独立原则就成为重要的宪法和法律原则。在法治社会中，法治的实践状态在很大程度上表现在司法裁判的结果和状况之间，公民与法律的接触需要依靠司法部门的活动，大多数社会公众对法治的认识常常不是通过自身对法律条文的研究和学习而获得，而是从司法实践操作中获得的直接感受。相当多的社会公众甚至把司法理解为法治的全部内容。

二、法治国家的制度条件

（一）社会主义法治国家必须有完备的法治体系

党的十一届三中全会以来，我国在政治、经济、文化、社会生活诸领域制定了一系列法律、法规，在主要的社会关系领域已经结束了无法可依的状态。2011年，在第十一届全国人民代表大会第四次会议上，全国人大常委会工作报告庄严宣告，中国特色社会主义法律体系已经形成。这一庄严宣告标志着中国已在根本上实现从无法可依到有法可依的历史性转变，各项事业发展步入法制化轨道。目前，按照社会主义法治国家的要求，一方面，要进一步完善以宪法为核心的中国特色社会主义法律体系，不断提升科学立法、依法立法的水平；另一方面，中国特色社会主义法律体系基本形成是依法治国的新起点，全面推进依法治国必须从构建法律制度层面上升到推动法律实施层面，让宪法法律全方位介入国家治理和社会生活，因此，构建中国特色社会法治体系成为摆在全党和全国人民面前的重大课题。党的十八届四中全会正式将"建设中国特色社会主义法治体系、建设社会主义法治国家"作为全面依法治国总目标、总抓手。从"法律体系"到"法治体系"的升级，体现了党对法治建设规律认识的重大突破。建设社会主义法治国家的各项工作都要围绕建设中国特色社会主义法治体系来谋划、来推进。

（二）社会主义法治国家必须具有相对平衡和相互制约的符合社会主义制度需要的权力运行法律机制

不能对权力进行有效约束的国家不是法治国家，不能运用法律约束权力的国家也不是法治国家。社会主义国家也不例外。社会主义法治国家中，各国家机关之间应该是严格的依法分工负责、互相配合、互相制约的关系，不能是一种依附关系。同时，对国家机关职责范围内的违法犯罪行为，都必须由普通法院裁决，而不能自行以本部门纪律处分取而代之。国家机关之间必须形成互相合作的制度关系，形成遵守和尊重其他机关依法作出的决定的制度。

（三）社会主义法治国家必须有一个独立的具有极大权威的司法系统和一支高素质的司法队伍

社会主义法律的尊严很大程度上是依靠法院工作来维护的。如果法院、法官不能独立作出判断，如果判决可以不执行，社会主义法律的权威也就不复存在。只有当法律完全被法院公正作出解释后适用时，法律才会被社会大多数成员所接受。公民对法律的公正的信任需要通过司法机关的公正裁判、平等保护诉讼当事人的权益、严格执行实体法和程序法等行为才能得以建立。这就要求司法者真正成为法律的“守护神”，并使人们真正相信只有依靠正当的法律途径，才能寻求公平与正义，获得可靠的安全保障。

（四）社会主义法治国家必须有一个健全的律师制度

在现代社会，尽管律师不是司法者，但司法制度与律师制度关系十分密切，司法公正不可能离开律师的活动。现代司法不仅要求实体公正，而且要求程序公正。程序公正是司法正义的固有内容，并有其独特的价值。律师制度在配合司法裁判、作出实现司法公正方面的作用是无可替代的。正如中国在20世纪初酝酿律师制度时，一位政府官员在申述理由时所说的：“司法独立，为法制国公权精神所示，而尤其不可无律师辅助。……律师制度不施行，则人民之对于司法官厅不免生种种之恶感，致生诉讼上无穷之障碍，是非设置律师制度不可。”在建设社会主义法治国家的过程中，律师同样担负着重要的责任。

我国历史上缺乏法治的传统，法的现代化必然是外源型的。这种外源型的法的现代化主要依靠强有力的国家正式法律制度的建设。所以，社会主义法治国家的制度设计和执行就非常重要。只有制度合理，并能够坚定不移地予以贯彻，人民群众的法律意识才会提高；如果制度条件不具备、不合理或执行不坚决，人民群众就会失去对法律的信任和尊重，法治国家也就不可能实现。

三、法治国家的思想条件

社会主义法治国家的思想条件，即在社会主义法治国家，人们普遍对法律的观点、认识应该达到的规格和标准。法律观念转变的具体过程是非常复杂的。一方面，没有相应的观念更新，得不到必要的思想支持，缺乏群众基础，法治国家就不可能建立；另一方面，对法律的信任、信仰和支持，甚至仅仅是了解法律，都源于长期的、认真的法律实践。一定意义上，法治建设与法律观念的更新是互为条件的、互动的。不同时期的人，不同立场、动机和利益的人，都会对法律寄予不同和希望。作为一个后起的现代化发展中国家，观念变革尤其艰难，尤其需要依赖制度创新。

总之，依法治国，建设社会主义法治国家，只确立一些法治原则是远远不够的，还需要具备基本的制度条件和思想条件，这是一个问题的两个方面，应当保持一种适当的平衡。

【思考题】

1. 比较法制与法治的不同含义。
2. 社会主义法治与民主的内容有哪些？
3. 依法治国，建设社会主义法治国家的条件是什么？

【讨论与互动】

多年前，一部名为《被告山杠爷》的电影，在赢得人们广泛好评的同时，也引发了人们对法治问题的思考。山杠爷是一位德高望重的村主任，他一心为公，敢说敢管，但没想到，他用“游街”的办法教育村里一个不孝的儿媳时，逼出了人命，使自己成了被告。公安机关来抓他时，大家都说山杠爷是好人。

请讨论自己身边有类似“山杠爷”这类的事件吗？你从中能得出什么启示？

【推荐书目】

1. 邓子滨．斑马线上的中国：法治十年观察［M］．北京：法律出版社，2013.
2. 季卫东．大变局下的中国法治［M］．北京：北京大学出版社，2013.

参 考 文 献

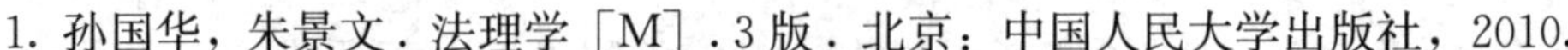

1. 孙国华，朱景文．法理学［M］．3 版．北京：中国人民大学出版社，2010.
2. 孙笑侠．法理学［M］．北京：清华大学出版社，2008.
3. 徐显明．法理学［M］．北京：中国政法大学出版社，2007.
4. 张文显．法理学［M］．4 版．北京：高等教育出版社，北京大学出版社，2012.
5. 葛洪义．法理学［M］．4 版．北京：中国人民大学出版社，2015.
6. 郑成良．法理学［M］．北京：高等教育出版社，2012.
7. 沈宗灵．法理学［M］．3 版．北京：北京大学出版社，2009.
8. 张文显．法哲学范畴研究［M］．2 版．北京：中国政法大学出版社，2001.
9. 刘星．西窗法雨［M］．北京：法律出版社，2003.
10. 季卫东．法律程序的意义［M］．北京：中国法制出版社，2004.
11. 法学教材编辑部《西方法律思想史》编写组．西方法律思想史资料选编［M］．北京：北京大学出版社，1983.
12. 亚里士多德．政治学［M］．吴寿彭，译．北京：商务印书馆，1997.
13. 洛克．政府论［M］．叶启芳，瞿菊农，译．北京：商务印书馆，1982.
14. 卢梭．社会契约论［M］．何兆武，译．北京：商务印书馆，2003.
15. 孟德斯鸠．论法的精神［M］．张雁深，译．北京：商务印书馆，1995.
16. E. 博登海默．法理学——法律哲学与法律方法［M］．邓正来，译．北京：中国政法大学出版社，1997.
17. 韦恩·莫里森．法理学——从古希腊到后现代［M］．李桂林，等译．武汉：武汉大学出版社，2003.
18. 哈特．法律的概念．张文显，译．北京：中国大百科全书出版社，1996.
19. 伯恩·魏德士．法理学［M］．丁小春，吴越，译．北京：法律出版社，2003.